KB275696

공적
신앙의
윤리

한국 개신교 사상사 2

공적 신앙의 윤리

: 국가권력과 로마서 13장

The Ethics of Public Faith:
State Power and Romans 13

양현혜 지음

홍성사

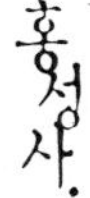

이 책을

존경하는 스승님, 미야타 미츠오〔宮田光雄〕선생님과

츠키모토 아키오〔月本昭男〕선생님께 바친다.

두 분 선생님의 한결같은 기도와 지도가 없었다면

이 책은 세상의 빛을 보지 못했을 것이다.

정신사적으로 볼 때 오늘날 한국 사회의 가장 심각한 문제는 말의 '오염'이라고 할 수 있다. 비근한 예를 들면, 민주주의, 자유, 계몽, 법치, 저항권 등 중요한 정치적인 개념들이 그 본연의 정치사상적 맥락에서 탈각하여 본래적 의미 내용을 잃고, 각자 임의대로 사용하는 '창작어'가 되어 표류하고 있는 현상이다. 그 결과, 소통의 도구인 언어의 기능이 마비되어 말들과 말들이 충돌함으로써 대화와 토론이 불가능해지고 갈등과 혐오만이 남게 된다.

특정한 개념을 지칭하는 말들의 '오염'에서 기인하는 이러한 부작용은 고유한 세계관을 갖는 종교 체계의 경우 더욱 심각하다. 모든 종교와 마찬가지로 개신교의 세계관 역시 특수한 개념들의 매트릭스이다. 흔히 사용하는 기독교 용어인 십자가, 부활, 구원, 은총, 자유, 사랑, 용서, 회개 등의 개념은 이 매트릭스 안에서 각각 위치가 배정되어 상호 그물망처럼 연결되어 있다. 그러한 개념들이 각자의 위치와 맥락에서 이탈했을 때 그 말은 '오염'될 수밖에 없다.

오스트리아의 역사가인 프리드리히 헤어(Friedrich Heer)는 그의 저서 *The Intellectual History of Europe*(Ohio: The World Publishing Company, 1966)에서 다음과 같이 말했다. "이 세상에서 가장 강한 변혁력을 가진 종교와 신앙조차도 표면적인 회심을 가져오기 위해 수 세기가 걸리고, 그러한 종교 혹은 신앙이 사회구조의 중심부까지 침투하여 변화시키려 한다면 몇천 년이 필요하다는 것을 유럽 기독교의 역사는 우리들에게 가르쳐 준다.”

　세계에서 가장 긴 기독교 역사와 그 문화권의 하나인 유럽에서조차도 100퍼센트 단일한 기독교 문화가 형성된 것은 아니라는 것이다. 고대적 혹은 기초적 토착 문화가 소멸하지 않고 오늘날에도 사회구조와 사람들의 생각, 삶의 방식 속 무의식의 심층에서 생명력을 가지고 움직이고 있다. 또한 유럽 문화권이 기독교 국가가 되어 가는, 기독교가 가치 체계의 결정적 요소가 되어 가는 과정에서 민중 생활 일상성의 근저에 토착적인 것, 외래의 것 등이 포함되어 다양한 문화적 요인이 교착하고 있었다고 한다.

　한 가지 색깔로 칠해진 듯 보여도 시간이 지나 표면이 씻기면 그 아래의 벽면이 드러나듯, 기층에 있는 것은 문화적 생명력을 견지하며 살아 있는 발전 양식을 수반하고 있다. 하물며 수천 년을 불교와 유교 그리고 샤머니즘의 전통문화 속에 살아온 한국에 개신교는 수용된 지 겨우 140여 년이 지났고, 그 다층적 발전 양식은 한층 뚜렷하다. 개신교라는 표면을 조금만 벗겨 내면 정체를 구분하기도 어려운 여러 전통문화와 사상들이 뒤엉킨 채 켜켜히 쌓여 있다.

　더구나 한국의 개신교 수용은 한국 근현대사와 맞물려 전통과의 대결 및 연속과 혁신이라는 사상적 씨름을 할 겨를도 없이 서구화를 위한 ‘당위’로서 수용된 측면이 강했다. 따라서 한국 개신교에는 서구적 문화 양식 또한 겹겹이 쌓여 있다. 이러한 한국 개신교의 정신 구조 안에서 기독교의 고유한 ‘말’들이 전통 사상의 사유 체계나 언어들 그리고 동시대 사조들의 언어와 뒤섞여져 ‘혼동, 오용, 오염’되는 것은 어찌

보면 자연스러운 현상이다. 사회적 지탄의 대상이 되고 있는 이단과 사이비 그리고 최근 극단적으로 정치화된 세력 등이 한국 개신교에 출현하는 것은 다름 아니라 이러한 말의 '오염'에서 일차적으로 기인한다.

외래에서 온 모든 이질적 사상과 문화의 발전 과정에는 일반적으로 세 가지 단계가 있다. 수용-학습-재생산 과정이다. 수용의 경우, 수용 주체는 이미 내재한 전 이해를 토대로 이질적인 외래 사상을 이해하고 습득할 수밖에 없다. 이 과정에서 불가피하게 왜곡과 몰이해가 수반된다. 시간이 지남에 따라 이질적 사상의 본래 맥락과 구조를 이해하는 좀더 본격적이고 체계적인 학습이 이루어진다. 이러한 학습 과정을 통해 이질적인 사상이 명확히 파악·숙지되고 자기화되면서 사상 자체에 대한 생산적 기여나 진전, 전통의 혁신 등이 일어나고 사상의 재생산도 가능해진다. 그렇다면 이질적 외래 사상이었던 한국 개신교의 정신적 구조는 이 수용-학습-재생산 단계 어디쯤 위치하는가.

개신교 수용 140여 년이 되어 가는 이때, 개신교의 존재 양식 및 그 본질에 대한 성찰과 반성이 한국 개신교에 요구되고 있다. 또한 한국 개신교의 발전과 전진을 위해서 개신교와 한국의 전통 정신과의 조우 방식, 양자의 대결 방식, 상호 침투방식 등에 대한 재검토도 요구되고 있다.

이 책은 이러한 재검토를 시도한다. 그러나 교리상의 상이점 발견과 대결 양상, 양자의 교류 방식, 결합의 방식 내지 가치관의 교류 가능성을 논하는 방식으로 이 과제에 접근하지는 않는다. 관념적 논의로 끝날 가능성이 있기 때문이다. 교리나 교의 이해와 해석에 관련된 이

공적 신앙의 윤리: 국가권력과 로마서 13장

론적 비판은, '이렇게 믿고 이렇게 살았다'는 신앙을 스스로 역사 속에서 살아 낸 실존을 가지고 증거되지 않는 한 크게 설득력이 없다. 교리나 신학은 살아 낸 신앙을 이론적으로 설명하고 변증하는 것이지 신앙 그 자체가 아니기 때문이다. 즉 신학이나 교리는 신앙 없이도 이야기될 수 있다.

따라서 이 책은 한국의 역사적 현실 가운데 신앙적 내지 사상적 과제로서 스스로 '신의 메시지를 받들어 살아 낸 실험'을 통해서 기독교의 본질을 추구하고, 전통 사상과 기독교의 창조적 대결을 모색한 사람의 문제 제기를 통해 이 문제를 재검토해 보고자 한다.

이러한 의미에서 한국 개신교사 가운데 김교신이 차지하는 위치는 특별하다. 그는 1927년부터 강제 폐간되는 1942년까지 〈성서조선〉이라는 신앙 월간지를 158호까지 발행한 개신교 언론인이다. 일제의 언론 통제 정책 아래에 있었던 당시 잡지들의 평균 발행 호수가 50호 정도였음을 감안한다면, 그가 〈성서조선〉의 속간을 위해 얼마나 노고를 기울였을지 짐작할 수 있다[김미정, "김교신의 성서조선과 일본의 언론 통제 정책", 〈대학과 선교〉 62(2024)]. 〈성서조선〉 158호에 실린 "조와"(弔蛙)로 인해 '성서조선 사건'이 일어났고 그는 1년간 서대문형무소에서 수감생활을 했다. 출옥 후 잡지 발행도 교사직도 이어 갈 수 없게 된 그는 범법자 강제 징용을 피해 일본 흥남질소 비료 공장에 입사하였고 조선인 노동자 주택 관리계의 계장으로 일했다. 사택 내 발진티푸스 환자를 간호하다 자신도 감염되어 해방을 4개월 앞둔 1945년 4월 25일 결국 병사했다.

이러한 삶의 이력을 가진 그가 〈성서조선〉을 통해 씨름하고자 한 것은 당시 조선 개신교의 존재 양식, 기독교의 본질과 조선 개신교의 본질, 조선의 전통 사상과 개신교의 관계 그리고 전통과 역사의 혁신을 담당할 새로운 기독교적 주체의 모색이었다. 이러한 씨름은 조선 개신교 내의 말의 '오염'에 문제를 제기하고, 그것을 본래의 위치에서 적확하게 파악하고 통용되도록 만드는 노력이었다.

그는 동시대 조선 개신교계에서 보면 주류는 아니었다. 식민 지배국 일본의 무교회주의를 따르는 위험한 모험을 하는 사람, 자발적으로 본진에서 이탈해 싸우는 야전 전투원 같은 사람이었다. 그러나 그는 조선인으로서 조선 사람들의 문제를 짊어지고, 조선 기독교인으로서 자신의 사명을 다하기 위해 고독하게 분투했다. 이러한 실존을 가지고 조선 역사의 한복판에서 자신의 신앙을 증거한 김교신의 '이의 있음'은 경청할 무게와 가치가 분명히 있다.

이 책에서는 그가 제기한 말의 '오염'과 관련된 중요한 개신교 키워드 열두 개를 선정했다. 신앙, 회심, 자유와 복종, 신앙과 이성, 전도, 예언, 종교개혁과 무교회, 기독교와 국가권력, 전쟁, 토착화, 여성, 공산주의. 이렇게 12개의 말이다. 기독교적 세계관에서 고유의 의미 내용을 갖는 이러한 말들의 유통에 대해 김교신이 자신의 시대 개신교의 '오염'이라고 주장한 부분은 어떠한 것이었나, 이를 시정하고자 제시한 내용은 무엇이었는가를 그의 대표적 글을 통해 살펴보고자 한다. 또한 이러한 그의 주장을 동시대 다른 개신교인의 사상과 비교하여 논리 구조를 분석하고, 양자 사이에 어떠한 간극이 있는가를 검토하고자 한다. 그리고 이 '말'의 본래의 맥락과 의미 '학습'에 참조할 수 있는 신학적 자산을 생각해 보고자 한다.

마지막으로, 김교신이 제기한 문제가 그로부터 100여 년이 지난 오늘날 한국 개신교에서 어떻게 재연, 시정, 악화되었는지 추적하고자 한다. 즉 당시 조선 개신교의 존재 양식과 본질을 검토하고, 이것에 비추어 오늘날 한국 개신교의 존재 양식과 본질을 비판적으로 성찰함으로써 한국 개신교의 현주소를 가늠해 보고자 하는 것이다.

이 책은 이러한 비판적 성찰 작업을 다음과 같은 사상사적 문제의식에 근거하여 수행하고자 한다. 첫째로, 특정한 정신 구조를 문화 근저에 가진 사회에서 이질적인 사상 수용과 학습 그리고 재생산은 어떻게 일어나느냐는 문제이다. 먼저 수용 단계에서 수용 주체인 한국 개신교인들이 무엇을 어떻게 수용했는가, 초기 수용의 단계에서 한국의 전통 정신 구조 안에 내재된 어떤 전이해적 요소를 기반으로 기독교를 이해하고 수용하였는가, 이 과정에서 발생한 몰이해와 왜곡은 무엇이었는가, 복음과 그것을 전한 미국 선교사들의 배후에 있는 미국적 가치관, 생활양식과 문화양식, 그들의 기호 등을 준별하고자 했는가, 만일 그러한 자각적 노력이 일어났다면 그 전개 과정은 어떠한 것이고 사상적 구조는 어떠했는가를 물어야 한다.

또한 기독교의 본질에 다가가기 위해 어떠한 학습이 필요하다고 인식했으며 그 내용은 무엇인가, 이러한 학습을 통해 기독교 사상이 어떻게 체화되어 자기화되었는가, 그 결과 한국 개신교에서 어떠한 의미 있는 재생산이 일어났으며 그 사상적 구조는 무엇인가 하는 문제이다. 이러한 문제는 새로운 사상의 수용과 변화, 성장, 진전의 요인과 과정을 탐구하는 것으로, 한국 개신교의 전개 과정과 본질을 탐구하는 데 중요한 연구 과제이다.

두 번째로, 이질적인 종교나 사상 혹은 문화가 전통 정신 구조와 만나고 교류하는 역동적 과정에서 발생하는 내발적 가치의 연속과 비연속에 대한 질문이다. 한국 개신교사에서 이 문제를 생각해 본다면, 한국의 전통 정신 구조 안에 내재한 여러 요소 가운데 한국인의 인간 해방, 사회관계의 휴머니즘에 반한다고 생각되는 제 요소를 극복하기 위해 기독교 사상 혹은 그 안에 있는 요소를 매개로 해서 싸워야 할 대상에 도전하여 타파하고 극복하려고 하는 시도 혹은 이질적인 요소를 매개로 해서 내재적인 개별적 가치를 보편적인 가치에로 유도·배양하는 시도에 대한 분석이 될 것이다. 즉 사상 변화 과정에서 나타난 전통의 내재적 가치의 연속과 비연속 그리고 전통 사상의 혁신 문제에 대한 연구다.

세 번째로, 역사 속 특정 시기의 시대 조류 내지 시대정신을 발견 내지 발굴하여 그 정신 구조를 분석하는 것이다. 시대정신은 반드시 그 시대의 정점을 이룬 위대한 사상가가 대표하는 것은 아니다. 위대한 사상가가 그 시대에 대단한 영향력을 미치는 경우도 있으나, 경우에 따라 고독한 예언자적 존재, 다가올 시대의 방향을 지시하는 선각자, 시대의 아웃사이더가 그러한 경우도 있다. 이러한 사상가 연구는 대단히 중요하다. 또한 위험한 사상 또는 비인간적인 사상이 시대사조가 되는 경우도 종종 있다. 사회 전체가 비인간적인 사상에 지배되어 사회 조직과 제도가 규정되고 사회 전체가 특정한 행동으로 추동되어 갈 경우, 이러한 사상 내지 사상가 연구도 사상사의 중요한 연구 대상이 된다. 그리고 사상적 깊이가 깊지 않다고 여겨지는 사람도 대중적 인지도가 있거나 많은 사람의 마음속 생각이나 욕망을 대변하면서 대중의 마음에 침투하여 그들을 움직일 때도 있다. 이러한 사상가 내지 사상을 발굴하고 분석하는 것 역시 중요한 사상사적 연구 과제의 하나이다.

이 책은 이러한 문제의식들에 근거해 개신교의 말의 오염 문제를 검토함으로써 한국 개신교의 존재양식과 본질을 재검토하려는 사상사적 시론이다. 종래 한국 개신교사 연구는 교회사나 한국 근현대사에서 중요한 위치를 차지하는 인물이나 사건 연구에 집중되고 있었고, 그 연구 방법은 역사적 사실에 대한 실증적 연구였다. 그러나 한국 개신교의 추락이 사회적 문제에까지 부상된 이 시기에 필요한 것은 축적된 기존의 실증적 연구를 계승하는 한편, 이에 더해 사상사적 분석으로 말과 개념의 오염을 드러내고 그 본연의 의미 내용을 복원시키는 것이다.

한국 개신교 사상사에 대한 예비적 시론에 불과한 본 연구는 미미하지만 이러한 작업의 단초를 놓는 데 기여하고자 한다. 앞으로 한국 개신교사 연구에서 '역사적 사실의 한정된 범위 내에서 그 의미를 창조적으로 묻고 해석하는 것을 과제'로 하는 사상사적 연구가 더 활성화되기를 기대한다. 아울러 한국 개신교의 자기 쇄신에도 미력하지만 기여하고자 한다. 한국 개신교의 자기 쇄신은 비단 개신교회 안에서뿐만 아니라 한국 사회 전체의 이슈가 된 지 오래이다. 해방 이후 한국 개신교는 미국과의 뿌리 깊은 연관성으로 한국 근현대사와 불가분의 관계를 맺으면서 단순한 종교 영역을 넘어 한국 정치의 커다란 변수로 작용해 왔기 때문이다. 오늘날 더는 방치할 수 없게 된 한국 개신교의 자기 쇄신은 말의 오염의 시정이라는 근원에서 시작될 수 있을 것이다.

이 책의 구성에 대해 몇 가지 이야기하고 싶다. 이 책은 전체 1, 2, 3권으로 구성되어 있다. 1권은 기독교 신앙에 관련된 부분으로, '신앙의 변증법: 김교신과 한국 개신교'라는 제목으로 엮었다. 2권은 기독교 신앙을 일상생활 혹은 공적 영역에서 실천할 때 가장 문제가 되는 테마를 중심으로 '공적 신앙의 윤리: 국가권력과 로마서 13장'이라는 주제로 묶어 보았다. 3권은 오늘날 시의적으로 좀 더 긴급한 문제 중심으로 '경계에 선 신앙: 전쟁, 토착화, 여성, 공산주의'라는 제목으로 모았다. 그동안 발표한 논문들을 부분적으로 수정, 가필한 것도 여기에 포함되어 있다. 논문 가운데 일부는 주제에 따라 다소 중복되는 부분도 있다. 전체적으로 틀을 바꾸기는 어려워 그대로 수록한 점은 독자들께 미리 양해를 구하고 싶다.

끝으로 이 책이 나올 수 있도록 도와주신 분들께 감사드리고 싶다. 한국인과 일본인이라는 묵은 역사적 인연을 넘어서서 시대의 아픔과 씨름하는 지식인으로서 그리고 동일한 신앙의 길을 걷는 기독교인으로서 나의 연구를 지도해 주시고 응원해 주신 미야타 미츠오 선생님께 이 책을 바친다. 적지 않은 부분에 선생님의 글이 인용된 것에서 엿볼 수 있듯이 선생님의 기도와 지도가 없었다면 이 책은 세상에 나오지 못했을 것이다. 무학(無學)한 저자를 무교회주의와 구약 성서의 세계로 이끌어 주신 츠키모토 아키오 선생님께도 이 책을 바친다. 저자를 학매(學妹)로 여겨주시고 변함없는 지지를 보내주신 선생님의 사랑이 없었다면 이 책은 세상의 빛을 보지 못했을 것이다. 그리고 3년 전에 하나님의 부르심을 받고 소천한 남편 이규태에게도, 여전히 소란한 한국을 떠나 천상의 지복을 누리며 기다려 달라는 안부를 전한다. 다시 글을 쓸 수 있도록 건강을 회복시켜 주신 강선구 선생님, 권태협 선생님, 그리고 박혜윤 선생님께도 마음으로부터 감사를 드린다. 색인과 참고 문헌을 도와준 조교 송하은과 김미정 그리고 김축복에게도 감사를 전한다. 마지막으로 이 책의 출판을 기꺼이 허락해 주신 홍성사의 정애주 사장님께 깊은 감사를 드린다. 항상 최선의 책을 만들어 주시는 홍성사 직원 여러분들께도 감사드린다. 녹록지 않은 한국 출판계 상황에서 어려운 길을 가시는 그분들의 노고가 없었더라면 한국 개신교계의 사상적 상황은 지금보다 훨씬 심각했을 것이다. 다시 한번 감사의 말씀을 드리고 싶다.

2025년 12월
한반도의 새봄을 기다리며,

양 현혜

차례

일러두기

— 이 책에 인용된 성경은 대체로 새번역을 따랐으나 옛 글을 포함한 일부 내용은 새번역이 아닌 성경에서
  따왔거나 해당 글을 쓴 이가 직접 번역한 경우가 있다.
— '책머리에'는 〈한국 개신교 사상사〉 1, 2, 3권에 동일하게 수록하였다.

1장

전도

1. 김교신과 전도

세상 모든 종교가 그러하겠지만 기독교는 특히 전도를 강조한다. 전도의 해석을 어떻게 할 것인가는 차치하더라도 마태복음 28장 19절의 "그대들은 세상의 모든 민족을 제자로 삼아 아버지와 아들과 성령의 이름으로 세례를 베풀고 내가 그대들에게 명한 것을 다 지키도록 가르치시오"라는 세계 선교 명령이 내려져 있기 때문이다. 그러나 선교 혹은 전도는 얼마나 어려운 일인가. 후술하겠지만 식민지 시대 일본 조합교회는 천황의 영광을 위해 기독교를 이용하여 조선인이 일본에 귀의할 것을 강요하는 '조선 전도'를 행했다. 이러한 '사이비 어용(御用) 전도'에서 극명히 드러나듯 전도에는 누가 어떠한 의도에서 무엇을 누구에게 어떠한 방식으로 전하고자 했느냐는 문제가 개입되고, 전하는 자의 신앙의 내실이 극명히 드러난다. 이 문제에 대한 명확한 인식 없이 전도하는 것은 자칫 선전이나 선동 혹은 정신적 폭력이 될 수도 있다.[1]

김교신도 전도 문제에 무관심하지 않았다. 이하에서는 그의 전도관을 1931년 2월 1일 일기와 "존재의 전도", "선전의 방식", "가족전도의 문제"를 통해 살펴보자.

일기(1931년 2월 1일, 27호)

구·신약성서를 공부하되 마치 서당 훈장 앞에서 논어나 대학을 공부하는 것처럼 옛 조선식이요, 더욱 악기도 없고 찬양대도 없고, 일단 출석하기로 작정한 후에는 무단 결석, 지각하는 것은 대단히 꺼려하오. 황홀경을 유도하는 기도술도 없고 심리학을 응용한 설교법도 모르고, 다만 교실에서 교과서를 공부하듯이 냉랭한 학습 방식으로 성서를 공부하는 것뿐이오. … 우리 집회의 출입구는 대문이 아니요 소문이다. 아주 작은 문이다. 무단결석, 지각이 대금물이니 여타는 짐작해서 알 일이다. 진리의 탐구에 진실이 없이는 피차에 흥미 없다. 구약성서를 휴대할 만한 열성이 없는 모든 신도는 처음부터 오지 말기를 권한다. 이것은 물론 전도의 방법이 아닌 줄 안다. 본래부터 소위 전도는 아니었다.

1 　특히 2007년 7월 19일, 아프가니스탄 봉사 활동을 하던 분당샘물교회 단기 선교단 일행 23명이 무장 세력 탈레반에 납치되어 박형규 목사와 심성만 씨가 살해당하고 나머지 21명은 8월 30일 모두 석방되었다. 이 사건 이후 전도에 대한 새로운 접근의 필요성이 강조되고 있다.

존재의 전도(1937년 10월, 105호)

기독교의 전도는 아름다운 언사나 문구로 되는 것이 아니다. 십자가의 사실과 부활하신 주 그리스도의 능력으로 되는 일이다. 특히 현대와 같이, 기독교의 형해(形骸)만 노방(路傍)에서 전전(轉轉)하는 세대에 있어서 그러하다. 지금은 설교로 또는 소위 문서전도로써 복음을 증거할 시대가 아니오, 신도의 전 존재 그것으로써 입증해야 할 때를 당하였다. 바울은 말하되 우리가 구원 얻는 자에게나 침륜하는 자에게나 하나님 앞에서 그리스도의 향기가 되나니, 이 사람에게는 사망으로 좇아 사망에 이르는 향기가 되고 저 사람에게는 생명으로 좇아 생명에 이르는 향기가 되나니 누가 이것을 감당하리오(고린도후서 2:14, 16)라고, 또 가로되 이후로부터 누구든지 나를 괴롭게 말라 내가 내 몸에 예수의 인친 흔적을 지고 가노라(갈라디아 6:17)고. 바울의 몸에는 예수장이라는 낙인을 찍은 것이 있어서 어디가든지 예수장이인 것을 감출 수 없었고, 바울의 몸에서는 예수장이라는 강렬한 냄새가 나서 능히 살생(殺生)하기까지 하였다. 사도 바울의 사도된 것은 그의 학식과 문필의 힘에 있는 것이 아니요, 실로 존재 그것이었다. 그러나 오늘날 전도자란 무취무흔(無臭無痕)하여 팔방미인적인 문화인이 어찌 그리 많은가.

선전의 방식(1937년 10월, 105호)

복음을 선전함에는 크다란 가람을 짓고 백획(白晝)에 등불을 켤 필요가 없다. 헌법을 만들어 교도를 구속하고 의식을 신비하게 행하야 신도와 성직자를 격리할 필요가 없다. 인간은 약한 것이니 유인교도(誘引敎導)의 필요 있다 운운해서 주 그리스도의 대권을 횡령하기를 원치 안는다. 오직 다 소인 바울의 방식에 준행하고저 한다. "이에 숨은 부끄러움의 일을 버리고 궤휼 가운데 행하지 아니하며 하나님의 말슴을 혼잡케 아니라고 오직 진리를 나타내여 하나님 앞에서 각 사람의 양심에 대하여 스스로 천거하노라"(고린도후 4:2)고. 기독교는 양심에 소명(訴明)하며, 인간의 양심을 더욱 예민하게 하는 것이 그 특색이다. 고로 불의를 행하는 자는 무엇보다도 먼저 그 백성에게 기독교를 없이하고자 힘쓴다. 우리의 전도법은 바울과 같이 하나님 앞에서 각 사람에 대하야 소명해 보면 족하다. 그리하여서도 가리워진 바가 있어 통할 수 없다면 '파멸하는 자에게 가리운 것이다'. 또 한 가지 태도가 있다면, 그는 타인이 세운 초석 위에 건축하지 않고자 함이다. 30만 내지 50만의 성도도 적은 것이 아니나 2,150만 명은 더 크다. 우리는 힘써 울타리 밖의 양을 찾아 "와 보라"고 웨치고저 한다.

가족전도의 문제(1939년 8월, 127호)

하계 휴가로 귀성하는 학생이 있어 부모형제의 불신을 탄하며 그 전도의 방법을 가르치라 하므로 답하여 가로대,

첫째로 군 자신의 신앙이 영속성이 있나 없나가 문제이다. 전도하고서 자신이 신앙을 버리고 만다면 세상에 이보다 가소가증(可笑可憎)한 일이 없고 이보다 허무맹랑한 일이 없지 않은가. 학생들의 신앙은 신용하기 어렵다. 군 자신의 신앙이 상당한 시련을 통과하고 상당한 연령을 경과하기까지 함부로 전도의 욕심을 부리지 말라.

둘째로 군 자신의 신앙 생애가 날로 새롭고 달콤하고 힘나서, 보는 일 듣는 일 배우는 일 행하는 일에 신앙으로 인한 의미의 해득, 환희의 약동이 있나 없나 스스로 반성해 보라. 이런 특이한 생애의 결실이 없을진대—천국의 생애를 이미 지상에서도 일부분씩 맛볼 수 있는 생애가 못 될진대—그 따위 신앙을 근친자(近親者)에게 전해서는 무엇하랴. 군 하나만 버린 것도 가석(可惜)한데 또 군의 부모까지 버리고 형제까지 못 쓰게 만들 필요가 어디 있으랴. 만일 군의 속에서 솟고 또 솟아도 끝없이 흘러내리는 생명수의 체험을 가진 바 있고, 그리스도를 통해서 본 세계의 아름답고 항구한 것과 그 생애의 실(實)되고 생생한 것을 진정코 맛본 바가 있어서, 신앙의 길을 알지 못하는 근친 고우(故友)가 가엾어 못 견디게 될 때—연민의 정이 군의 심장에 동하기를 해빙 후의 초목이 움트듯이 발동할 때—그때에 전도해도 결코 늦지 않을 것이다.

셋째로 아무리 골육의 근친이라도 진리의 세계에는 사정(私情)을 용납치 않음을 알라. 조급히 억지로 신앙에 끌어들이려고 하지 말고 불신의 세계에 그대로 한동안 방임해 두라. 수년 혹은 수십 년 또는 일평생이라도 방임해 두라. 그래서 불신하는 저들이 신앙하는 군의 생애를 보고서 받을 것을 못 받는 손실을 느끼고 그림자 같은 인생의 헛된 것에 못 견디어 할 때, 그때에 전도하여도 늦지 않다. 만일 신앙 생애에 부러울 만한 실된 것이 없고, 불신 생애에 낙심할 만한 헛된 것이 없이 그것이나 이것이나 매일반이라 할진대 구태여 근친까지 번거롭게 할 것은 무엇이랴.

신앙의 세계는 실된 세계이다. 알곡과 쭉정이 갈라지는 세계이다. 고로 실험으로써 증거할 것이요, 사실로써 전도할 것이다. 부러운 것이 있거든 믿으라, 없거든 말라. 그러나 골육지친에 대한 군의 애정이 오래 방임하기를 참지 못하겠거든 기원하라, 하나님께 부탁하라. 가로되 "우리 부모 혹은 형제의 눈을 뜨게 합소서. 그래서 사물의 진상(眞相)을 여실히 보게 합소서"라고.

2. 존재의 전도

김교신은 신앙과 전도가 별개의 것이 아니라고 생각했다. 전도는 신앙과 분리되어 특별한 사업으로 진행될 일이 아니라고 보았다. 그에게 전도는 그리스도와의 가열찬 사랑에서 자연스레 따라오는 흔적이고 향기였다. 그리스도에 대한 사랑으로 변화된 내 삶에서 자연스레 흘러나오는 향기가 없다면, 전도에는 어떠한 무게도 감동도 있을 수 없고 오직 가식과 위선 그리고 무례만이 있을 뿐이라는 것이다.

그가 이 말을 했을 때는 이 땅에 개신교가 전래된 지 대략 50년의 세월이 지난 시점이었다. 그로부터 대략 100여 년이 지난 시점에 있는 우리 개신교인들에게 김교신의 '존재의 전도' 호소는 더 절박하게 다가온다. 비기독교인들의 눈에 개신교 신자의 삶에서 특별히 부러워할 만한 것이나 경탄스러운 어떤 것을 발견하기 어렵기 때문이다. 김교신은 아름다운 말이나 글로써 전도해 본들

소용없다고 그 시대 기독교인들에게 말했다. 그런데 오늘날의 시대는 개신교인들의 말과 글도 그리 아름답지 않다. 극단적으로 정치화한 개신교인들의 말과 글은 비기독교인들의 그것보다 험하고 사납다. 자신의 삶으로 증거하지 않은 전도는 무용하다는 그의 말이 무게를 더해 가는 시대이다. 이하에서는 그의 신앙에서 흘러 나간 '여흥'이 어떠한 전도의 열매를 맺었는지 살펴보자. 그리고 마지막으로 기독교 전도의 스펙트럼이 얼마나 다양한지를 근대 일본의 조선 전도를 통해 고찰해 보자.

일기(1933년 4월 1일, 53호)

지난 3월에 졸업한 학생 하나가 경성제대 예과 시험에 낙제했는데, 구두시험 때에 문: 세계에서 제일 좋은 책은 무엇이냐, 답: 바이블이올시다, 문: (놀란 안색으로) 너는 야소교 신자냐? 답: 네 예수를 믿습니다. 문: 너의 가정도 다 기독신자냐 문: 아니올시다. 저만 홀로 믿습니다. 문: (다시 놀라며) 어떻게 되어 답: 우리 학교 담임 선생 김 모 씨가 예수 믿는 고로 나도 믿습니다라고 답하니 군복 입은 시험관이 매우 불쾌한 표정을 하면서 '나가라'고 도어를 지시하더라고. 이렇게 되어지다고 원하기를 했지만 과연 실제로 일생의 운명을 걸고 이처럼 담대하게 신앙 고백하리라고는 기대치 못 한 바이었다. … 단 책임감에 견디지 못 하여 그 낙제된 이유를 신용할 곳에 은밀히 조사하니 그가 신자여서 낙제한 것이 아님을 분명히 알 수 있어

공적 신앙의 윤리: 국가권력과 로마서 13장

서 비로소 안심이 되었다.

김교신은 1927년 동경고등사범학교를 졸업하고 귀국하여 고향인 함흥에서 영생여자고등보통학교 교사가 되었다. 이 교직 생활을 시작으로 이후 서울 양정고등보통학교, 경기중학교 등에서 약 15년간 교사로서 민족의식 각성에 힘을 쏟았다. 교사 김교신이 가장 중시한 교육 목표는 '진리의 구도에 의한 자기 확립'이었다. 교육은 인간의 귀중한 영혼에 관계되는 것으로, 그 목표는 하나님 이외의 어떤 것도 두려워하지 않는 인격을 형성하는 데 있다고 김교신은 생각했다. 교사로서 그는 하나님에게만 의지하는 독립·자립한 인격 형성을 교육의 일차 목적으로 삼았다. 그는 교육에 관한 한 인간의 귀중함을 무시하는 대량 생산적인 속성의 방법은 있을 수 없다고 보았다. 오직 스승과 제자의 인격적인 만남 가운데 진리를 함께 찾아가는, 즉 종교적인 구도와 같은 '점진적인 만성'의 방법만이 있을 뿐이라고 보았다.

'점진적인 만성'의 방법으로 자라나는 세대를 참사람·참조선인으로 양성하려는 김교신의 노력은 학생들의 생애에 일대 전환을 가져올 정도로 인격적 감화력을 가졌다. 그의 애제자인 조성빈이 경성제대 입학시험에서 치른 면접 내용은 김교신을 놀라게 했다. 식민지 조선의 최고학부라고 할 수 있는 경성제대 입학시험에서, 그것도 배석한 장교 앞에서, 기독교를 믿고 있으며 성서가 세계에서 가장 훌륭한 책이라고 말하는 것은 보통의 자기 확신과 신념이 없고서는 할 수 없는 것이었다. 그런데 이러한 자기 확신과 신념은 김교신을 담임교사로 모시며 5년간 그에게 배운 학생들에게 공통적으로 나타나는 현상이었다.

김교신의 이러한 학생 지도에서 특이한 것은 그가 한 치의 양보도 없는 정의로 학생을 다스리는 한편, 그들을 위해 눈물과 기도를 아끼지 않았다는 점이다. 졸업식 날에는 새벽에 깨어 목욕재계한 후 담임을 맡았던 아이들의 장래를 위해 50명 전원의 이름을 부르며 기도했다.[2] 시험 감독 때는 부정행위를 하다가 적발된 학생의 앞날을 한탄하며 그 자리에서 펑펑 울기도 했다. 학생을 체벌하고 돌려보낸 다음에도 그를 위해 기도했다. 김교신의 1936년 7월 8일 일기에는 "흡연 중 발견된 학생이 우리 반에 있었음으로 긴 시간 말로 타이른 후에 매 30대를 때리다. 저를 보낸 후에 그리스도의 이름으로 그를 위해 기도하다. 실로 20세기 학교 교육의 한 기이한 광경일 것"이라는 내용이 있다.

학생을 체벌하고 그의 장래를 위해 기도하는 모습은 김교신의 당대에도 진기했으나, 모든 것이 입시교육에 수렴되어 버린 오늘날의 교실에서는 참으로 진귀한 모습이 되어 버렸다. 이것은 체벌을 둘러싸고 학생과 학부모, 교사 간에 의견이 극단적으로 갈리는 오늘날 교육 현장에서 문제 해결의 방향이 어디에 있는지 통찰력과 시사점을 주는 풍경이기도 하다.

---

2   일기, 1938. 3. 3., 〈성서조선〉 1938년 4월(111호).

    공적 신앙의 윤리: 국가권력과 로마서 13장

그는 학생 한 사람 한 사람을 전인적으로 알고 그들이 자기를 발견하는 길에 동행하고자 했다. 이를 위해 김교신이 활용한 방법은 일기 쓰기를 통해 학생들과 소통하는 것이었다. 그는 학생들에게 일기 쓰기를 의무화했다. 그리고 청소 감독을 하면서 일주일에 한 번씩 돌아오는 청소 당번 시간에 해당 학생의 일기를 정성 들여 읽고 돌려주었다. 일기를 통해 스승과 제자가 어떻게 마음을 나누었는지 엿보이는 김교신의 일기 토막을 소개한다.

일기(1936년 8월 2일, 91호)

(전략) 종업식 날에 통신부를 받아 지난 학기에 노력이 너무나 부족했다는 것을 알고 너무, 게을렀던 것을 새삼스러이 반성하지 않을 수 없었습니다. 그러나 제가 2학년에 올라갔을 적에 일기장에 아버지께서 저의 앞날을 위해 단연 금주하셨다고 기록하였을 적에, 옆에 선생님의 친필로 '불초한 자식이 되지 말라'는 교훈을 써 주신 것을 명심하여 표어로 삼아서 지금까지 지내 왔으며, 피땀으로 가계를 보존하여 가며 어리석은 자녀로 하여금 몇천 명의 동포를 대표하여 중등교육을 받게 하여 주시는 인자하신 아버지의 수고며, 어머니의 기대를 수포에 돌아가지 않도록 노력하려 하였습니다만, 저의 마음에는 너무도 틈이 많았습니다.

그러나 선생님께서 격려하여 주신 교훈과 같이 저도 표준 위에 들 수 있다는 것을 깨달았습니다. 그러나 모두 제가 게을러 실패하여 왔다는 것을 깨달았습니다. 돌아오는 학기에는 꼭 우등을 해서 그보다도 실력을 충분히 양성하여 부모님 앞에 부끄럽지 않은 성적표를 받아서 기뻐하시는 얼굴을 보려고 합니다. 이번 성적은 참으로 부모님 뵐 낯이 없었습니다.

이러한 성적을 부모님 앞에 내놓는 것이 미안해서 그리고 죄를 지은 것 같아 저녁에 종아리채를 만들어서 아버지 앞에 내놓고 사죄의 말씀을 여쭈었으나, 아버지께서는 조금도 노하시는 안색이 없고 웃는 얼굴로 '최선을 다한 것이면 족하다' 하시며 다시 아무 말씀도 없으십니다. 평소에 매우 엄격하신 아버지께서 이날은 매우 인자하셨습니다. 그리고 그날 저녁에 참고서를 사서 공부 잘하라고 금 5원을 주셨습니다. 제 마음에 넘치는 것은 눈물뿐이었습니다. 아버지는 몇 번이나 '목적은 성적이 아니다. 실력이다'라고 말씀하여 주셨습니다. 아버지께서는 참고서가 없어 남과 같이 공부를 못 하는 줄로 아시고 될 수 있으면 부자유한 공부를 시키지 않고, 있는 실력을 발휘시켜 상급학교에 입학되도록 하라고 하십니다. 저는 세계에 둘도 없는 행복한 자라는 것을 확실히 인식하였습니다. (하략)

이들은 100여 명 중에서 항상 10등 이내의 석차를 지키는 학생이요, 그 부친은 모 신문 배달로 간신히 일가의 가계를 꾸려가는 이. 고보에 입학한 그 아들에게 스스로 담배를 끊는 미풍을 길러 주기 위하여 우선 자기 자신부터 이어오던 습관을 하루아침에 단절하였다는 부친. 경외할 만한 부자인저! 이런 부자를 발견하고 때때로 그

가정을 방문하여 가슴에 사무쳤던 경의를 표하는 일이 교사 노릇하는 자의 특별한 즐거움이다.

김교신은 학생의 일기를 검사하고 거기에 적절한 말을 적어 주면서 학생 한 사람 한 사람의 일상과 고민을 파악했다. 그리고 각자에게 걸맞는 세심한 지도를 했다. 시골에서 올라와 문화 충격 속에 열등감에 시달리며 기가 죽은 아이들에게는 고향 지역 문화의 장점을 부각시켜 주면서 자부심을 북돋아 주었다. 가난한 아이에게는 일부러 학급 회계를 맡기어 유혹을 이겨 낸 보람을 갖게 했다. 몸이 약한 아이에게는 운동과 규칙적인 생활을 통해 스스로 자기 건강을 관리하는 비결을 가르쳐 주기도 했다.

김교신과 그의 제자 사이의 이러한 '진리'를 찾아가는 구도 여행 가운데 특히 유명한 것이 김교신과 손기정 이야기이다. 영화 〈1948 보스톤〉에서 손기정이 방황할 때 그의 마음을 다잡아 주려고 친우 남승룡이 김교신 선생님의 기일이라고 그를 깨우는 장면이 소개되었다. 농구 코치며 마라톤 코치를 맡아 학생들과 한 덩어리가 되어 운동장을 뛰어다녔던 김교신은 손기정의 마라톤 코치이기도 했던 것이다. 손기정은 김교신과 함께 도쿄로 가 베를린 올림픽 예선전을 통과할 때를 다음과 같이 회상한다.

다른 사람은 아무도 보이지 않고 오직 김교신 선생님의 눈물만 보고 뛰어 우승할 수 있었다. 나는 지금까지 선생과 같이 커다란 진실된 교육자 그리고 애국을 여러 가지 면에서 스스로 실천해 온 분은 본 적이 없다. 선생은 실로 큰 분이었다.[3]

김교신은 손기정과 함께 예선전을 치렀으나 1936년 베를린 올림픽에는 코치로서 따라가지 못했다. 손기정만을 홀로 보내 놓은 후 무거운 짐을 진 어린 제자를 위해 김교신이 바친 기도가 그의 일기에 고스란히 남아 있다.

일기(1936년 8월 9일, 일, 흐림, 1936년 9월, 92호)

오전은 일요학교. 잠언 31장 10절 이하로 동양 고유의 모범 여성을 배우다. 오늘 밤 11시부터 베를린 올림픽에서 마라톤을 뛸 양정고 보 제5학년 학생 손기정을 위하여 기도하면서 취침.

일기(1936년 8월 10일, 월, 천둥 번개, 1936년 9월, 92호)

오전 6시 반부터 베를린에서 오는 전파를 청취. 올림픽 마라손 실황을 듣는 동안 주먹에 땀을 쥐다. 손기정 1착(着), 남승룡 3착(着)의 보도에 기쁘지 않을 수 없으나 또한 눈물이 복받치지 않을 수 없다.

---

[3]   김정환, 《김교신》, 한국신학연구소, 1980, 21쪽.

일기(1936년 8월 12일, 수, 1936년 9월, 92호)

함 형(=함석헌)의 단신(短信) 아래와 같다. "주 안에 건재를 빕니다. 오늘 아침 손기정 군의 마라톤 1등 보도를 접했습니다. 실로 유약(儒弱)한 조선을 하여 만장의 기염을 토한 것이라 하겠습니다. 양정의 그 집과 그 운동장이 세계 1등의 마라톤 선수를 내었다면 우리 조선이 영원의 경주장에서 용사의 관을 쓰게 될 것을 믿음이 더 두터워 갑니다." 운운.

세계사 서열 최하위에 있던 식민지 조선인의 자존과 기개를 세계에 증명해 낸 어린 제자에 대한 감사와 그의 쾌거에서 민족의 역량을 확인하고 조국 해방의 희망을 읽어 내는 김교신과 그의 친우 함석헌의 뜨거운 맥박이 전해지는 일기 한 토막이다. 김교신은 이 감동을 한 달 후에도 기록하고 있다.

손기정 군의 세계 마라손 제패(1936년 9월, 92호)

손 군은 우리 학교의 생도요, 나도 일찍이 동경 학코네(箱根) 사이의 역전 경주의 선수여서 마라톤 경주의 고(苦)와 쾌(快)를 체득한 자요, 손 군이 작년 11월 3일 동경 명치신궁(明治神宮) 코스에서 2시간 26분 41초로서 세계 최고 기록을 작성할 때에는 "선생님 얼굴이 보이도록 자전거를 일정한 거리로 앞서 모시오" 하는 요구에 "설마 선생 얼굴을 보는 일이 뛰는 다리에 힘이 될까" 하면서도 이때에 생도는 교사의 심장 속에 용융합일(鎔融合一)이 되어 버렸다. 록코교[六鄕橋] 절반 지점에서부터 종료까지 얼굴을 제시하고 응원하는 교사의 얼굴에는 제지(制止)할 줄 모르는 뜨거운 눈물이 시야를 흐리게 하니 이는 사제 합일이 화학적 변화에서 발생하는 눈물이었다. 그 결과가 세계 기록이었다.

손기정뿐만 아니라 그가 5년간 담임한 제자들에게 미친 그의 영향은 지대했다. 1938년 3월, 어느 제자가 졸업할 때 남긴 '졸업생의 감사의 말씀'을 들어보자.

감사의 말씀(感謝之辭, 1938년 4월, 111호, 원문은 일본어—지은이)

콧물을 흘리며 이 마당에서 양정에의 입학을 기뻐한 것도 어언 5년 전. 이제 졸업식을 위해 이 마당에 섰다.

전날은 입학을 기뻐했지만 이제는 졸업의 기쁨을 안고 서로의 작별을 아쉬워하게 되었도다. 그러나 회자정리(會者定離). 가는 자로 하여금 멈추게 말라. 우리들은 기쁨으로써 슬픔의 정을 이길진저. 그러면 무엇을 얻은 기쁨인가? 또한 졸업에 임하여 은사에게 무슨 감사의 말씀을 드리려는가? 이하 몇 마디로 과거 5년간이 우리에게 있어서 의미 깊음을 증명함과 함께 우리 은사에 대한 감사의 말씀이 되게 하리라.

신의! 남으로부터 신임을 받는 인간이 되라고 우리 선생님이 외치신 것은 실로 우리들이 제1학년 여름방학을 맞는 날이었다. 선생님은 소시에 자기 모친에 대해 신의를 깨트린 일이 있음을 참회하시며 교실에서 손수건을 적시셨도다. 우리 이를 목도하였음이여! 아, 그날 이래 심중에 굳게 잡고 놓치지 않는 노력이란 실로 신의 있는 사람이 되는 것이로다. 신의! 이 있어 인간은 왜 천국이 아니겠는가! 평화향이 못 될 것인가!

선생님이여, 우리들은 다 신의를 위해 목숨을 버릴 것입니다. 원컨대 마음 놓으시기를!

Boys be ambitious!라고 늘 가르치신 교훈. 원대한 야심이 없는 곳에 멸망이 있을 뿐, 모름지기 대국에 눈을 뜨라고. 아, 청년이여, 그대의 야심을 원대하게 하라고 우리 심중에 외치며 세파를 건널 뿐.

우애는 영원한 것이라고. 입학하던 날부터 바로 며칠 전까지 선생님은 외치지 않으셨던가. 벗은 제2의 나다. 좋은 벗을 발견하라. 지기(知己)를 찾아내라. 이를 위해서는 너 자신이 상대의 충실한 벗이 되라! 이야말로 좋은 벗을 얻기 위한 유일한 방법이라고.

우리들은 영원히 이 교훈을 지키며 좋은 벗 얻기에 노력할 것이며, 또 과거 5년간의 각자의 우애를 증진하기에 힘쓸지라. 원컨대 선생님이여, 우리들의 우애의 영속을 빌어 주시기를.

의! 이 한자 어찌 우리의 폐부를 찌름이 이다지도 강한고. 선생님은 전날 정몽주의 초상 앞에서 울으셨다고 하시지 않으셨던가. 왜 선생님은 울으셨는가? 그렇다. 정몽주가 선죽교에 흘린 혈흔은 의의 권화였기 때문이다. 아, 우리 선생님의 의를 사랑하였음이여! 선생님은 또 말씀하셨다. "우리들은 불의로써 의를 이기려는 자를 어브호오(abhor)해야 할 것이라"고. 아, 이 말씀이야말로 성서에 근원함이여, 우리들의 처세의 방침이 될 것이로다. 선생님이여, 모름지기 안심하시라. 우리들은 이 교훈을 지킬 것임이니이다.

우주의 광대무변을 가르치시고 그 위에 인간계의 여러 현상을 비교하시며 쓴웃음을 보이신 스승이여! 스승의 이 가르침으로 우리들은 동포는 물론 원수까지 사랑할 것을 깨달았도다. 이 교훈으로 우리들의 인생관은 백팔십도 전환을 보았도다. 우러러 하늘을 바라보면 일월이 걸리고 성신이 반열했다고.

말하고 말해 한이 있을소냐. 이 정도로 멈추는 것이야말로 도리어 선생님의 존엄을 높이는 까닭일 뿐.

우리들은 지금 여기 감사의 작은 성의를 표하여 작은 선물을 증정하려고 하나 사은에 대한 감사의 길은 달리 오직 하나 있을 뿐. 무어냐, "과거 5년간의 교훈을 실행하는 일" 이것이다.

스승이여, 이 작은 선물을 받으소서. 그리고 우리들이 스승의 교훈을 잘 지킬 수 있었다는 소식을 들으시면 크게 기뻐하시라.

우리 스승 위에 축복이 있으라! 이로써 감사의 말씀에 대신함.

양정 제22회 졸업식 제1학급 대표 낭독.

1938년 3월 졸업식장에서 '감사의 말씀'이 또박또박 낭독되

공적 신앙의 윤리: 국가권력과 로마서 13장

자 장내는 물을 끼얹은듯 조용해졌다고 한다. 이 밖에도 김교신이 제자 한 사람 한 사람을 얼마나 깊이 알고 사랑했는가를 잘 알려주는 기록은 수없이 많다. 특히 조국 해방을 위한 일꾼으로 기대해 마지않았던 어린 제자의 요절 앞에서 오열하는 김교신의 모습은 스승이란 어떠한 존재인가를 다시 한번 생각하게 한다.

병헌아, 병헌아(1938년 5월, 112호)

3월 3일의 졸업식이 지난 후 겨우 3주일에 돌연이 안병헌 군의 별세의 부음을 접하니 오 개년의 학창을 함께한 우리에게 경악이 컸다. 제2학년 말경이었다. 군은 담임 교사에게 자신의 신앙 입장을 고백하고 한 가지 문제에 관하여는 학업을 단념하는 수 있더라도 자기의 신념을 실천하겠노라고 제언(提言)하였다. 그 단순 확고한 신앙을 알고 우리는 심히 부러워했다. 대개 예수교 가정에서 성장한 학동들은 신앙이 있다 하여도 형식적인 사곡(死穀) 잔해에 불과한 법인데, 저 안 씨 가정에는 어쩌면 저런 신앙의 아들을 두었으랴고.

안 군은 입학 당초의 모자, 양복, 구두를 졸업까지 가졌었다고 하거니와, 그 모자, 제복, 내복, 양말까지 항상 형용할 수 없이 남루한 것이었다. 그러나 그렇게 초췌한 외향 속에 인수봉처럼 우뚝 솟은 고귀한 기품을 내장한 안 군을 볼 때마다, 의식의 빈핍을 부끄러워하지 않는다고 공자님의 칭찬을 받던 안연(顏淵)을 연상하지 않고는 못 견디었다. 천연스럽고 태연하였다.

안 군은 오십육 명의 동급학우 중에도 가장 곤란한 자의 한 사람이었다. 그런데도 불구하고 수백 원 되는 학급비의 회계에는 언제든지 안 군이 피선되는 것을 보고 또한 기이해하지 않다 할 수 없었다. 예수쟁이요 고집불통한 안 군에게 사람마다 호감을 가졌다 할 수 없었으나, 금전을 저에게 맡기면 안전하다는 신임에 이르러서는 반 전체가 일치했던 모양이다. 적은 일에 충실한 자는 큰일에도 충실하다. 가난하면서도 오히려 타인의 금전을 임치하는 신임을 볼 때에 불우한 시대의 아브라함 링컨 대통령을 목도(目睹)하는 감을 금할 수 없었다. 오십 인의 신임은 곧 전 국민의 신임과 마찬가지가 아닌가….

안 군은 진심으로 하나님을 두려워한 외에 아무것도 두려워한 것이 없었다. 생도들 중에는 담임 교사의 얼굴이 두렵다 해서 경이원지(敬而遠之)한 이도 있고, 학교가 두렵다 기타 무엇이 두렵다 하는 이도 있었으나 안 군은 할 말을 하고 행할 것을 행하되 정정당당하였다. 안 군이 정의감에 대하여 예민하게 반응하는 태도는 마치 철이 자석에 흡인(吸引)되는 것 같았다. 양과 같이 유순하던 눈동자가 의에 감촉하는 순간에는 사자같이 표효하려는 자태였다. 기독교계는 물론이요, 오늘날 인류 사회에 긴급히 요구되는 것은 저와 같은 참 인간인데, 홀연히 이 세상을 떠났으니 이 무슨 뜻인가. 백이나 천이라도 많다 할 수 없거든 하나마저 떠났으랴. 그와 더불어 할 일 많은 때에. 아, 병헌아, 병헌아!

민족의 동량으로서 기대를 걸었던 제자의 때 이른 죽음 앞에서 그는 단장의 아픔을 토했던 것이다. 가르치는 이와 배우는 이의 인격적인 만남과 감화가 사라져 버린 오늘날, 교육학에서 김교신 연구가 왕성한 것은 결코 우연이 아닌 것이다.

이러한 김교신의 제자 중에 후일 '하나님 이외에는 어떠한 것도 두려워하지 않는' 걸출한 인물들이 많이 배출되었다. 그의 제자로는 앞에서 말한 손기정, 여류 시인이자 찬송가 작사자인 석진영, 여류 소설가 임옥인, 농촌 계몽운동을 하며 무궁화의 품종을 100여 종이나 개량한 무궁화 박사 유달영, 새싹회로 어린이 존중운동을 벌인 아동문학가 윤석중, 교육학자 김기석, 정태시, 심리학자 김성태 등이 있다.[4] 김교신은 자기를 발견하고 민족을 발견하고 절대자를 발견하여 참사람·참조선인이 되도록 인도한 참으로 눈 밝은 스승이었던 것이다.

마지막으로 교사로서, 종교인으로서, 언론인으로서 살다 간 그의 일상을 말해 주는 일기 한 토막을 보자.

일기(1936년 7월 15일, 90호)

어제 저녁에 시작할 듯하던 비가 불과 몇 분 후에 그치고 또 맑은 하늘이 될 듯하여 비를 기다리는 우리는 실망.

---

4   김태준·소래영 엮음,《스승》, 논형, 2008, 168쪽.

모기로 잠이 깨어 새벽 3시 반에 기상. 약사사[5] 종소리 송림을 뚫고 들려온다. 축음기나 라디오보다 훨씬 시적이다. 먼저 살던 집 근처에 교양 없는 부자가 있어 밤낮 높은 음의 확성기로 온 동네에 라디오를 방송하여 요란스럽게 굴더니 정릉에 온 후로는 그 방해를 피하게 된 것이 하나의 행운.

단, 부근에 문화 생활하는 이들이 없지 않아서 피아노와 축음기 소리가 전무하지는 않으나, 피차 상당한 거리를 지닌 과수원 안에 살기에 우리 서재의 정숙을 침해할 정도는 아니다.

일이 많은 하루였다. 하루 일을 차례대로 적어 내리면 다음과 같다.

오전 4시경부터 시편 제19편 이하 4, 5편을 낭독, 기도 및 일기의 일부를 기입.

오늘쯤은 잡지가 제본되어 나오리라는 예상으로 겉봉 쓰기 시작.

창가에 있는 토마토와 수세미가 조력을 구하므로 식전에 잠시 농부 노릇 하다가 등교길에 인쇄소에 들러 주마간편격으로 다시 한번 독촉하고 등교하여 오후 3시까지 시험감독.

어간에 사람을 보내어 주택자금 이자를 식산은행에 불입. 시험 감독을 하면서 도시락 먹고 잡지 겉봉 쓰기 계속.

오늘로써 제1학기 고사 완료.

답안 채점하여 성적이 처진 생도를 책망하는 중에 제본되었다는 전화로 오후 4시에 교문에 나와 인쇄소로 자전거를 달리다. 인쇄 제

---

5   藥師寺, 현재 정릉 봉국사.

본뙨 이상에는 일각이라도 속히 전달하여 기다리는 마음을 해제할까 하여 인쇄소 사동들의 조력을 얻어 먼저 기명한 겉봉부터 발송한다. 단, 본사 사무원(우리 아이들)들보다 숙련이 못 되었으나 급한 터이니 그대로 발송.

오늘 5시 반에 내가 주인 격으로 연회 자리를 마련할 차례가 되었으므로 정각 10분 전에 인쇄소를 떠나 전속력으로 회장인 청목당에 이르니 5분 전. 지각은 안 되었지만 조퇴할 수 없어 만 두 시간 접대. 이 두 시간을 선용하였으면 잡지 대부분을 오늘 저녁차로 발송할 수 있을 텐데 하고 생각하면, 초조하기 짝이 없으나, 참석하신 손님들을 위하여 일부러 거드름을 피우면서 7시 반 헤어질 시간까지 참다. 손들을 보내고는 경성우체국에 들러 우표 부족했던 것 몇 부를 마저 발송하고 견지동 도장방에 주문했던 새 주소의 고무도장을 찾고, 시내 서점 몇 군데에 7월 호 잡지를 배달하면서 동소문 경찰파출소 앞을 어둡기 전에 통과하고자 전속력으로 바퀴를 굴리다. 황혼의 자전차 도로에는 저마다 사력을 다하여 질주하니 생명 아까운 줄 아는 사람들같이 보이지 않다. 등을 준비 못한 까닭으로 시비 살까 두려워함이다. 다행히 경관의 시비에 걸리지 않고 동소문을 나서 삼선동을 지난 때에 돈암동 막차 버스를 만나다.

8시 반에 귀댁하니 온몸이 땀에 잠긴 듯, 목욕 후에 9시부터 가족들의 조력으로 잡지 겉봉 쓰기와 성명 쓰기. 10시 지나 마태복음 제16장을 윤독한 후 식구들은 먼저 쉬게 하고 겉봉의 성명 쓰기와 성조 통신 기록. 12시 15분 전에 이르러 거꾸러지는 자처럼 잠자리에 드니 하루가 가다.

일어나면서부터 누울 때까지 일각도 심심할 시각이 없었음이 감
사.

김교신은 키 170센티미터, 몸무게 64킬로그램이었다. 이 체
격으로 그는 매일 정릉 집에서 만리동의 양정학교까지 자전거로
출퇴근했다. 자전거는 김교신의 분신과도 같았다. 자전거 페달을
있는 힘껏 밟으며 만 45세의 삶을 그가 얼마 만한 밀도로 살았는지
알 수 있다. 하루를 영원같이 산 사람이었다. 그에게 전도는 하나
님과의 사랑이 가져온 여흥이었다.

하나님과의 사랑에 취해 그 여흥으로 전도도 하고 교육도 하
고 잡지도 내면서 성서 위에 서는 독립된 '조선'을 꿈꿨던 김교신.
해방을 맞은 함석헌은 그 누구보다도 그를 그리워했다.

1945년 8월 15일 해방의 소식이 들려왔을 때, 나 자신 먼저 염두에
떠오른 것이 '김이 있었으면' 하는 생각이었고, 주위 사람들의 첫
인사도 "김 선생 생각나지요" 하는 말이었다. 자타가 다 그렇게 생
각하는 것은 교분도 교분이지만 그보다 기다리면서도 그렇게 뜻밖
에 올 줄을 몰랐던 그날이 왔기 때문이다. 김교신이라면 〈성서조
선〉을 생각하고 〈성서조선〉이라면 문자 그대로 성서와 조선이다.
그는 일생을 이 잘못된 나라의 생명을 참으로 살려 보고자 힘쓰고
애쓴 사람의 하나다. 얽매인 겨레가 풀려 놓이는 날이 오기를 얼마

     공적 신앙의 윤리: 국가권력과 로마서 13장

나 기다리고 또 그것을 위해 힘썼던고. 그러니 그 마음 내가 알고 네 마음 그가 안다고 생각하는 처지에 기쁨, 슬픔을 같이 나누는 것이 자연의 정이면 그날에 그의 생각이 나는 것은 당연한 일이었다. 참 간절한 생각이었다.[6]

---

[6] 함석헌, "신앙과 인생에 붙임", 《김교신과 한국》, 일심사, 1981, 16-17쪽.

3. 일본 개신교의 조선 전도[7]

1) 서론

기독교회가 국경을 넘어 타국 전도를 교회적 과제로 삼을 때, 교회의 복음 이해는 그 어느 때보다 선명히 표면화된다. 무엇을 어떻게 전도하고 어떤 실적을 올릴 것인가 하는 선교적 숙고에는 복음에 대한 이해가 필연적으로 내재화되지 않을 수 없기 때문이다. 아울러 선교 대상 지역을 어떻게 인식하고 있었느냐는 문제도 거기에 선명히 나타나게 된다.

근대 일본의 천황제 국가 체제 속에서 일본 개신교가 수행했던 조선 전도는, 일본 기독교의 복음 이해와 조선에 대한 인식이

---

7   양현혜, "일본 기독교의 조선 전도", 〈한국기독교와 역사〉 20-5호, 한국기독교 역사연구소, 1996 가필, 수정하여 전재.

가장 선명히 표출된 사건 가운데 하나였다고 할 수 있다. 또한 이 사건은 근대 한일 양국 기독교 교류에서 고유한 문제와 한계 그리고 연대의 가능성 등이 응축된 중요한 역사적 실험이었다고도 볼 수 있다.

근대 한일 관계가 본격적으로 전개된 것은 1876년의 강화도조약이 시발점이다. 잘 알다시피 강화도조약은 운양호 사건을 계기로 일본이 조선을 위협하여 체결한 강제적 불평등조약이었다. 강화도조약에 대한 일본 내 여론은 다양했다. 조선을 공격해서 '독립국의 체면', '일국의 영예'를 보존하자는 주장, 조선을 병합하여 구미와 어깨를 겨루는 '동양의 영웅'이 되자는 주장, 조선을 불만감이 많은 몰락 무사들의 영지로 하여 '일본 내의 분규를 일소'하자는 주장 등 여러 논조들이 대두하였다. 그러나 이러한 논조들은 '개명화'한 일본과 '몽미(蒙迷) 야만'의 조선을 대치시켜 선각(先覺)이 후각(後覺)을 응징할 필요를 외친다는 점에서 공통점이 있었다.

일본 정신사에서 보면 강화도조약은 구미(歐美)식 개화를 단행한 일본에서 '열등한 아시아'[劣亞]라는 자각이 '탈아시아'[脫亞]의 심정과 연결되는 패턴이 넓게 침투되어 간 커다란 전기였다고 할 수 있다. 또한 구미에 대한 열위와 굴욕감의 출구를 도리어 가까이 있는 근린 아시아 제국에 대한 우월감과 세력 부식(扶殖)의 방향으로 조직했던 근대 일본 외교의 원형을 빚은 사건이기도 했다.[8]

일본 개신교의 조선 전도는 일본의 이러한 조선 인식과 외교

방향이 굳어져 가는 배경에서 진행되었다. 따라서 중요한 문제는 일본 개신교의 조선 전도가 근대 일본의 조선 멸시 및 자기 세력 확대 정책과 어떠한 관계에 있었고, 당대의 조선 기독교와 어떠한 연관을 가졌는지, 일본 개신교가 기독교 고유의 비판적 상대화 정신을 가지고 일본의 국가정책과 일정한 거리를 유지하면서 독자적인 활동을 전개할 가능성이 있었는지, 만약 그렇지 않았다면 그 이유는 무엇인지 등이라 하겠다.

이하에서는 근대 일본 개신교의 양대 교파인 일본기독교회와 일본조합교회의 조선 전도를 고찰하고 마지막으로 교파에 얽매이지 않았던 독립 전도자들의 조선 전도를 고찰함으로써 이러한 문제들에 접근해 보기로 하겠다.

2) 일본기독교회와 조선 전도

일본 개신교회에서 해외 전도를 주장한 최초의 논설은 1890년 'T. K'라는 필명으로 발표된 "식민과 기독교"일 것이다. 본의 아니게 고립된 섬에 갇혀 있던 상태에서 일본의 개국과 근대화가 '호지영기'(豪志英氣), 호탕한 뜻과 빼어난 기상을 진작할 계기가 되었다고 이 글은 지적한다. 그리고 식민지가 "장래에 해외에 열리려

---

8 芝原拓自,《世界史のなかの明治維新》, 東京: 岩書波店, 1977, 200-205.

고”하는 이 시기에 일본 기독교가 영혼의 양식 나눔을 불교에게
만 맡기면 안 된다고 하면서, “아시아 전 지역의 전도는 우리들 기
독교의 천직으로서 스스로 용감하게 짊어져야 한다”라고 호소하
였던 것이다.[9] 이 글을 통해서 우리들이 알 수 있는 것은, 일본기독
교회가 일본의 대륙 진출을 긍정하고 그것을 고취하면서 기독교
의 협력적 역할을 강조하는 입장에서 아시아 전도를 생각하고 있
었다는 것이다.

조선 전도를 최초로 논한 시마누키[島貫兵太夫]는, “우리 대일
본은 동양의 맹주다. 동양의 선도자다. 종교에 있어서 정치에 있어
서 교육에 있어서 예능에 있어서 기타 모든 방면에 있어서 그렇다.
동양 제국 중 으뜸이다. 우리들은 지금 동양 전도책을 강구해야 할
임무가 있다. 우리들은 동양 제국을 전도해야 할 천직을 갖는다는
것이 나의 오래된 신념이다”라고 주장했다.[10] 시마누키는 일본이
동양의 맹주로서 조선 전도의 책임을 담당해야 한다고 강조하면
서 조선 전도 개시를 위해 노력했다. 그는 일본기독교회 대회에 센
다이[仙台] 중회의원으로 출석하여 ‘재조선 일본인’에게 전도할 것
을 강력하게 건의했다.

이렇게 대두된 조선 전도론이 급속하게 활기를 띠게 된 것은
1894년 청일전쟁 때였다. 일본기독교회의 지도자였던 우에무라[植

---

9   〈福音新報〉, 1890. 12. 26.
10   〈福音新報〉, 1892. 10. 14.

村正久]는 기관지인 〈복음신보〉 권두 논설에서, 일본은 "근린 조선의 개혁에 주의하는 것이 천직"이라고 전제하면서 "전쟁은 파괴다. 그러나 때로 어떤 점에서 이를 보면 전쟁은 실로 문명의 사자다. … (전쟁의) 존재 가치는 그 전쟁이 문명의 사자가 될 때 가장 고귀한 것이다. 지금 우리 일본의 청국에 대한 전쟁은 바로 이 문명의 사자가 아니고 무엇이겠는가? 일본이 중국에 이기는 정도에 비례하여 세계의 문명은 점점 그 울타리를 넓혀 가고 있다는 것을 기억해야 한다"라고 주장했다. 동시에 이 전쟁에서 일본의 위치는 "천도(天道)의 법정에 비추어 조금도 두렵거나 부끄러울 것이 없는" 것이라고 확신했다.[11] 이렇게 일본을 문명 전파의 사자로 자리매김한 우에무라는 청일전쟁을 긍정하기 위해 문명론을 동원했던 것이다.

당시 대다수 일본 지식인들은 서구 문명만이 유일한 문명이고 아시아의 전파자는 일본이라는 낙관적 문명 확대주의에 젖어 청일전쟁을 문명 전파를 위한 의로운 전쟁[義戰]으로 규정하고 있었다.[12] 청일전쟁을 "천도(天道)에 비추어 시인"한 우에무라도 낙관적 문명주의에 근거한 의전론에 동조한 것이라고 말할 수 있다.

그러나 그의 청일전쟁 긍정론에는 그만의 독특한 부분이 있

---

11   〈福音新報〉, 1894. 8. 17., 1894. 10. 26.

12   청일전쟁의 본질이 일본의 국권을 유지하고 확대하며, 아시아 패권을 장악하려는 전쟁임을 현실적으로 파악하고 있었던 사람은 야마카타(山縣有朋)와 같은 천황제 관료들뿐이었다. 土肥昭夫, 《日本プロテスタントキリスト教史論》, 東京: 教文館, 1987, 159.

었다. 우에무라는 일본인의 대륙 식민을 권장해야 한다고 생각했
으나 식민에 의한 정신의 퇴폐, 그로 인한 식민의 실패를 경계했
다. 그는 다음과 같이 경고했다.

> 우리나라 사람들이 조선에서 인류의 존귀를 무시하고 이웃 나라 사
> 람들을 경시하고 폭악 불순한 행동을 하게 되면 설령 병력이 승리
> 했다 하더라도 정신상의 실패는 더할 나위 없는 것으로, 일본 인민
> 은 조선에서 교육, 전도, 그 외 제반 계도적 사업에 대해서는 무능
> 력의 상태에 빠지지 않을 수 없다. 청일의 변란은 결코 총탄만의 싸
> 움이 아니다. 중요한 의미에 있어서 도덕의 전쟁이다.[13]

즉 우에무라는 일본의 해외 세력 확장을 긍정한 후 그것에
윤리성이 동반되어야 한다고 주장했던 것이다. 그의 윤리적 검토
주장은 청일전쟁을 의전으로 인정하고 그 근거를 문명론적 의의
에 두려고 한 이상 당연한 문제 제기였다고 할 수 있다. 그러한 사
고의 배후에는 세계의 문명을 낳고 그것을 인도하고 지키는 것은
기독교라는 발상이 있었다.[14] 즉 우에무라는 '서구 근대문명=기독
교'라는 소박하고 낙관적인 기독교적 계몽주의 입장에 서 있었던
것이다.

13 〈福音新報〉, 1894. 9. 14.
14 池明觀, "日本基督敎會朝鮮", 《東京女子大學附屬比較文化硏究所紀要》, 第39卷, 東京, 1977, 5-6.

그러나 이렇게 제기된 조선 전도론은 논의에 그쳤을 뿐 실제로는 재조선 일본인에 대해서조차 실행되지 못했다. 일본기독교회에서 조선 전도론이 다시 등장한 것은 러일전쟁 개전론으로 일본 정국이 들끓었을 때였다.

1903년 일본기독교회 대회에서 우에무라는 "내년에 시기를 봐서 조선에 전도할 것"이라는 결의안을 전도국에 제출하여 통과시켰다.[15] 이 결의를 적극적으로 추진한 다카야마[貴山幸次郎] 일본기독교회 상임위원은 그해 11월 조선으로 시찰 여행을 떠났다. 다카야마는《조선견문록》에서 조선인은 "돼지 움막 같은 형편없는 집"에서 살고 있고 마치 일본의 신화 시대 사람 같은 외모에 눈은 반쯤 죽어 있어 원기·희망·자주력을 상실한 사람들이라고 기술했다. 계속하여 그는 "이주 식민 팽창은 아브라함 이래 기독교 신도의 일대 특색"이기 때문에 크리스천은 조선에 대이주하지 않으면 안 된다고 주장하면서, 그것은 "일본을 위한 것이고 조선을 위한 것이며 그리고 동양 문명을 위한 것이다. 즉 이것은 하나님의 영광을 위한 것으로 하나님의 아들들이 크게 힘써야만" 하는 일이라고 조선 전도에 커다란 의미를 부여하였다.[16] 이와 같은 주장이 일본의 자기 팽창주의에 기독교적 치장을 덧붙인 것임은 이해하기 어렵지 않다. 즉 "우리의 실지적 세력을 부식하기" 위한다는 속

---

15   池明觀·小川圭治,《日韓基督教關係資料集》(이하《資料集》), 東京: 新敎出版社, 1984, 46.

16   《資料集》, 47–48.

셈에 "한인의 정신을 근본적으로 갱신"시킨다는 구실을 붙인 것
이었다.

러일전쟁 의전론에 근거한 조선 전도론에 대하여 소수이기
는 하나 반전론자들의 견해도 있었다. 대표적인 것으로 다가와[田
川大吉郎]의 글을 들 수 있다. 그는 국가가 유치(幼稚)할 때에는 무력
을 사용해 야만적인 전쟁을 즐기지만, 성년으로 성장하면 지성을
겨루고, 노년이 되면 "도덕적 윤리적으로 일변한다"는 국가관에
서 있었다. 다가와는 지금 일본은 "육해군의 위대한 기량"을 자랑
하고 있지만, 국민의 성품이나 도덕, 지식과 기술 면에서는 자랑할
것이 없다고 주장하면서, 따라서 기독교인은 적개심에 편동되지
말고 "동양의 천지가 전운에 쌓여도 국민정신이 살기로 가득 차
도" 흔들리지 말고 끊임없이 평화의 사업에 종사해야 한다고 말
한다. 또한 그는 "고대 이래 일본 문명은 그것을 중국과 조선 내지
는 구미 제국에서 전래받고 있다"는 점을 지적하는 것도 잊지 않
았다.[17]

한편 우에무라는 러일전쟁이 발발하자 이 전쟁에 신앙적으
로, 국가적으로 어떤 의미를 부여해야 할지를 고민했다. 거기에는
청일전쟁에 관한 반성적 검토가 전제되어 있었다. 우에무라는 "십
년 전 우리나라가 청국과 싸울 때 국민은 마치 꿈속을 걷는 자와
같이, 또한 술에 취한 자들과 같이 그들과 싸웠다. … '청국을 정벌

[17]　〈福音新報〉, 1904. 3. 10.

하라'는 동요로 대표되듯이 만용에 놀아나 소위 암중에서 한번 크게 비약하는 것을 시도해 본 것으로 국민의 복수 정신과 호전의 성벽을 만족시키기 위해서 일어난 것 같이 보였다"라고 청일전쟁을 회고했다.[18]

우에무라는 청일전쟁 의전론과 같은 얄팍한 문명론적 낙관주의를 이미 청산한 단계에 도달했던 것이다. 그는 일본 국민이 승전에 취해 있을 때 "승전 축제에 광분한 국민은 전혀 의식하고 있지 못했겠지만, 깊이 생각해 보면 국민은 목자 없는 양 떼 같은 상황이다"라고 한탄했다. 그의 관심은 일본의 대륙 진출이 아니라 "일본은 전승의 결과로서 그 이상(理想)이 고상하게 될 것인가, 아니면 타락해서 물질적 경향이 점차 강해져 위아래가 모두 조야한 경향으로 타락해 버릴 것인가"라는 문제에 있었다.[19] 즉 일본 국가의 정치적 방향은 묻지 않으나 도의적인 문제에 대해서는 예언자적 불침번이 되겠다는 입장이었다. 이것은 스스로를 '전도자'와 '사회의 목탁'이라는 두 개의 중심을 가진 타원이라고 규정한 우에무라의 자기규정에 충실하려는 노력이기도 했다.[20]

이러한 논의 속에서 일본기독교회는 1905년 2월 11일 아키모토[秋元茂雄] 목사의 부산 파견을 시작으로 조선 전도에 착수했다.[21] 조선 전도라 했지만 이 시기에는 약 3만 3천 명으로 보고된

18　〈福音新報〉, 1904. 2. 11.

19　〈福音新報〉, 1905. 1. 13.

20　澤正彦, "植村正久の朝鮮観", 〈三千里〉 제34호, 1983년 5월, 東京, 45.

재조선 일본인들에 대한 전도에 불과했다. 일본기독교회의 의도는 국내 전도의 연장선에서 먼저 재조선 일본인들을 대상으로 전도를 시작하여, 그것을 거점으로 조선인 전도를 시도하려는 것이었다. 1907년 일본기독교회 대회는 만주·조선 전도에 7천 엔을 투입할 것을 결정했다.[22]

1910년 일본의 조선병탄 후에도 재조선 일본인 전도라는 일본기독교회의 입장은 크게 변하지 않았다. 1912년, 경성에 먼저 일본기독교회 교회가 완공되었으며 1914년에는 부산에 교회가 세워졌다. 1916년에는 신의주, 목포, 부산, 대구, 군산, 용산 등에 교회를 두었고 예배 출석 인원 300여 명, 다수의 주일학교 생도들이 있었다고 한다. 그중에서도 경성의 교회가 가장 활발했던 모양으로 "예배에 123명, 적을 때도 80명 미만은 안 된다"라는 보고가 있다.[23]

그렇다면 일본기독교회의 재조선 일본인 전도 속에서 대조선인 전도는 얼마나 진행되고 있었을까. 일본기독교회의 대조선인 전도는 거의 성과를 거두지 못하고 있었다. 노방 전도에 다소의 조선인이 동원되었다든지, 일본인의 가정 집회에 조선인이 동원되었다든지, 일본인 목사가 조선인 교회에서 설교하게 되었다든지 하는 정도에 그쳤다.

21   《資料集》, 51.

22   〈福音新報〉, 1907. 10. 17., 池明觀, 앞의 논문, 12쪽.

23   〈基督新報〉, 1916. 4. 27., 池明觀, 앞의 논문, 12쪽.

이렇게 답보 상태에 있던 일본기독교회의 조선 전도를 더욱 위축시킨 것은 1919년의 3·1운동이었다. 경성에 있던 일본기독교회의 아키츠키[秋月致] 목사가 "생명의 존중"이라는 글을 5월 1일 자로 일본기독교회 기관지인 〈기독신보基督新報〉에 기고해, 수원 제암리교회 사건의 참상을 알리며 일본 기독교인의 양심에 호소했다. 또한 스즈키[鈴木高志] 목사는 5월 8일과 15일 같은 신문에 "조선 사변에 대해서"라는 글을 올려, 3·1운동의 최대 원인은 '일본의 주아적(主我的) 제국주의'에 있다고 논했다. "이른바 배일(排日)사상이란 일본의 주아적 제국주의의 그림자 아니겠는가. '국위를 해외에 선양한다'라든가 '크게 판도를 넓힌다'라든가 '세계을 통일한다'는 것을 일본 사상으로서 전진한 결과 주위를 모두 배일이 되게 하여 오늘날 사방이 막히는 형국이 된 것이다. 조선인역시 인간이다. 국민적 자부심도 있고 국가적 애착심도 있는 것이다. 그런데 애국심은 일본인만의 전매특허라는 식의 마음, 이른바 '일본주의'로 방약무인하게 행동한 반작용이다. 우리들은 오늘날저런 식의 주의와 정신을 탈피하여 '너 자신과 같이 이웃을 사랑하라'는 사랑의 도덕에 서지 않으면 결코 영원히 동양의 주인으로서의 위치는 지키지 못할 것이라고 생각한다."

이러한 분위기 속에 일본기독교회는 8월 전국신도대회에서다음과 같이 조선 문제를 결의했다.

1) 우리는 조선인 동포의 정치상 및 사회에 있어서 자유의 정신을

존중하여 장래 조선 본위의 정치를 행하기를 절망(切望)한다. 2) 조선에 있어서 기독교의 전도는 정교분리에 근거하여 해외 선교사와의 협조를 기한다.[24]

3·1운동에 대한 일본기독교회의 이러한 인식은 조선 전도는 조선인의 자유와 정교분리의 원칙을 존중하는 가운데 재조선 미국 선교사와 협력하여 수행해야 한다며 방침의 재조정을 불렀다. 비록 일본 제국주의의 조선 지배를 본질적으로 부정하고 조선 독립을 지지하는 데에는 이르지 못했으나, 후술할 일본조합교회의 3·1운동에 대한 반응과는 현격한 차이를 보이는 양심적인 것이었다고 할 수 있다. 3·1운동 이후에도 일본기독교회는 "일본인으로서 조선어에 숙달해 직접 조선인에게 전도하는 길"이 열리기를 희망하고, 또 "크리스천 학교 교사로서 조선의 교육사업에 헌신하는 사람"이 나올 것을 바라는 희망을 버리지는 않았다. 그러나 "일본인의 위력에는 유순하게 복종하여도 그들(조선인)은 일본인의 인격에는 감복하지 않아, 한마디로 말해 일본인은 아직 조선인에 대해서 전도자로서의 신용을 얻지 못하고 있다"라는 판단 속에서 그 꿈은 점차로 현실성을 잃어 갔다.[25] 결국 일본기독교회의 대조선인 전도는 희망사항에 그쳤다고 볼 수 있다.

---

24   金田隆一,《昭和日本基督教會史》, 新教出版社, 1996, 235-236.
25   〈福音新報〉, 1910. 10. 6., 池明觀, 앞의 논문, 13쪽.

3) 일본조합교회와 조선 전도

일본조합교회의 조선 전도 계획은 러일전쟁과 거의 동시에 시작되었다. 조합교회의 기관지 〈기독교세계〉는 1903년 일본의 대륙 진출을 고무하고, 다음 해 전쟁이 일어나자 10월에 열린 종합 신도대회에서 "국가의 진운에 부응하여 동양 전도를 관철할 것을 기한다"라는 선언을 발표했다.[26]

이러한 움직임은 조합교회의 역사 인식과 관련되어 있었다. 조합교회의 대표적인 지도자라 할 수 있는 에비나[悔老名彈正]는 1904년 8월 "전후 최선의 경영"이라는 글에서 '만주, 조선인의 일본화가 전후의 최대 급선무'라고 주장하면서 '동화'를 위한 지도를 종교에 요구하고 있었다.[27] 그가 러일전쟁을 '신국(神國)건설'을 위한 자위적 의전으로 본다는 점에서도 알 수 있듯이, 조합교회의 러일전쟁관은 청일전쟁 의전론의 소박한 문명론적 낙관주의의 연장선상에 있었다.

조합교회의 조선 전도는 이러한 교회 내 분위기를 배경으로 개시되었다. 1903년 10월 조합교회 제19회 총회는 해외 전도를 결의하여 전도사를 조선에 파견하였고, 러일전쟁이 한창이었던 1904년 7월에 경성 교회를, 1907년 10월에는 평양 교회를 설

---

26   松尾尊兌, "日本組合敎會の朝鮮傳道", 〈思想〉, 1968. 7., 東京: 岩波書店, 2.

27   〈新人〉, 1904. 8.

립하였다.[28] 이 교회들은 재조선 일본인들을 중심으로 한 교회 운영을 당면 목표로 세웠지만, 최종적으로는 대조선인 전도도 겨냥하고 있었다. 1910년 조선이 완전 식민지 상태로 전락하여 조선총독부가 설치되자 조합교회는 공공연히 조선총독부의 동화정책에 협력을 표명하고 본격적인 조선 전도를 준비하고 나섰던 것이다.

1910년 9월 1일 자 〈기독교세계〉 사설란에 "한국병합과 조선인 전도"라는 글이 등장했다. 사설의 내용을 보면, 우선 한국병합은 '한일 양국민의 행복을 완전하게 하는 유일한 길'이며 한국민에게는 애석한 정이 없지 않겠지만, 그것은 '부녀자의 인(仁)'에 불과하다는 것이었다. 또한 한국인은 강대국의 판도에 속하는 편이 행복하기 때문에 '속히 그 사상·감정에서 완전히 일본 국민과 동화 협력하는 길에 있을 뿐이며 이것이야말로 이른바 그리스도의 죽음과 부활의 복음이 아니고 무엇이겠는가'라고 주장했다. 그러면서 기독교의 역할에 대해 다음과 같이 기술했다.

동화는 대단히 어려운 일이다. 정치가와 교육가에게만 맡길 수 없는 일이다. 인심의 통일은 종교를 차치하고는 결코 완전히 이룰 수 없다는 것은 자명한 일인데, 한국의 종교는 기독교 이외는 없다. 이미 조선이 일본의 영토가 된 이상 일본의 전도는 일본인이 행하지 않으면 안 된다는 주의는 조선에도 적용되어야 한다. 또한 지난날

28 松尾尊恩, 앞의 논문, 2쪽.

기독교가 독립 사상을 불어넣어 배일주의를 고취한 흔적이 있다고 해서 조선 전도를 꺼려 하는 사람이 있는데, 그것은 외국 선교사가 전도했을 때 이야기이고, 또 그것이 사실이라고 한다면 일본인의 손에 의한 조선인 전도를 하루라도 빨리 시행해야 함을 암시하는 가장 큰 근거이다.[29]

이 논설이 주장하는 것은 일본에 의한 '조선병합'은 하나님의 뜻이자 조선인에게 주어진 유일한 행복의 길이며, 따라서 동화를 촉진하는 것은 기독교인의 당연한 사명이라는 것이다. 이 주장은 조선인의 독립사상을 억누르며 일본 제국주의의 종교적 첨병 노릇을 스스로 담당하겠다는 의지로 이해된다. 이 논설을 집필한 사람은 와타세[渡瀨常吉]였다.

와타세는 에비나 문하의 한 사람으로서 1899년부터 1907년까지 8년간 일본 해외교육의 위탁을 받아 경성학당 학당장으로 근무하면서 조선에서 일어 교육 보급에 종사했다. 경성학당은 조선 정부 및 구미 제국과 정면충돌을 피하면서 조용히 조선 진출의 발판을 쌓고 다른 한편으로는 조선을 완전히 지배하는 군비 증강의 시간을 번다는 일본 정부 침략정책의 전체적인 구도 안에 조직된 것이었다.[30]

---

29   〈基督教世界〉, 1910. 9. 1.

30   韓晢義·飯沼二郎, 《日本帝國主義下の朝鮮傳道》, 東京: 日本基督教團出版部, 1985, 73.

　　1907년 고베[神戸]교회의 담임목사로서 조선을 떠나기까지 8년간 경성학당장을 지낸 와타세의 경력은 이후 그의 활동에 많은 영향을 미치지 않을 수 없었다. 1908년 10월부터 와타세는 조합교회의 최고 기관인 15명의 상의원(常議員) 중 한 사람으로 뽑혔고, 다음 해부터는 5명의 이사 중 한 사람이 되었으며, 기관지 〈기독교세계〉의 편집위원을 겸임하는 요직에 있었다.

　　1910년 일본의 조선병탄을 계기로 조합교회는 10월 정기총회에서 조선인 전도 개시를 전원일치로 결의하여 조선전도부를 설치했다. 와타세는 경성학당장 경력이 평가되어 주임을 맡아 또다시 경성에 부임했다. 그는 먼저 경성에 한양교회, 평양에 기성교회를 설립하고 이 두 교회를 조선 전도의 교두보로 삼았다. 1910년 12월에는 조선에 10여 개의 교회가 있었으나, 1914년에는 남부 지방에서 11개 교회, 서부 지방에서 4개 교회가 일본조합교회에 가맹하였다. 조선전도부는 이러한 급성장으로 1913년에서 1917년까지의 약 5년간 교사 수는 22명에서 98명으로, 교회 수는 45개에서 143개로, 신자 수는 3,600명에서 12,060명으로, 교회 재정은 6,000여 원에서 17,000여 원으로 증가하는 비약적인 실적을 올렸다. 당시 일본 내 조합교회 세력이 교회 수 113개, 신도 수 20,427명이었던 점과 비교해 보면 조선전도부가 얼마나 급성장했는지 알 수 있다.[31]

31　　松尾尊兌, 앞의 논문, 8쪽.

이미 감리교와 장로교 선교사들이 들어와 많은 성과를 거두
고 있었고, 일본 기독교에 반감도 적지 않았던 조선은 일본기독교
회가 간파한 대로 결코 용이한 선교 지역이 아니었다. 그럼에도 불
구하고 조합교회 조선전도부가 이상스러울 정도로 놀라운 실적을
올린 원인은 어디에 있었던 것일까.

와타세는 조선 전도의 첫걸음을 내딛기 위해 한국인 협력자
들을 필요로 하였다. 그와 협력한 한국인은 유일선, 선우순, 나일
봉 등이었다. 유일선은 경성학당에서 와타세에게 배운 후 동지사
대학 신학과를 졸업했다. 그는 조선전도부가 발족하자마자 와타
세의 요청에 의하여 전도 부주임이 되어 와타세의 오른팔이 되었
다. 유일선은 총독부와도 긴밀한 관계를 맺으면서 조선 독립운동
에 대한 정보를 전달하고 방해 공작을 하는 등 적극적인 친일 행위
를 하면서 와타세를 응원했다. 선우순과 나일봉은 평안도 지방을
중심으로 하는 친일단체인 대동동지회에 기반을 두고 친일 행위
를 일삼던 자들이었다. 대한민국 임시정부가 발행한 〈독립신문〉
1920년 2월 5일 자에 용감한 애국자들이 꼭 죽여야만 할 매국노
로서 전국 규모의 친일단체인 '국민협회'의 수뇌 민원식과 더불어
선우순, 유일선 등의 이름이 있는 것을 보아도 와타세의 협력자들
이 조선인들 사이에서 얼마나 증오의 대상이었는지 알 수 있다.[32]

와타세는 이들 친일 협력자들의 도움으로 한양교회와 기성

---

[32]　韓晳羲,《日本の朝鮮支配と宗教政策》, 東京: 未來社, 1988, 101-102.

교회를 설립했으나, 초기의 전도 성과는 미미했다. 이때 와타세가 포착한 것은 구미 선교사와 불화 반목하여 독립교회 설립을 지향했으나 역부족이 되어 곤란에 처한 조선 기독교인들의 존재였다. 주지하다시피 서구 중심주의에 근거한 아시아 멸시는 구미 선교사들의 일반적인 경향이었는데, 이 점에 있어서 재조선 선교사들도 결코 예외는 아니었다. 이들의 우월의식은 국권이 해체되고 식민지 상태로 떨어진 근대 조선의 역사적 상황과 맞물려 더욱 조장되었다.

식민지 종주국 일본을 거치지 않고 세계와 연결될 수 있는 창구이기도 한 서구 선교사들과 직접적 충돌을 피하려는 조선 기독교 지도자들의 노력에도 불구하고, 선교사들의 안하무인적인 양대인화(洋大人化)에 대한 반발은 해를 거듭할수록 축적되었다. "조선인을 일개 미개인 내지 미개인시 하고 교회 행정 기타에 일절 발언을 불긍(不肯)하며 소위 백인 선교사식 전제정치를 강행함에 대하여 회의를 품고" 반선교사의 기치하에 자치 교회를 조직하여 교단에서 분리해 가는 움직임이 당시 조선에서는 적지 않았던 것이다.[33]

전라도 지방에서 독립 교회를 설립한 차학연과 평안도 지방의 최중진도 그러한 사람들이었는데, 식민지라는 부조리한 상

---

33   강신룡, "한국인 기독교인들의 구미아이교회 협력과 가입에 관한 일고찰", 〈한국기독교역사연구소소식〉 제22호, 1996년 1월, 53쪽.

황 속에서 그들이 의도한 바대로 완전 자립을 이루기에는 역부족이었다. 고전을 면치 못하고 있던 그들은 궁여지책 끝에 와타세와 접촉하고 가입을 타진했다. 이들은 몇 가지 신학적·목회적 문제만 확인한 뒤 가맹을 결정했다. 반선교사 기치 아래 독립 교회를 지향하며 기성 교단을 일탈한 교회가 식민지 지배국의 교회인 조합교회로 숨어 들어가는 모순적 결말은 식민지 교회로서 이들 자치 교회의 비애를 보여 준 것이기도 했다.

어쨌든 이로 인해 와타세에게 최초의 전라북도 전도 여행 길이 열렸고 11개소 교회와 400-500명의 입교인들을 얻을 수 있었다. 갑작스러운 조직 팽창으로 교회 지도자가 압도적으로 부족한 가운데 와타세는 조합교회 목사가 되는 자격이나 제반 과정을 무시하고 안수례를 행하는 등 편법을 서슴지 않았다.[34]

팽창 일로에 있던 와타세에게 충청도 지역 교회의 대거 가맹이라는 호기가 찾아왔고 이 역시 조선인 기독교인과 선교사의 불화가 그 계기가 되었다. 선교사와 후계자 문제를 놓고 반목해 침례교 계통의 대한기독교회를 탈퇴한 신명균 등이 자신의 영향력하에 있던 공주교회를 비롯한 15개 교회를 이끌고 1915년에 조합교회 조선전도부에 가입했다. 이 숫자는 조합교회 조선전도부가 폐지되는 1920년까지 충청도 지방에서 가입한 교회 수의 절반에 해당하는 수였다.[35] 즉 와타세는 탈선교사를 지향하여 독립하려 했

34　앞의 논문, 55쪽.

다가 고전하고 있던 조선 기독교인을 포섭하는 방법으로 교세의 급작스러운 확대를 이룬 것이었다.

조선전도부의 팽창을 가능하게 한 또 하나의 요인으로서 일본 정계, 특히 조선총독부의 물심양면에 걸친 지원을 빠뜨릴 수 없다. 조선전도부는 1911년 6월부터 1916년 5월까지 약 5년간 전도비로 3만 엔을 예정하고 있었다. 이 돈은 연간 총예산이 겨우 1만여 엔에 불과한 조합교회로서는 과도한 부담이었으며, 따라서 조직 운영을 위해 어떠한 형태로든 기부금에 의지할 수밖에 없었다.[36] 이에 와타세는 1913년 《조선 교화의 급무》라는 100쪽 정도의 소책자를 간행하는 등 적극적인 선전·강연 활동에 나섰다.《조선 교화의 급무》에서 그는 다시 한번 '조선합병'을 '국가를 걸고 싸운 대분투의 결과'이고 '일등국이 되는 명예의 보장'이라고 주장했다. 그리고 조선 민족을 설복하는 기초는 종교이며, 종교는 단지 신앙 보급뿐 아니라 조선인의 반항심을 굴복시켜 '일본 국민 된 자각'을 갖게 할 임무도 갖는다고 말한다. 그 임무를 실행하고 있는 것이 조합교회의 조선 전도이므로 이 '국민적 운동'에 협력해 달라고 독자들에게 호소했던 것이다.

기부금 모금에 당시의 수상 오오쿠마[大隈重信]가 지원을 보냈고 조선 총독 테라우치[寺內正毅]도 재계 유력자들 동원에 적극

35   앞의 논문, 57-59쪽.
36   松尾尊兌, 앞의 논문, 8-9쪽.

나섰다. 그 결과 미츠비시[三菱], 미츠이[三井], 조선은행 등 재벌들에게서 각 2-3만 엔의 거금을 지원받는 실적을 올렸다.[37] 조선총독부는 간접 지원에 그치지 않았다. 총독부 기밀비에서 연간 6천 엔을 익명으로 기부하기도 했고, 헌병이나 순사를 동원하여 기독교를 믿으려거든 조합교회에 가라고 하는 등 직접적 압력도 행사했다.[38]

전도의 동기뿐만 아니라 전도 방법에서도 파행적인 조합교회 조선전도부의 내실은 조선전도부가 세운 교회의 질을 보았을 때 더 분명해진다. 1919년 통계를 보면, 조선전도부 소속 교회 수 150개 중 3분의 1을 점하는 50개 교회가 타 교파에서의 가입이었고, 전임 교사 수는 150개 교회에 72명으로 47.3퍼센트, 교회원 총수의 43.7퍼센트가 미세례자였으며, 예배당을 가진 교회는 전 교회 수의 27.3퍼센트인 44개 교회에 불과했다.[39] 조선전도부 내 교회들이 교회 운영에 걸맞은 내실이 결여되었음을 이 통계에서 읽을 수 있다. 이것은 조선전도부가 선전 효과에만 치중해 교세 보고를 과장했다는 것을 말해 주며, 따라서 신빙성을 의심하지 않을 수 없다.

또한 조선전도부 내에서 일본인과 조선인의 교제나 연대는 찾아볼 수 없었다. 조선 전도의 대상은 오직 조선인으로 한정되어

---

[37] 앞의 논문, 9쪽.

[38] 土肥昭夫 저, 김수진 역, 《일본기독교사》, 교문사, 1991, 189쪽.

[39] 韓晳曦·飯沼二郞, 앞의 책, 112쪽.

있어 조선인만이 교회를 조직하였으며, 재조선 일본인 조합교회 회원들은 종래대로 일본인들만의 교회에 속해 있었다. 따라서 조선전도부 내 교역자를 보면, 1918년 말 교역자 68명(목사 7인, 전도사 29인, 명예전도사 11인, 전도조수 3인, 명예전도조수 17인, 부인전도사 1인) 중에서 일본인은 와타세 및 일본인 전도사 한 명에 불과했다.[40]

또한 조선전도부 교회 내에서는 조선인 교역자 내지 신도 자치가 전혀 이루어지지 않았다. 와타세는 회원의 수입 지출을 자치에 맡기지 않고 전부 장악하여 분배·급여하는 방식을 취했으며, 본국의 조합교회 총회에 대의원을 보낼 자격도 부여하지 않았다. 조합교회의 규약도 거의 시행되지 않았다.[41] 조선전도부는 마치 일본조합교회의 인가를 받은 와타세의 개인 사업처럼 전도의 의도, 방법, 교회 운영 실태 등 모든 분야에서 일본 제국주의의 어용 종교 성격을 완벽하게 갖추고 있었다고 볼 수 있다.

조선전도부의 어용적 성격은 1919년 3·1 독립운동에 대한 반응에서도 유감없이 나타났다. 3·1 독립운동을 목격한 와타세는 즉각적으로 "조선 소요사건과 그 선후책"을 〈新人〉 4월 호에 기고했고, 3·1운동에 참가한 조선 기독교인들은 구약의 정신이 농후하고 기독교 사랑의 정신이 없는 유대교도에 불과하다고 비난했다. 즉 기독교인들이 산상수훈의 정신을 안다면 그런 식으로

---

40   松尾尊兌, 앞의 논문, 12쪽.
41   앞의 논문, 13쪽.

반항해서는 안 될 것이며, "하나님을 아버지로 하는 형제로서 더 포용적으로 내선일치를 대성하는 정신"에 근거해 행동했어야 한 다고 비판했던 것이다. 그는 "건전한 신앙을 근거로 해 건전한 사 상"을 배양함으로써 유다주의를 극복하고 "양 민족의 새로운 영 적 일치"를 달성하기 위한 조합교회의 조선 전도 의의를 더욱 강 조했다.

이러한 3·1운동관에 근거한 조선전도부는 3·1운동을 진압 하는 조선총독부에 협력하기 위하여 "적극적인 대시국 특별 운동 을 개시할 방침을 정해", 인쇄물 배포, 조합교회 포교 확대, 지방 순회 설교를 결정했다. 조선전도부의 시국 운동은 조선총독부의 두터운 후원 아래 8월 말까지 계속되었고, 함경북도를 제외한 전 국 11개 도에서 강연회·환등회 등이 개최되었다.[42] 와타세를 비롯 한 조선전도부는 기독교를 통한 조선인의 정신적인 동화야말로 일본의 기독교인이 해야 할 종교보국(宗敎保國)이라고 생각했던 것 이다.

조선전도부의 적극적인 종교보국 활동은 육군과 조선총독 부로부터 크게 평가되었다. 3·1 독립운동 진압을 강행하고 있었 던 조선군 참모부는 1919년 7월 14일《소요의 원인 및 조선통치에 주의해야만 할 건(件)과 군비에 관하여》라는 책자를 내부적으로 발행하였다. 이 책자 제2장 12의 '종교가의 활동 및 유익한 종교가

---

42   姜德相, 〈現代史資料〉 26, 東京: みすず書房, 1967, 474.

의 보호' 항을 보면, "일본조합교회로 하여금 적극적으로 활동하게 할 필요가 있다. 이번 소요 때 이 교회에 소속한 교도 2만 중 소요에 참가한 사람은 한 사람도 없었다. 이것을 보아도 종교의 힘이 얼마나 위대한가를 알 수 있다"라고 기록되어 있다. 즉 일본 식민지배자들은 조합교회 조선전도부의 활동에 대해 최대의 찬사를 아끼지 않고 높은 평가를 하고 있었음을 알 수 있다.[43]

조선총독부와 일본 육군의 조선전도부 신뢰에 힘입어 조선전도부의 정치공작 활동은 3·1 독립운동 이후 간도, 상해, 연해주 지방까지 확대되어 갔다. 3·1운동을 계기로 이들 지방에 있던 항일민족운동 단체들이 활성화되어 가고 있었기 때문이었다. 와타세와 조선전도부 참사인 무라카미[村上唯吉] 등은 상해 임시정부를 염탐해서 정보를 모아 일본 육군에 제공하고, 불령선인(不逞鮮人) 회유 공작도 벌이는 중심 역할을 했다. 불령선인 회유 공작 중 대표적인 것이 이른바 '여운형 사건'이었다. 이 사건은 조선전도부의 운명에 결정적 영향을 미쳤던 사건으로 자세한 내용은 후술하겠다.

이렇게 어용화한 와타세의 조선 전도에 대하여 일본조합교회 신자들이 모두 긍정적인 반응을 보인 것은 아니었다. 일본조합교회 내에서 와타세의 조선 전도를 본격적으로 비판한 것은 안나카[安中]교회의 목사 가시와키[柏木義門]였다. 그는 복음전도와 내선

---

43   韓晳義·飯沼二郎, 앞의 책, 119쪽.

일체 두 목적을 내건 와타세에 대해 그리스도의 복음은 인간을 회개하여 하나님의 자녀로 만드는 것 외에는 있을 수 없는 것으로, 따라서 기독교 전도의 목적은 결코 둘일 수 없다고 비판했다. 또한 원래 청일전쟁과 러일전쟁은 조선 독립 저지가 목적이었던 만큼 일본인이 조선인의 정신적 지도자가 될 자격이 있는지 의심스럽다면서, 만일 복음 전도를 제국주의적 방편으로 삼으려 드는 사람이 있다면 결단코 배척해야 한다고 주장했다.

또한 가시와키는 조선인의 반항심을 전도로 교도한다는 와타세의 논리도 비판했다. 그는 조선에 문명 사상을 가진 기개 있는 지사가 있어 인민을 고취해 후일 독립 자치의 땅을 이루려고 한다면 진정한 종교가는 오히려 이를 초연하게 포용하고 동정해야 하는 것으로, 조선인의 반항심을 적대시하는 것은 종교가의 면모를 잃어버리는 것이라고 주장했다.[44]

조합교회의 유력한 장로인 유아사[湯浅治郎]도 가시와키의 비판을 지지하면서, 조선전도부가 총독부와 일본 정부의 자금 지원을 받는 것에 대해 결국 "어용 종교가 되어 정부를 변호하지 않을 수 없게 될 것이다"라고 어용화를 비판하였다. 다이쇼[大正] 시대 민권운동의 정신적 지도자로 이름 높은 요시노[吉野作造]도 "정신적 사업의 경영자가 관헌으로부터 보조를 받아 관헌의 직간접의 지도를 받고 있어서는 진정한 인도적 사업의 발달은 기할 수 없

44　　片野眞佐子,《孤憤の人: 柏木義円》, 東京: 新敎出版社, 1993, 189-214.

　공적 신앙의 윤리: 국가권력과 로마서 13장

다"라고 조선전도부를 비판하였다.[45]

　　일본기독교회에서도 조합교회의 조선 전도 어용성을 비판하는 소리가 있었다. 대표적인 것으로 일본기독교회 목사 사토[佐藤繁彦]가 쓴 "조선 전도의 위기"를 들 수 있다. 이 글에서 사토는 1919년 7월 1일 자 〈오사카 아사히신문大阪朝日新聞〉에 게재된 "상해(上海)의 음모단 본부"라는 기사를 문제시했다. 이것은 일본조합교회 조선전도부의 참사인 무라카미가 상해 임시정부를 정탐한 사건이었는데, 이에 대해 사토는 "종교가가 탐정적인 행동을 하는 것은 어떤 동기에서라도 버려야 한다고 믿는다"라며 무라카미의 행동을 규탄했다. "나는 일전에 조선인 전도에 종사하고 있는 모 씨를 만난 일이 있는데, 그가 조합교회의 전도자로서 불식간에 조선인에 대한 인격 감정을 잃어버리고 조선인을 열등시하여서 마치 관리가 인민에게 임하는 것과 같은 태도를 취하지 않을까 걱정이 되었다"면서, 이러한 수치스러운 일이 일어나는 것은 일본인 조선 전도 관계자들이 조선에 있는 서양 선교사들과 달리 조선과 조선인을 사랑하지 않기 때문이라고 고발하고 있다.[46] 이러한 사토의 비판에 대해 와타세는 "그 사람[무라카미]은 전도부 참사임에는 틀림이 없으나 참사라는 것은 단순히 주임의 고문에 불과한 것으로 교무 및 전도상의 책임을 갖지 않는다"라고 변명했다.[47]

45　　松尾尊悳, 앞의 논문, 12-13쪽.

46　　《資料集》, 72-73.

47　　池明觀, 앞의 논문, 14쪽.

조선 전도를 둘러싼 일본 기독교 내의 이러한 비판과 3·1 독립운동으로 인한 조선 정세의 변화에도 불구하고 조선전도부는 그 세력을 유지했다. 조선전도부는 1920년 4월 전도 관계자들을 소집해 대회를 열고 조선 국내에서 10만 엔을 모금할 것을 결정하였다. 10월에 열린 일본조합교회 연차 총회에서 와타세는 조선 각지는 아직 불온하여 전도는 어려우나 현상 유지만은 문제없으며 "어떠한 위기에 서 있어도 붕괴라는 비극적인 사태에 빠지는 일은 만의 하나라도 없으리라 믿는다"라고 보고했다.[48]

그러나 조합교회는 1921년 10월 연차 총회에서 갑작스레 조선전도부를 폐지하고 조선에 있는 소속 교회를 분리, 독립시켜 그 명칭을 '조선회중교회'로 변경한다고 발표했다.[49] 이러한 돌발적인 사태 전개에 대해 조합교회 측은 조선인의 정신적 각성에 의한 자치 희망을 받아들인 결과라고 해명하고 있으나 그 진상은 전혀 다른 이유였다. 3·1 독립운동으로 인하여 조선인 신자가 감소한 것과 일본 기독교 내의 반대 여론도 이유였지만, 더 직접적인 원인은 조선 독립운동가의 회유 및 친일 정책의 하나로 조선전도부가 열정적으로 추진한 '여운형 사건'의 실패에 있었다.

조선총독부와 일본 육군 그리고 조선전도부가 중심이 되어 전개한 조선인 독립운동가들의 회유 공작 일환으로 일본 정부는

---

48 韓晳羲·飯沼二郎, 앞의 책, 121쪽.

49 《資料集》, 77-78.

  공적 신앙의 윤리: 국가권력과 로마서 13장

상해 임시정부의 저명한 지도자 중 한 사람이었던 여운형을 동경에 초대했다.

일본 정부는 여운형을 회유하기 위해 정부, 군, 총독부 수뇌와 회담시키고 일반인에게는 관람이 불허된 장소였던 동경의 아카사카 별궁[赤坂離宮]을 참관시킨 후, 당시 일본 최고급 호텔이었던 제국호텔에서 기자회견을 가졌다. 그런데 동경 한복판에서 가진 이 기자회견에서 여운형은 놀랍게도 일본 정부의 의도와 정반대되는 연설을 했다. 즉 조선 독립이야말로 일본과 협조하여 동양 평화를 확실히 하는 길이며 세계 평화를 유지하는 제일의 기초라고 주장한 것이다. 이 기자회견과 아카사카 별궁 참관이 문제가 되어 일본 정부는 야당으로부터 정책 실패를 추궁당하고 끝내는 수상 하라[原敬]가 직접 '사죄'함으로써 사태 수습에 나서지 않을 수 없는 궁지에 몰리게 된다. 더구나 상해에 무사히 돌아간 여운형은 개심하기는커녕 더욱 독립운동에 힘써 매진했던 것이다.[50]

이러한 사건 경과에서 알 수 있듯이, 조선전도부의 공작 활동을 신뢰하여 여운형 사건을 도모했다가 정치적 손해만 입은 일본 정부 관계자들은 자신들의 행위를 반성하는 차원에서 조선전도부 예산 지원을 중단했다. 원래 어용적 성격이 강했던 조선전도부가 이를 계기로 존재 이유를 잃은 것이 조선전도부의 종말을 가져온 직접적 이유였다.

<hr>

50   韓晳羲, 앞의 책, 120-129쪽.

급전하는 상황 속에서 유일선을 회장으로 '조선회중교회'가
된 조선전도부는 1921년 말 2만이라고 하던 신자가 2,955명으로
격감했다.[51] 유일선이 사망한 1937년에는 교세가 겨우 450명이었
다고 하는데, 이렇게 하여 전대미문의 기묘한 '전도 사업'은 역사
속으로 사라져 갔다.

4) 개인 전도자들

와타세가 기독교와 내선일체를 전하는 전도자였다면, 오직
그리스도의 복음만을 조선에 전하려고 했던 전도자도 있었다. 최
초의 일본인 해외 기독교 전도자라고 불리는 노리마츠 마사야스
[乘松雅休]는 와타세의 조선 전도보다 15년이나 앞선 1896년에 이
미 조선에 복음을 전하고 있었다. 노리마츠는 플리머스파(Plymouth
Brethern) 기독교인이었다. 이 파는 1830년 다비(J. N. Darby)가 아일
랜드에서 일으킨 것으로, 성서 그 자체에만 중점을 두고 조직적인
제도나 신조를 부정하며 침례와 매주 일요일 성찬식 엄수를 특징
으로 하는 교파였다. 노리마츠는 이러한 입장에 서서 일본 전역에
복음을 전하던 중, 청일전쟁으로 인한 조선인들의 수난을 우연히
전해 듣고 조선에 "순수한 은총의 복음을 선전"할 뜻을 세워 1896

<hr>

[51] 韓晳義·飯沼二郎, 앞의 책, 125쪽.

년 인천에 도착했다.

인천에 도착한 그는 조선어를 배우며 언어와 생활을 조선인과 함께하였다. 그는 의복도 식기도 주택도 조선식으로 하였을 뿐만 아니라 조선에서 태어난 그의 장남에게 오직 조선어만을 가르쳤을 정도로 철저한 현지 동화 생활을 했다. 기독교를 통해 조선인을 일본에 동화시키려 했던 와타세와 극단적으로 대비되는 생활 양식이었다.

이러한 생활양식으로 복음을 전하기 시작하였으나 노리마츠의 생활은 결코 순탄하지 않았다. 청일전쟁, 러일전쟁 등으로 배일 감정이 격해진 조선에서 일본인이 복음을 전한다는 것은 환영받을 일이 아니었던 것이다. 또한 제도나 조직을 부정하는 교파에 소속되어 정기적인 전도 지원금을 받을 수 없었던 노리마츠는 극심한 빈궁에 시달리다가 끝내 가난과 과로로 아내를 잃었다.

이러한 곤궁 속에서도 그의 복음 전파는 계속되었는데, 그 전도 내용은 "하나님은 사랑이어서 죄 아래 짓눌려 있는 인류를 구원하려고 독생자 예수를 보내 주셨다"로 대단히 간결했다. 곤궁과 가난 속에 있는 조선인들과 함께 생활하면서 가난을 함께 나누는 노리마츠의 간결한 메시지는 깊은 진실성을 가지고 듣는 사람들을 압도했다.

1914년 노리마츠는 18년간에 걸친 조선 전도 생활을 일단락 짓고 일본으로 귀국하였다. 폐결핵으로 극도로 쇠약해진 것이 이유였다. 귀국 후에도 그의 조선 사랑은 몇 차례의 순회 전도 여행

등을 통해 지속되었는데, 1921년 임종 시 "뼈는 꼭 조선에 묻어 달라"며 유언을 남겼을 정도였다. 이러한 노리마츠의 조선 전도가 조선인에게 어떠한 반향을 일으켰는지는 그의 장례식에 참석한 조선인 신도 김태희의 작별사를 통해 짐작할 수 있다.

예수 그리스도는 신인데도 인간이 되셨습니다. 그 사랑에 고무되어 노리마츠 형은 조선인을 사랑했습니다. 세상에는 영국인이 되고 싶어 하는 사람은 수없이 많이 있습니다. 미국인이 되고 싶어 하는 사람도 수없이 많이 있습니다. 그러나 노리마츠 형은 조선인이 되었습니다. 아버지 하나님의 마음을 가지고 조선을 사랑해 주었던 저 마음, 죽을 때까지 조선, 조선 하며 하늘로 갔습니다.[52]

어떠한 선교부의 지원도 없이 오직 복음만을 전한 노리마츠의 조선 전도는 그가 없이도 독립하여 신앙을 지켜 간 훌륭한 신앙 동지들을 남겼다. 노리마츠 사후에도 조선에서는 김태희 등이 중심이 되어 활발한 전도를 전개하고 각지에 집회소를 확대해 갔다. 이러한 활동을 계승한 기독동신회(基督同信會)는 1984년 집회소 16곳, 신도 수 약 900명, 전도인 수 8명으로 활동을 계속해 갔다. 조선전도부가 폐지되자 역사에서 곧 자취를 감춘 와타세의 조선 전도와는 큰 대조를 이룬다.

52   韓晳義, 앞의 책, 144쪽.

노리마츠의 조선 전도는 기독교의 복음만을 올곧게 전하려고 한 점에서 와타세와 극명하게 대조를 이루고 있으나, 그에게도 역시 명치(明治) 일본인의 한계는 있었다. 위에 있는 권위를 거역하는 것은 하나님의 섭리에 반한다고 생각한 노리마츠에게 체제에 저항해서 싸우는 사회운동, 독립운동 등은 감히 생각지도 못할 일이었다. 따라서 그에게 3·1운동은 온순했던 조선인들이 돌변하여 독립 만세를 외치는 위험천만한 경거망동으로밖에 이해되지 않았다. 험악한 정세하에 있었던 조선의 신앙 동지들의 안부만이 걱정되었던 이 선량하고 평범한 사람은 3·1운동이 일부 과격분자의 사주에 의한 것이라고 이해할 수밖에 없었다. 천황에 대한 소박한 존경심을 가지며, 팽창을 계속하는 명치 국가에 별다른 이의를 제기하지 않고 추종하던 극히 평범한 일국민으로서 조선 독립운동을 이해할 수 없었던 것은 그의 한계였다.[53]

그러나 노리마츠 이후 개인 전도자들은 부조리한 식민지 지배가 한일 양 국민의 관계를 결정적으로 왜곡시키고 있다는 사실에 결코 무지할 수 없었다. 1934년 경상남도 보천성결교회에서 목회를 하던 니시다 쇼이치[西田昌一]는 조선에서 1년 가까운 목회 생활을 하던 중 커다란 심경 변화를 경험했다. 그는 조선인에 대한 일본인들의 횡포와 거만함에 대해 일본인의 한 사람으로 커다란 심적 고통을 느끼면서, 일본인 중 한 사람 정도는 조선인을 위해

<hr>

53   앞의 책, 141-144쪽.

생명을 버리는 사람이 나오는 것이 당연하며 하나님도 이를 바라고 있음에 틀림없다고 생각하게 되었다. 이렇게 해서 그는 조선어를 학습하면서 조선 교회를 순회 전도하기 시작했다. 주로 경상도 각지의 조선인 교회에 초빙되었는데, 조선어 해독은 가능했지만 전도에 정확성을 기하기 위해 통역을 붙이는 방식을 취했다.

이러한 그의 전도는 1937년 1월 대구 봉산정장로교회에서 초빙을 받을 정도로 조선인 기독교인들에게 큰 신뢰를 얻었다. 니시다의 일상은 신도들의 가정을 방문하여 상담을 해주는 것이었다. 조선 굴지의 공업 지역이면서도 일본인들에게 경제를 완전히 장악당하고 가난과 소외 가운데 있었던 조선인 신자와 아픔을 함께하는 나날이었다. 니시다는 신사참배 문제로 많은 조선인 교직자가 투옥 내지는 휴직당한 상태에서 조선 각지의 교회를 순회하였고, 1940년에는 창녕장로교회 목사로 초빙되었다. 이어 1943년에는 황해도 안악의 사리원감리교회에 담임목사로 부임하게 되었다. 비상 시대를 살아가야만 했던 조선인 신도들은 몸을 사리지 않고 자신들을 대변하며 보호해 주는 일본인 목사가 있다는 것에 마음이 든든했다. 일본인으로서 조선의 양대 교파인 장로교회와 감리교회의 담임 목사가 되었던 사람은 니시다가 처음이자 마지막일 것이다.[54]

1928년 목포에 들어와 조선 전도를 시작한 또 한 사람의 일

---

[54]　韓晳義·飯沼二郎, 앞의 책, 189-193, 214-226쪽.

　공적 신앙의 윤리: 국가권력과 로마서 13장

본 기독교인으로 오다 유지[織田猶次]가 있었다. 조선인의 고통, 괴로움, 기쁨을 함께하며 조선인이 되자고 결심한 오다가 조선인이 겪는 식민지 통치를 몸으로 체험한 사건이 있었다. 1931년 4월 함경도 무산에서 전도 활동을 하던 중, 조선 독립운동에 가담했다는 혐의로 경찰에 감금되어 5일간 밤낮으로 혹독한 고문을 당한 것이다. 이 고통 속에서 오다는 조선인의 삶을 구속하는 정치적 부조리를 절감했을 뿐만 아니라 자기를 위해 대신 죽으신 그리스도의 십자가를 깨달았다고 한다. 이러한 회심 체험 후 오다는 재조선 경성성결교회 목사로 활동하는 한편, 1935년 5월부터 '조선복음기독교회' 간판을 붙이고 전도를 시작했다. 그는 조선인을 대상으로 기독교를 전할 뿐만 아니라 "너는 일본인이 아니라 조선인이다"라고 말하는 것도 잊지 않았다.

조선 교회에서 신사참배 문제가 최대의 이슈로 떠오르게 된 1937년, 오다는 평안남도 조선 교회의 요청으로 평양 숭실전문학교 대강당에서 신사참배 반대 설교를 5일간 하였다. 이어서 1938년 1월에는 그의 설교에 고무되어 민족운동에 참가한 평양 숭실전문학교 학생 박중학 체포 사건에 연루되어 7개월간 고문과 취조를 겪게 된다.[55]

1938년 7월 석방되었으나 관헌의 감시로 오다의 조선 전도

---

55 오다에 대해서는 다음 책을 참고했음. 織田猶次, 《チェックン: 朝鮮‒韓國人傳道の記錄》, 東京: 日本基督敎團出版局, 1977.

는 불가능해졌다. 그러나 부조리한 정치하에서 고난받고 있는 조
선인에 대한 오다의 공감은 일본에 귀국한 후 더욱 빛을 발하게 된
다. 1942년 오다는 재일조선인교회인 일본기독교단 미카와시마[三
河島] 교회에 부임했다. 1909년에 설립된 재일조선인교회는 1939
년 종교단체법에 의해 일본기독교단에 강제 편입되어 있었다.[56]
전쟁이 장기화됨에 따라 민족운동 또는 미국인의 스파이라는 혐
의로 재일조선인교회에 대한 탄압도 가중되어 1945년 8월 해방
당시에는 교회다운 교회는 겨우 18개 소밖에 남지 않았다.[57]

　　당시 재일조선인교회에 관계하는 목사는 오다와 박명준, 오
윤태 세 사람뿐이었다. 고난 속의 재일조선인교회와 행동을 같이
한 오다는 전영복(田永福)이라는 조선 이름으로 바꾸고 오윤태, 박
명준 목사와 분투하여 1945년 11월 재일조선기독교회연합회를 발
족시키고, 마침내 12월 30일에는 재일조선인교회를 일본기독교
단으로부터 탈퇴, 독립시켰다. 이때 오다를 비롯한 재일조선인교
회 대표들은 일본기독교단 통리자 도미타[富田滿]에게 다음과 같은
통고문을 보냈다.

　　(1) 지난 1945년 11월 15일 재일본 조선기독교회 연합회가 결성됨

<hr>

56　재일대한기독교회에 대해서는 양현혜, "재일대한기독교회의 컨텍스트와 신학", 〈기독
　　교사상〉, 1995년 9월 호 참조.

57　오윤태, 《동경교회 72년사》, 혜선문화사, 1980, 185-187쪽; 中濃教篤, 《天皇制國家と
　　植民地傳道》, 東京: 國書刊行會, 1976, 251-257.

과 동시에 일본에 있는 조선 교회는 일본기독교단에서 탈퇴할 것을 결의했음.

(2) 그 이유는 일본에 있는 조선 교회는 과거에 있어 조선에 있는 선교 기관과 캐나다 선교부에 의하여 설립되어 매일 발전하는 도상에 있었는데 그 후 시국의 추이에 따라 관헌의 압박이 날로 더했으며 이른바 내선일체 정책에 따라 성경, 예배 용어, 기타 조선적인 일체의 언어, 문자, 의복, 풍습까지 금지되어 조선 교회로서의 독자적인 존재를 인정하지 않았다. 그러한 이유로 우리 조선 교회는 생각할 여지 조차 없이 일본에 있는 각 교파에 가입하여 일본적 교회로서 그 존재를 유지하도록 조치해 두었으나, 그 영향으로 교세는 매일 쇠퇴하게 되었으며 마침내 일본 각 교파가 합동하는 일본기독교단이 성립되었을 때 그 교단에 가입하게 된 것이다. 이와 같은 것은 자연적인 경로같이 보일지는 모르나 실은 모순당착적인 점이 많았고 보이지 않는 압박에 의하여 부자연적인 결말임은 명확한 사실이다. 이번 종전과 함께 일본에 있는 조선 교회는 또다시 조선 본국의 선교 기관과 캐나다 선교부와의 관계를 회복하여 조선 교회로서 본연의 태세로 돌아가 하나님께서 주신 조선 교회로서의 사명을 완수하고자 용감하게 일본 교단에서 탈퇴하기로 결의했다.[58]

위 내용은 재일조선인교회가 일본 교단에 편입된 과정의 부

[58]　오윤태, 앞의 책, 192-194쪽.

당성과 조선 교회로서 본연의 자세를 회복하고자 하는 의지를 명백히 한 통고문이었다고 말할 수 있다. 재일조선인교회의 독립과 재건에 적극적인 활동을 한 오다는 엄청난 정치적 부조리 속에서 굴절된 삶을 강요당해 온 조선인의 입장에서 자신의 신앙을 걸었던 그의 전도 열정의 연장선상에 서 있었다. 재일조선인교회는 1948년 대한민국 성립과 함께 재일대한기독교총회로 개칭하였다. 오다는 1948년 재일대한기독교 교토[京都]교회에 전임하여 1970년 이 교회를 사임할 때까지 29년간 재일대한기독교회 목사로서 목회 활동을 전개하였다. 그는 교회에서 문 하나를 열면 한국이라며 한국어 사용을 엄수시켰다.

오다는 1980년 9월, 72세로 소천하였다. 장례식은 제일대한기독교회 합동고별식으로 치러졌고, 그의 묘비에는 다음과 같이 기록되어 있다. "영광을 하나님께. 하나님은 조선 민족 구제를 위해 오다 유지를 선택하셨다. 사명을 받은 그는 하나님의 사랑과 구주 그리스도의 인내를 갖고 (조선)민족을 사랑하여 모든 곤란을 극복해 전도의 생애를 완주했다."

식민지 시대 한국 기독교인들은 피억압자의 고난과 치욕을 자신의 역사에 포함시키기 위해 고난의 종의 모습으로 오신 그리스도를 만남으로써 망국의 슬픔을 민족의 창조적 재생의 에너지로 전화시키려 했다. 오다는 이러한 조선 기독교인의 신앙에 공명하고 함께 걸었던 일본인이었다고 할 수 있다.

5) 결론

이상으로 일본기독교회와 일본조합교회의 조선 전도 그리고 독립 전도자인 노리마츠, 니시다, 오다 3인의 조선 전도를 고찰했다. 이들의 조선 전도는 각각 다른 유형을 대표한다. 일본기독교회에 의해 대표되는 유형은 일정한 현실 판단에 근거한 전도 포기형이고, 조합교회에 의해 대표되는 두 번째 유형은 식민지민에 대한 정신적 폭력형이며, 개인 전도자들에게서 보여지는 유형은 식민지민과의 연대형이라고 말할 수 있다. 식민지민과의 연대형은 일본 기독교에서는 어느 교파에도 소속되지 못한 극소수 예외에 불과한 이례적인 것이었으나, 하나님 사랑과 사람 사랑이라는 기독교의 '사랑의 이중 계명'을 혼돈의 역사 속에서 실천한 사례라고 할 수 있다.

기독교사를 전체적으로 조망해 볼 때 사랑의 이중 계명을 현실 역사 속에서 실천하는 데 실패한 경우가 적지 않다. 일본기독교회의 조선 전도에서 대세였던 포기형과 식민지민에 대한 정신적 폭력형도 예외는 아니다. 와타세는 정치 역학적으로 압도적인 열세에 있었던 식민지민을 대상으로 오직 자신의 입장에 서서 자신이 필요로 하는 '대일본제국 신민'의 주형을 강요했다. 그는 '이웃 사람'인 조선인에게서 고유한 존재 의의와 삶의 양식을 박탈하고, 팽창을 계속하는 '대일본제국'을 위한 예종적 삶을 조선인들에게 강요한 것이다. 조선인은 일본 기독교인들의 자기 팽창적 욕망의 대상에 불과했던 것이다. 이를 위해 와타세는 그리스도의 십자가는 자기 됨에 대한 주장을 정죄하고 자기 포기와 인종(忍從)을 나타내는 '사랑'의 십자가라고 주장하였다.

그러나 그리스도의 십자가 사랑은 인간을 참된 주체로 세우는 사랑으로, 그것은 '자기 됨'을 추구할 수 없는 모든 부조리한 상황에 대한 저항을 동시에 내포하는 것이다. 따라서 십자가는 정의의 주장을 내포하는 사랑의 십자가이다. 이런 의미에서 그리스도의 십자가는 신 앞에서 자신을 독립된 존재로 정립시키는 시점인 동시에 자신을 타자와의 관계 속에서 상대화시키는 시점이기도 하다.

와타세는 이러한 십자가에서 자신의 시점에 있는 정의만을 절대화하여 타자에게 강요하는 근거로 오용하였고 타자를 '존재 없는 자'로 무화(無化)시키고 있다. 즉 그의 십자가 이해는 자기 상대화의 시점을 상실하고 자기 절대화의 오류에 빠졌다. 그뿐만 아니라 그의 십자가 이해는 그를 신 앞에서 독립된 존재로 정립시키는 것에도 실패했다. 그는 대일본제국을 상대화시키는 독립적 개체가 아니라 그 안에 매몰되어 자신의 정의를 대일본제국의 정의에 매몰시켰다. 와타세의 왜곡된 십자가 이해는 기독교인으로서 그의 정체성을 극단적으로 취약하게 하고 결과적으로 기독교의 이름을 빌려 '대일본제국의 정의'를 실현하는 데 일조하게 했던 것이다. 결국 와타세를 중심으로 한 일본조합교회의 조선 전도는 '탈아'에서 '맹아'로 나아가는 근대 일본의 대외 정책과 궤를 같이

하는 노선이었다.[59]

와타세의 이러한 노골적인 종교보국(宗敎報國)의 조선 전도에 못지않게 일본기독교회의 포기형도 많은 문제를 내포하고 있다. 사토처럼 이의 제기를 한 사람도 없지는 않지만, 그들 대다수는 와타세의 조선 전도를 침묵으로 묵과했던 것이다. 그 배경에는 역사에 대한 그들의 패배의식이 있었다고 하겠다. "왜 조선인에게 전도하지 않는가"라는 오다의 질문에 재조선 일본기독교회 광주교회의 목사 다나카[田中義一]는 이렇게 대답했다고 한다.

전도라는 것은 대화이고 감동시켜 구제하는 것이다. 그러나 일본인은 정복자, 지배자, 말하자면 강도이며 조선인은 피정복자, 피해자이다. 그런데 일본인이 조선인에 대해 죄를 회개하라든가, 적을 사랑하라고 말할 수 있겠는가. 조선인들은 너희들이야말로 회개하라고 말하지 않겠는가. 강도가 피해자에게 7번을 70배 될 때까지 용서하라고 말할 수 있겠는가. 자네가 열심히 전도하면 어쩌면 모이는 조선인이 있을지도 모른다. 그러나 그것은 일본인으로부터 단물을 얻어먹으려는 부류의 인간으로 조선인의 입장에서 보면 매국노이다. 민족을 위해 독립운동을 하는 사람들이야말로 진정한 조선인이다. 그런 사람들은 당신에게는 오지 않는다. 자기 민족을 팔아먹는 부류의 인간들을 위해 무엇 때문에 일생을 바쳐야

59　監野和夫,《日本組合教會史研究序說》, 東京: 新教出版社, 1995, 99-101.

하는가.[60]

　다나카의 대답은 일본기독교회가 빠진 역사에 대한 패배의식을 잘 보여 준다. 강도와 도둑 관계로 비유되는 식민지하 한일 관계의 정치적 부조리 속에서 별다른 대안이나 이의제기도 못한 채 현실 타개의 실마리를 잃고 무기력에 빠진 것이다. 부조리라고 인식되는 상황에 대해 기독교인으로서 주체적으로 대응할 능력을 상실하고 상황에 갇혀 있을 수밖에 없다는 역사 패배주의에 빠진 것이다. 나아가 전 조선인의 매국노화를 목표로 하는 일본의 동화 정책 자체를 비판하기보다 생존을 위해 매국노가 된 조선인에 대한 멸시감만을 대다수 일본인과 공유하는 모순도 안고 있었다. 와타세의 조선 전도에 침묵으로 방관한 일본기독교회가 빠진 무기력의 근본 원인은 여기에 있었다.

　기독교의 전도가 근본적으로 전해야 할 것은 무엇인가. 그에 대한 대답은 결코 단순할 수 없을 것이다. 그러나 기독교의 신이 약자의 자존을 보존하는 신이라는 것, 약자의 자존을 보존함으로써 비로소 가능해지는 '서로 주체성'이 실현되는 공동체를 이루어 가는 신이라는 점이 제외되면 기독교의 전도는 타자를 자기 증식의 대상으로 삼으려는 '정신적 폭력'이 될 수밖에 없을 것이다.

60　韓晳義·飯沼二郎, 앞의 책, 180-181쪽.

2장

예언자

1. 김교신과 예언자

〈성서조선〉을 통해 기독교적 관점에서 사회 평론을 했던 김교신은 이스라엘 공동체에 '신의 공의(公義)'를 전했던 구약성서의 예언자들에 많은 관심을 가졌다. 특히 국가가 망국의 운명으로 굴러떨어져 끝내 멸망하는 것을 목도해야 했던 예레미야에 대한 애정은 각별했다. 그는 예레미야의 초상화를 걸어 두고 〈성서조선〉 발간 작업을 하는 자신의 서재를 '전장'(戰場)이라고 표현하기도 했다.

이하에서는 김교신이 남긴 예언서에 대한 글 가운데, "예언자란 누구", "이사야서 대지(大旨)", "연약하고 고독한 사람", "아모스 대 아마샤", "제소와 패소"를 읽어 보면서, 그가 예언서와 예언자를 왜 그리 중요하게 여겼는가를 살펴보자.

예언자란 누구(1935년 1월, 72호)

"예언자란 이와 같은 인물이다"라고 찾아낼 수 있을까 하여 우리는
먼저 조선반도를 살펴보았다. 감리교 안에 있는가? 혹은 장로교에
있는가? 아니면 그 밖에서 찾아볼 수 있는가? 아는 이는 우리에게
가리켜 달라. 예언자라는 것은 그 진정한 의미에서 이스라엘 특유
의 것이니 애오라지 50주년 희년(禧年)을 축하하는 조선 기독교계
에는 이렇다고 할 만한 예언자가 나지 않은 것이 오히려 당연한 일
이라 하겠다. 다만 놀라운 것은 반세기 미만의 반도 영계(靈界)에 우
후의 죽순같이 부흥목사의 배출과, 최근에 이르러는 소위 '여자 선
지자'까지 횡행하는 것이다. 이러한 부흥회 기분의 산물은 진정한
의미의 예언자와는 다른 사이비인 것은 물론이다. 생각할수록 캠
퍼(camphor) 주사[1]와 같은 부흥회에 부흥회를 이어 가며 간신히
유지하는 조선 기독교회의 현상이야말로 한심한 노릇이다.

눈을 돌이켜 20억 인류 중에서 찾아보라. 히말라야산맥 저편에
3억만 민을 이끄는 이가 있고, 미시시피 강변에 1억의 가솔을 이끄
는 참사람이 있다고 하나, 그 진상을 자세히 알기에는 히말라야가
너무 높고, 태평양이 너무 넓다. 혹시나 우리가 가까이 접근해 보았
다고 하자. 그래도 그들이 이스라엘의 예언자와는 비견할 수 없는
차이가 있을 것은 쉽게 예측할 수 있다. 차라리 우리로 하여금 "이

---

[1]   심부전에 이용되는 강심제 주사.

러이러한 것은 예언자가 아니다"라고 다시 한번 말하게 하라. 예컨대 현대 사조의 중심인물이라고 하는 무솔리니, 히틀러 및 이와 비슷한 지도자들을 보라. 그들은 각 나라, 각 민족 안에서 터널을 파 놓고 호령하려고 하는 무리들이다. 이스라엘 예언자가 넓은 평원을 뛰어다니며 높은 나무의 싹과 잎을 어루만지며 사는 기린과 같다면, 이러한 무리들은 땅 속으로 다니며 빛을 꺼려 하고 지렁이나 저장하여 두고 먹는 두더지와 같은 부류일 뿐이다. 예언자들이 나타난 때에는 광명이 천지를 덮었고, 이 두더지 무리들이 임하면 암혹이 구석구석에 찬다. 예언자들은 솟구쳐 올라가는 생명이었고, 이 무리들은 한갓 내리누르는 힘일 뿐이다. 예언자들은 이상에 살고, 정의를 먹고, 진실을 마셨지만, 이 무리들은 타산에 살고, 이해를 먹고, 거짓을 마실 따름이다. 무엇으로 한들 이스라엘의 예언자를 충분하게 형용하랴. 모름지기 예언자의 음성에 귀를 기울이는 것이 지름길일까?!

"소리 있어 외치되, 광야에서 여호와의 길을 예비하고 사막에서 우리 하나님을 위하여 대로를 평탄케 하라. 모든 골짜기를 돋우고 묏부리를 낮추고 높고 낮은 것을 평탄케 하고 험한 것을 평지 되게 할지어다. 여호와의 영광이 나타나고 모든 혈기있는 자가 함께 보리라. 이는 여호와의 입으로 말씀하셨느니라"(이사야 제40장).

남자로 태어나 이 세상을 사는 것을 행복으로 여기는 이가 중국에 있었다. 과연 그렇다면 일생에 한 번이라도 예언 문서를 접한 행복, 그 행복이 얼마만 할까? 시대는 암흑으로 달음박질하고 정국은 위기를 향하여 쉬지 않고 돌진하는 때에, 우리는 정숙한 마음으로 인간 중에 참인간의 음성을 경청하고자 하노라.

이사야서 대지(大旨, 1935년 1월, 72호)

이사야서 이하 말라기서까지 17권을 예언서라고 통칭한다. 예언서란 어떤 것인가. 공맹의 도는 중국, 만주의 대평원같이 평탄하다. 석가의 불교는 인도양같이 심원하다. 인생에 나서 이들의 글을 읽을 수 있음은 물론 크고 깊은 행복이요 감사가 아닐 수 없다. 그러나 백두산이 없는 조선 평야를 생각해 보라. 히말라야산맥이 없는 중국, 인도 평야와 인도양을. 알프스 봉우리가 없는 유럽 평야와 지중해를. 넓고 깊기는 하지만 마치 코 없는 얼굴과 마찬가지이다. 높은 데가 없다. 이 얼굴의 코처럼 두드러진 데가 예언서이다. 조선반도의 백두산, 아시아의 히말라야, 유럽의 알프스 등이 지평선 위에 우뚝 솟은 것처럼 인류가 소유한 모든 문자 중에서 구름을 뚫고 우뚝 솟은 봉우리들이 바로 예언서들이다. 산악이 없는 지구가 있다고 해보라. 거기는 대평원에 대양이 이어 있어서 산물은 풍부하고, 교통은 편리할지 모르나 그 적막이 어떠할까. 실로 평원의 나라에 생장한 이들은 "남자로 한번 고려에 나서 금강산을 보고 지고"라고 하였다 하니, 인류의 일원으로 나서 구약성서의 예언서를 읽을 수 있었음은 인생 최대의 은총이라 하여도 과언이 아닐 것이다. 예언자, 또는 선지자란 어떤 사람인가. 이는 마치 열대 지방에서 얼음과 눈을 형용하며, 극지방에서 바나나의 생태를 설명하기보다도 어려운 일이다. 조선 2천만 동포와 현대 20억 인류 중에서 누구를 지적하여 "이 사람이다"라고 간단명료하게 해답할 줄을 우리는 알지 못한다. 예언자는 유태 나라 특유의 소산이다. 각별히 기원전 8-5세기에 배출한 거인들이었다. 체구가 장대한 것으로 거인이 아니요, 그 인품의 진실하고 고결함, 사람 중의 사람이요, 표식적(標式的) 인간, 다시 말하면 인간이란 마땅히 이러해야 하겠다는 '이상적 인간'이라는 의미로 거인이라고 한다. 그래서 '인자'라고 자칭하신 그리스도에게 가장 근접한 사람들이다. 인간은 만물의 영장이라는 옛말을 반문 없이 납득시켜 주는 인류의 선수들이다.

이사야는 예언자 중에서도 특출한 거인이다. 기원전 738년부터 701년(또는 690년?)까지(사 6:1) 예루살렘에 살던 귀족이었다. 단지 사원을 지키는 승려가 아니라 실제 정국의 추이에도 안목을 구비한 대인물이었다(7장 참조). 상식이 풍부하고 다방면의 감정에 균형을 가진 사람이었다. 이스라엘 역사를 통해 예언자는 많이 있었다. 그러나 이사야와 견줄 만한 자는 둘뿐이다. 이전에는 홍해를 건넌 모세가 있었고, 이후로는 그리스도로부터 "여인이 낳은 자 중에 가장 위대한 자"라고 증거를 받은 세례 요한이 있을 뿐이다. 이를 보아도 이사야의 지위를 짐작할 것이다. 이 이사야의 환상을 기술한 것이 이 책이다.

이사야서는 모두 66장으로 되어서 그 분량의 많음으로도 예언서 가운데 1위이고, 또 질로도 넉넉히 예언서 중의 대표가 될 만한 내용을 가졌다. 구약성서 39권 중에 그 어느 것인들 영감의 기록이 아닌 것이 있으리요만, 종교 문학이라는 입장에서 그 가운데 걸작을 뽑으라면 욥기와 시편 및 이사야서 이렇게 3편을 들 것이다. 다른 것은 차치하고 이사야서에서 논하는 것은 우주의 창조에서 시작하여 만민의 구속에까지 이른다. 여호와의 성격과 그 큰 경륜을 간명하고도 밝게 보여 주었다. 예언자의 안목은 현세의 피안에까지 이르렀다. 그 심장은 창조받은 만물과 같이 박동한다. 그 사상의 웅장함, 그 문장의 유창함, 이는 이스라엘 예언자 이외에서는 구할 수 없는 문자들이다. 하물며 그리스도의 전 생애가 여실히 표현되어 있는 점(53장)으로 볼 때의 이 책의 고귀함이야 다 말할 수 없다. 본서의 저자는 이사야 말고도 한 사람 또는 여러 명의 합작이라는 것이 오늘날 학자의 통설이다. 그 이유는 첫째 역사적 배경, 둘째 신학적 사상, 셋째 문체 및 용어 등을 비교하여 볼 때 분명해진다. 그 결과 1-39장과 40-66장으로 양분하게 된다. 전자는 제1이사야서라고 부르며 기원전 740-701년 무렵의 저작으로 본다. 후자는 제2이사야서라고 하여 기원전 545년 무렵에 기록되었다고 한다. 제2이사야서의 저자는 이사야 문하의 무명의 예언자일 것이라 한다. 이렇게 되면 벌써 본서의 저자가 두 명이다. 어떤 학자는 같은 방법으로 추리하여 제2이사야서의 후반 56-66장을 구별하여 제3이사야서라고 부르기도 한다. 과연 그렇다면 이사야서는 적어도 3명 이상의 저술을 한 책으로 편찬한 것이 된다. 이처럼 학자가 노력하면 이후 제4, 제5 이사야서로 분리될지 모른다. 그러나 저자의 숫자에 따라 이사야서의 진가에 근본적 영향이 미칠 것은 하나도 없다. 문체의 차이는 동일한 필자라도 제목과 환경에 따라 변하는 수 있는 것이다. 역사적 배경의 차이는 경솔하게 설명할 수는 없으나, 이 역시 학자의 설명대로 이사야 문하의 사람들이 그 선생이 구술한 것을 각자 기록하였다가 후세에 편찬한 것으로 보면 그다지 큰 문제는 안 된다.

제1이사야서는 유다(제1권), 이방(제2권), 세계(제3권)에 관한 예언과 역사적 기록(제4권)이다. 제2이사야서는 페르시아 고레스 왕을 통해 이스라엘을 구원하는 원대한 경륜을 기술하였다. 그러다가 '여호와의 종' 사상이 발전하여 53장에서 구세주의 생애에서 절정에 이르렀다. 제3이사야서는 현실 이스라엘의 타락을 타일러서 예루살렘 회복을 약속하는 데까지 이르렀다.

연약하고 고독한 사람(1935년 8월, 79호)

—예레미야 후기

나의 빈약한 서재에 경모하는 예언자 예레미야의 초상을 걸어 놓고 예레미야기 본문과 거기 관한 참고서를 뒤지기 시작한 지가 어느덧 반년을 넘었다. 한 번 읽기보다 두 번째 읽으면 좀 더 알아진 듯하나, 세 번째 읽고 보면 또 새로운 것이 보인다. 이만큼 하면 써도 괜

찮겠거니 하고 펜을 잡고 궤안을 대좌(對坐)하였다가 다시 한 번 예언자의 초상을 쳐다보면 나의 머리가 숙여진 대로 용이히 쳐들어지지 않아서 다음 날로 연기하고, 참고서 한 권을 더 읽고 나면 전날의 구상을 다 버리고 다시 기안을 시작하곤 하기가 3-4차. 내가 알았다고 한들 대예언자의 만분의 일을 알았으리마는 또한 어떻게 하면 내가 이해한 것이나마 제대로 다 표현해 낼 수 있을까. 저 만면에 넘치는 비애를 무엇으로 다 동정(同情)해 내며, 저 2,500여 년 전의 위대한 한숨 소리를 어떻게 하면 2천만의 고막에까지 전달할 수 있을까. 만일 잘못하면 예언자의 초상 속에서 또 한 번 긴 한숨 소리가 들릴 것 같아서, 펜을 잡았다 놓고, 놓았다 잡는 동안에 대부분의 시간이 흘러 버렸다. 그러고 된 것은 어떠한가. 뜻을 다하지 못함이 반뿐이랴. 남은 미련을 못 이겨서 두어 가지만 더 말하게 하라.

예레미야기의 전권(全卷)을 통독한 때의 인상으로는 저와 같이 강경한 인물은 세상에 없었으리라는 것이다. 이 사람이 만일 현대의 러시아에 났더면 스탈린 같았을까, 만일 이태리에 났었더라면 무솔리니 되었을까, 또는 독일에 났었더면 히틀러 총통처럼 힘의 권화(權化)가 되었을까 하고 추측하여 비교하고자 하나, 강함에도 강한 질이 달랐을뿐더러 도리어 우리 예언자는 심히 연약한 사람이었다. 처음 소명을 받았을 때에 "주 여호와여 보시옵소서, 나는 어린 아이니 말할 줄을 모르나이다"(1:6)라고 대답한 것은 오히려 어렸을 때의 사실이라고 할지라도 장성한 후에까지 백성을 책할 일이 있으면 스스로 먼저 뇌심(惱心)하고, 적과 싸울 일이 앞에 있으면 스스로 먼저 겁나 하였다. 눈물이 잦기가 여성보다도 더하였으니, 이는 강한 자의 개성이 아니라 분명히 연약한 자이다. 여성보다도 유약한 성격이었다. 이런 약자를 세워 철주(鐵柱)보다 더 강하게 쓰시는 여호와를 우러러볼 때에 우리의 못생기고 연약함을 염려할 까닭이 없을뿐더러 사람의 약함으로써 당신의 강함을 나타내며, 무식한 자로써 식자(識者)를 부끄럽게 하기를 기뻐하시는 하나님께 찬송을 드릴 것이다.

고독은 예레미야의 평생의 벗이었다. 선지자는 고향에서 대접받지 못한다고 하나 예레미야처럼 심한 경우가 없었다. 처음부터 우리 예언자의 생명을 살해하고자 한 자는 그 고향 아나돗 주민들이었다. 국민을 위하여 교도(敎導)하면 국민에게 버림을 받고, 제사장과 관원들을 위하여 충고하면 그들의 조롱을 받고, 왕을 위하여 예언하면 투옥과 극형이 준비되고 있었을 뿐이며, 나중에는 하나님에게까지 버림을 당함인가 하여 두려움을 불금(不禁)하였으니, 이 무류(無類)의 고독한 생애도 저보다 600년 후의 주 그리스도의 생애에 방불하였다.

아모스 대 아마샤(1936년 12월, 95호)

드고아의 목자 아모스가 벧엘에 나서서 예언하니 그 말에 가장 관심하며, 가장 놀랐으며, 가장 불안을 느낀 것은 당시 이스라엘 직업 종교가의 대표자인 제사장 아마샤 그 사람이었다. 아마샤는 짐작건대 자기로서도 의식치 못하는 중에 자기의 권위 확보와 지위 안전을 꾀하여야 할 필요를 느꼈을 것이다. 그리하여 발단된 공작(工作)이 첫째로 정치적 활동이었다. "때에 벧엘의 제사장 아마샤가 이스라엘 왕 여로보암에게 사람을 보내어 가로되 이스라엘 족속 중에 아모스가 꾀하여 왕을 배반하니 이 땅이 능히 그 말을 감당치 못할지라. 대개 아모스의 말이 여로보암이 칼에 죽고 이스라엘이 반드시 포로되어 자기의 땅에서 떠나리라 한다"고 고발하였다.

자고로 직업 종교가의 가장 현실적인 신앙 대상은 하나님보다 인간 세력이다. 고로 하나님께 기도하기보다 세력 가진 자에게 고소하는 것을 첩경(捷徑)으로 알았다. 허다한 예언자들이 이 모양으로 괴로움을 당하였거니와 심지어 주 예수까지도 가이사에게 납세하지 않는다는 것이 한 가지 조목으로 잡혔다. 진리나 생명으로 맞설 아무 실질도 소유하지 못한 자들이 그 체면, 그 지위를 보지(保持)하려는 상용 수단은 아마샤 시대부터 있던 일이다.

제2단으로 아마샤는 아모스더러 이르되 "선견자여, 너는 도망하여 유다. 땅에 이르러 거기서 떡을 먹고 거기서 예언하려니와 다시 벧엘에서 예언하지 말라. 대개 이는 왕의 성소요, 왕의 궁이라"고 아모스에게 직접 담판하였다. 선견자 아닌 줄 알면서 선견자라고 부르는 것과 참선견자인 줄 인식하면서도 추방하려는 일이 모두 모순이다. 요컨대 아마샤의 관심사는 '거기서 떡을 먹으라'는 데 있다. 벧엘의 떡은 자기가 먹을 것이니 다른 데로 가라는 것이다. 그러면서도 '왕의 성소요, 왕의 궁'이라는 데다 이유를 붙이려는 데에 신학적 소양의 효과가 나타났다. 이 흉칙한 마물(魔物)에 대한 아모스의 대답은 "나는 본래 선지자가 아니며, 선지자의 아들도 아니요, 나는 본래 목자요. 뽕나무를 배양하는 자라. 내가 양떼를 먹일 때에 여호와 나를 취하여 이르시되 '갈지어다, 내 백성 이스라엘에게 예언하라' 하셨으니 예언한다"고 언명하고, 이어서 아마샤와 그 처자를 면전에서 저주하였다.

이에 "선지자도 선지자의 아들도 아니라" 함에는 당시의 선지자라는 특수계급에 대한 맹렬한 반감조차 포함되었음을 간파할 수 있다. 선지자의 아들과 선지자로 특별 교육(옛날 유대에는 선지자 양성기관, 즉 오늘의 신학교 같은 것이 있었다) 받은 자만이라야 하나님에 관한 발언권이 있는 줄 아는 자는 그가 모든 것을 다 알았다 해도 목자 아모스를 끄집어낸 능동적 하나님, 산 하나님은 알지 못하는 자이다.

제소와 패소(1939년 10월, 129호)

하나님의 거룩한 뜻이 어디에 있는지 아직 알 수 없어도 사람의 헤아림으로 알 수 있는 한, 본지의 발간이 금년 말로써 일단락 지을 듯하므로 어느 날 아래와 같은 문답이 하나님 앞에 제출되었다. 어리석은 사람의 미련한 제소였던 것은 다시 논할 필요도 없다.

호소: 하나님 아버지 당신은 나를 속이셨습니다. 나의 미련하고 둔한 것을 이용하여 당신은 온갖 감언이설로써 또는 위협과 책망으

로써 나를 몰아내어 십수 년간 이런 잡지를 발간하게 하셨습니다. 그러나 누가 이 잡지를 읽는 이가 있습디까? 한 사람, 단 한 사람이나 어디 있었습니까? 당신은 아실 테니 있었거든 있었다 하십시오. 어떤 이는 비웃습디다. "네가 그 비용을 저축했더라면 자녀교육에 염려가 없을 뿐더러 노후의 안정도 이미 얻었으리라"고. 또 어떤 이는 놀려먹습니다. "네가 그 정력을 다른 연구에 바쳤더라면 벌써 몇 번이나 박사가 되었으리라"고. 그러나 아무것도 못 되었건 말건 진정한 독자 한 사람만 있었더라면 나는 당신을 원망하지 않겠습니다….

심문: 그래 네가 손해 본 것은 얼마나 되느냐? 계산해 오라.

답신: 내 것 손해 본 것은 한 푼도 없었습니다. 당신께서 주신 것으로 출판하고, 먹고, 입고, 남은 부스러기 열두 광주리올시다.

심문: 그럼 또 무슨 말이냐?

답신: ….

호소: 한 사람 분의 직업을 가진 자가 일주일에 6일간을 근로하고서 주말 휴가를 가질 것은 생명을 유지부지상 절대로 필요한 일인 것을 당신도 아시는 바일 뿐이오리까. 여호와 당신께서 제정하신 법칙이 아니오니까. 주중에 6일을 벌써 힘에 넘치게 피로하고서 또 주일을 쉬지 못한 지도 대략 10여 년. 그동안 우리의 외침을 들은 사람이 몇 사람 있었습니까? 한 사람 단 한 사람이나 있었습니까? 당

　공적 신앙의 윤리: 국가권력과 로마서 13장

신은 나의 못난 것을 이용하셔서 장터에 나가 피리를 불라고 하셨으나 어디 춤추는 인간 하나나 있습디까? 주중에 연일 강단에 서던 자가 일요일에까지 강화(講話)하는 것은 그 내용이야 따질 것도 없이 그 행위 자체가 피를 뽑아 주는 일이요 살점을 나누어 주는 일이 아니오니까? 그런데 누가 들으러 왔었습니까?

심문: 네가 나를 믿기 전보다 지금은 얼마나 약해졌느냐? 피로로 인하여 얼마나 목숨이 단축된 듯하냐?

답신: 믿기 이전에는 허약해서 약병만 차고 다니던 것이 거의 20년 동안 큰 병에 누워 본 일 없고, 짐작건대 어떤 모임에 가든지 저와 동년배 중에는 가장 건장한 편이 아닐까 합니다.

심문: 그럼 또 무슨 말이냐?

답신: ….

2. 복음과 예언의 공속성

김교신은 복음과 예언의 관계는 양자택일의 관계가 아니라 '상호 공속적(共屬的)' 관계라고 보았다. 그 이유는 다음과 같았다. 기독교는 인간을 외적 억압뿐만 아니라 자기 자신의 욕망과 죽음에 대한 공포로부터 해방하여 참주체로 세우려는 종교이다. 따라서 기쁜 소식, 즉 복음이다. 그런데 피조물적 존재이면서 마치 창조주인 것처럼 인간을 억압하려는 의식이나 제도는 어디에나 있기 마련이다. 따라서 기독교의 복음은 이러한 제도와 의식에 비판·항거하며 가장 작은 자의 자존을 보장하는 신적 공의의 공동체를 대망하는 예언과 늘 어깨를 나란히 해야 한다. 예언이 없는 복음이란 추상적일 뿐만 아니라 위선적이고 때로 사악하기조차 하다. 또한 복음이 없다면 예언은 그것을 지탱할 희망과 용기를 어디에서 공급받겠는가. 따라서 복음과 예언은 동전의 양면 같은 것이어야 한다는 것이었다. 즉 복음과 예언은 서로가 서로에게 속하며 상호 실현을 조건 지우는 '실존적 순환'을 구성한다는 것이다. 오늘날의 저명한 구약학자인 월터 브루그만(Walter Brueggemann)이 "미국의 자본주의 소비문화에 교회가 순응하게 된 내적 원인은, 성서의 예언자 신앙 전통을 버리고 그 결과 교회의 정체성을 상실한 데 있다. 예언자는 한 사회의 지배 문화에 적응하고 동화되어 거룩성을 상실해 가는 교회를 경각시키는 사람이다"[2]라고 한 것은, 이러한 복음과 예언의 공속성을 지적하는 말이라고 할 것이다.

김교신은 예언자란, 인간이라면 마땅히 이러해야 하겠다는 표준을 보여 주는 '이상적 인간'이라고 보았다. 그 가운데에서 그는 예레미야의 초상화를 자신의 서재에 걸어 두고 망국의 설움 가운데 있는 겨레의 예언자가 되고자 했다. 그가 얼마나 예레미야의 비애와 고난에 공감했는지는 그가 출판법에 의한 검열 압박으로 〈성서조선〉 폐간을 염두에 두면서 쓴 "제소와 패소"에서도 잘 드러난다.

김교신은 중일전쟁 발발 이후 일본 무교회자들 가운데 '복음과 예언'을 분리하여 '복음'만을 주장하고, 전쟁 등의 공적 영역의 문제에 대해서는 언급하지 않겠다며 시류에 편승한 사람들이 나오는 것을 목격했다. 그리고 이들이 마침내 일본의 침략 전쟁에 협력하는 것을 보고 '예언'을 폐기하고 복음만을 주장하는 것이 무교회라면, 자신은 무교회주의자라는 간판을 철회하겠다며 맹렬

---

2   월터 브루그만, 김기철 역,《예언자적 상상력》, 복있는사람, 2023, 15쪽.

히 비판한 것도 이 때문이었다.[3] 기독교의 사랑이 강조된 나머지 신의 정의의 측면이 간과되는 것을 두려워하여 기독교의 사랑을 '인의'(仁義) 내지 '의애'(義愛)라고 표기하여야 한다고 주장할 정도로 십자가가 정의를 포괄한 사랑임을 중요시한 그에게, 예언이 없는 복음은 십자가 없는 부활을 논하는 것만큼 기독교 세계관의 심각한 훼손이었던 것이다.

따라서 김교신에게 한국의 정신사에서 낯선 존재인 구약의 예언자들이 어떠한 존재인지, 이들의 예언이 이른바 무당들의 예언과 어떠한 차별성을 갖는지를 분명히 하는 것은, 말과 개념의 오염을 막는 중요한 문제 가운데 하나였다. 오늘날도 그렇지만, 당시에도 무당류의 예언자들이 많았기 때문에 '거짓 예언자'와 '참예언자'를 식별하는 것이 무엇보다 중요했다. 그는 참예언자가 "넓은 평온을 뛰어다니며 높은 나무의 싹과 잎을 어루만지는 기린" 같은 사람이라면, 거짓 예언자는 "땅 속으로 다니며 빛을 꺼려하고 지렁이나 저장해 두고 먹는 두더지와 같은 부류"라고 했다. 만일 구약성서에서 말하는 예언자들의 예언이 개인의 길흉화복을 점치는 무당들의 그것과 같다면, 예언은 개인의 이기적인 욕망의 수단일 뿐이고 결국 복음도 욕망 실현을 돕는 주술적인 힘 이외에 다른 것이 아니기 때문이었다. 그 경우 기독교는 흔하디흔한 무속의 서양판으로 전락할 것이었다. 오늘날 개신교가 사회적 공신력

---

3   양현혜, 《윤치호와 김교신》, 138-151쪽.

을 잃고 추락한 원인의 하나도 예언 없이 복음만이 홀로 걷기 때문이라 할 것이다.

　이하에서는 구약의 예언의 특수성과 예언자들에 대해 살펴보자.

3. 구약성서의 예언과 예언자들[4]

구약성서에서 상당한 분량을 차지하는 예언서는 실로 구약성서를 구약성서답게 만드는 내용을 가진 문서군이다. 히브리어 성서(=구약성서)에서 '후기 예언자'로 불리는 3대 예언서(이사야, 예레미야, 에스겔)와 12 소예언서(호세아에서 말라기까지)가 예언서이다. 기독교에서 현재 사용하는 구약성서는 이들 예언서를 구약성서의 최후에 배치하고, 애가와 다니엘서를 여기에 더하는 형식으로 배열했다.

예언서는 각 예언자가 말한 내용을 중심으로 편찬되어 예언자의 이름을 붙여 '○○서'로 불린다. 예언자들은 활동했던 시대도 달랐고, 출신과 개성도 다양했다. 대부분의 경우 생애조차 알려져

---

4 이 글은 木田獻一,《舊約聖書の豫言と默示》, 新教出版社, 1996; 月本昭男外,《歷史を問う, 第2卷: 歷史と時間》, 岩波書店, 2002; 아브라함, J. 헤셸, 이현주 역,《예언자들》, 삼인, 2004; 月本昭男,《舊約聖書におけるユーモアとアイロニー》, 教文館, 2014; 木田獻一,《古代イスラエルの豫言者たち》, 清水書院, 2023; 月本昭男,《物語としての舊約聖書》, NHK出版, 2024 등을 참고하였다.

있지 않다.[5] 예언서를 편찬한 사람들에게는 예언자의 말씀이 중요했지 예언자의 개인사는 관심이 없었던 것이다. 또한 예언서에는 후대에 부가되었다고 판단되는 부분이 적지 않게 포함되어 있다. 3대 예언서가 서로 다르나 그 구성은 대개 이스라엘에 대한 심판 예언과 구원 예언 그리고 여러 국가에 대한 심판 예언이라는 세 부분으로 구성되어 있으니 이는 편집 작업의 결과이다. 이 점은 열두 소예언서에도 해당된다. 그러나 각 예언자들의 말이 어떻게 편집되었는지 그 상세한 내용은 명확하지 않다.

이렇게 불명확한 점이 없지 않으나 예언서에는 명확한 점들도 있다. 시대 배경도 다르고 출신과 개성도 다양하지만 예언자들 모두가 공통의 기반 위에 서 있다는 점이다. 즉 철저한 야훼 하나님에 대한 신앙과 그에 근거한 명확한 윤리관이다. 고대 이스라엘 예언자에 대하여 살펴보기 전에 먼저 예언이라는 종교 현상을 살펴보자.

---

5   예레미야는 예외적으로 그의 개인사를 전하는 부분이 적지 않다. 많은 시간이 지난 기원 후 1세기 내지 2세기에 그들이 어떠한 죽음을 맞이했는가에 초점을 맞추어 예언자들의 삶을 그린《예언자의 생애》가 편찬되었다고 한다. 日本聖書學研究所編,《聖書外典僞典: 別卷補遺 I》, 教文館, 1979 참조.

1) 예언 현상 일반과 이스라엘의 예언자

히브리어로 예언자를 '나비'(nabi)라고 한다. 어원적으로는 '부르다'라는 의미의 아카드어 동사 '나비우'(nabiu)에서 파생한 단어로 '불리어진 사람'이라는 의미였다. 그러나 구약성서에서는 그 본래적 의미가 상실되고 신의 말을 직접 듣고 그것을 사람들에게 전하는 자라고 이해되었다. 그리고 예언(豫言)이 아니라 예언(五言)이라고 표기되는 것은, 그들의 활동의 주안점이 장래 일어날 사건의 예고가 아니라 현상에 관한 신의 말씀을 예탁받고 그것을 고지하는 데 있었기 때문이다.

고대 이스라엘 사회에서 예언자가 언제부터 활동하기 시작했는지 그 상세한 역사는 알 수 없으나 이스라엘 초대 왕인 사울 이야기에 이러한 내용이 있다.

옛적에 이스라엘에서 사람들이 하나님께 물으려고 할 때에는, 보는 자에게 가자고 말하였다. 오늘날 우리가 '예언자'라고 하는 이들을 옛적에는 '선견자'라고 불렀다(삼상 9:9).

옛적에 예언자는 '보는 자'라고 불리어졌다고 한다. 오늘날 새번역은 이 보는 자를 '선견자' 내지 '예언자'라고 해석하지만 문자 그대로의 뜻은 '보는 자'이다. 이러한 표현은 예언자가 환시를 보는 자였음을 나타낸다. 사실 이사야서 서두에는 "유다와 예루살렘에 대해서 본, 아모스의 아들 이사야의 환시"라고 기록되고(사 1:1), 에스겔서 서두에는 하나님을 태우고 하늘을 나는 마차의 환시가 상세히 묘사되어 있다. 에스겔은 또 층층이 겹쳐 말라빠진 해골이 소리를 내며 모여 본래의 인간이 되어 간다는 환상적인 광경을 기록하고 있다(겔 37:1-14).

예언서에는 환시에 대한 기사가 이처럼 산발적으로 보이지만 이보다 훨씬 많은 것은 하나님의 말씀을 듣는 체험이다. "야훼의 말씀이 … 임했다"라는 표현이 예언서의 서두에 반복해서 나타난다. 하나님의 말씀이 예언자의 귀에 울렸던 것이다. 예언자 아모스는 이것을 다음과 같이 묘사한다.

사자가 으르렁거리는데, 누가 겁내지 않겠느냐? 주 하나님이 말씀하시는데, 누가 예언하지 않을 수 있겠느냐?(암 3:8)

환시를 보는 것과 마찬가지로 신의 말씀을 듣는 것도 일반적인 체험이 아님은 분명하다. 예언자가 '나는…'이라고 말할 때 많은 경우 이 '나'는 신 야훼를 말한다. 그들은 신에 의거해 말하는 것이다. 이것 역시 통상적이지 않은 정신 상태를 생각하게 만든다. 예언자들은 통상적이지 않은 직접 체험을 통해서 신의 말씀을 접하고 그것을 동포에게 고지했던 것이다. 이 말은 많은 경우 산문이 아니라 운문으로 전해졌다. 이러한 예언 체험은 인류에게 넓게 퍼진 하나의 종교 현상과 연결되는 측면이 있다. 이 점을 상세히 살펴보자.

(1) 샤머니즘

종교 연구 분야에서는 직접적인 체험을 통해 신령계와 소통하여 신들의 명령이나 영의 의향을 사람들에게 전하는 종교적 직능자를 '샤먼', 그러한 종교 현상을 '샤머니즘'이라고 부른다. 샤먼은 원래 시베리아 원주민들 사이에서 불을 피우고 악기를 울려 이상 심리 상태가 되어 신령계과 통하는 직능자를 지칭했다.[6] 그것과 유사한 종교 현상이 다른 지역에서 폭넓게 관찰됨에 따라 샤먼이 행하는 종교 행위를 지칭하는 샤머니즘은 종교연구에 있어서 중요한 술어로 사용되기에 이르렀다. 예를 들어 한자어 무(巫)가 이에 해당되어 무녀, 무속 등의 한자어가 있고, 우리나라에서도 무당 등이 이에 해당된다.

샤머니즘 연구에 따르면 샤먼의 체험은 크게 세 종류로 대별된다. 첫 번째는 특정한 신령이 샤먼의 몸체에 들어가 샤먼의 의식을 점령해 버리는 타입이다. 연구자는 이것을 빙의(possession)라고 한다. 두 번째는 샤먼의 의식이 신체로부터 이탈하여 천계나 사자의 세계에 비상하는 타입이다. 이것을 탈혼(ecstasy)이라고 한다. 세 번째는 환시를 보는 환시형(hallucination)이다.

이러한 샤먼의 직접 체험에 예언자 체험을 대비시켜 보면, 세 가지로 분류되는 체험의 모든 것이 예언자 체험에서도 나타남

---

6   佐佐木宏幹,《シャーマニズムの世界》, 講談社學術文庫, 1990 참조.

을 알 수 있다. 환시형에 대해서는 전술한 대로이다. 탈혼형에 대해서는 예를 들어 "그 때에 그 형상이 손처럼 생긴 것을 뻗쳐서, 내 머리채를 잡았다 하나님이 보이신 환상 속에서, 주님의 영이 나를 들어서 하늘과 땅 사이로 올리셔서, 나를 예루살렘으로 데려다가, 안뜰로 들어가는 북쪽 문 어귀에 내려 놓으셨다 그 곳은 질투를 자극시키는 질투의 우상이 자리잡고 있는 곳이다"(겔 8:3)가 있다. 에스겔은 바빌론 포로로 동포들 사이에 있으면서 영에 의해 공중으로 비상하여 1천 킬로미터 이상 떨어진 예루살렘 신전으로 갔고, 거기에서 자기 동포들의 가증스러운 이교 숭배의 실태를 보게 되었던 것이다.

이러한 환시형이나 탈혼형보다도 많이 관찰되는 것은 이미 말한 것처럼 '야훼의 말씀이 … 임했다'라는 표현에서 알 수 있듯 신의 말씀에 빙의 혹은 압도되는 체험이다.

이렇게 보면 구약성서의 예언은 종교 현상으로서 인류 사회에 폭넓게 관찰되는 샤머니즘의 고대 이스라엘적 형태라고 말할 수 있을지도 모른다. 그러나 다른 한편으로 고대 이스라엘의 예언자만이 가지는 특징 역시 현저하다. 고대 이스라엘의 예언자만이 보이는 특징은 다음 세 가지로 정리될 수 있다.

첫째, 샤먼이 신들이나 영의 세계와 교류하여 보여 주는 것은 통상 고객의 의뢰가 있기 때문이다. 그러나 구약성서에 등장하는 예언자들은 그러한 의뢰가 없음에도 자발적으로 동포들에게 달려가 신의 말씀을 고지했다. 고대 이스라엘 예언자의 '자발성'이라고 부를 수 있는 성격이 여기에 나타난다. 두 번째 특징으로, 그들이 고지하는 신의 말씀은 국가나 민족, 사회나 정치, 종교와 윤리에 관한 것이다. 샤먼이 고지하는 신탁은 온전히 개인적인 행복과 불행 내지 친족 집단의 제 문제와 관련된 것이었다. 보통 민간의 샤먼이 국가나 사회에 관한 신령 세계의 의향을 신탁으로 고지하는 일은 없었다. 그러나 구약성서의 예언자들은 사적 현상에 개입하려 하지 않고 오히려 국가나 사회, 민족과 종교라는 공적 문제를 대상으로 했다. 세 번째로 예언자의 신앙상의 특징이다. 샤머니즘을 인류의 종교 현상의 고층(古層)으로 보았던 M. 엘리아데는 샤머니즘에서 인간의 혼이나 의식을 천계나 영계로 비상시키는 고대적 탈혼의 기술을 읽어 냈다. 그러한 기술을 체득한 샤먼은 신탁을 해주는 신이나 영이 어디에 있는 어떠한 존재인지를 묻지 않는다는 특징이 있다.[7] 구약성서에도 이러한 일화가 남겨져 있다. 모압 왕 발락은 신탁 고지자로 알려진 발람을 아람 땅에서 불러내어 이스라엘 민족을 저주해 달라고 부탁했다. 그러나 발람은 신 야훼의 말씀을 듣고 역으로 이스라엘 민족을 축복한다(민 23장 이하). 아람인이면서 모압의 신 케오슈의 신탁과 이스라엘의 신 야훼의 신탁을 모두 고지할 수 있는 샤먼적 성격을 발람에게서 볼 수 있다. 그러나 구약성서의 예언자들은 이와 대조적으로 이스라엘의 신 야훼 이외는 용납하지 않았다. 그뿐만 아니라 야훼 이외의

---

7   M. 엘리아데, 이윤기 역, 《샤머니즘》, 1992 참조.

신 숭배를 엄중하게 경계했다.

따라서 이스라엘의 예언자에게는 다른 샤먼들과는 달리 야훼에 의해 부르심을 받은 소명 체험이 극히 중요했다.

(2) 소명 체험

3대 예언서를 중심으로 소명 체험을 살펴보자. 먼저 BC 8세기 후반 예루살렘에서 활동했던 예언자 이사야의 소명 기사(사 6:1-13)이다.

웃시야 왕이 죽은 해인 BC 736년 혹은 BC 742년, 그는 환시 중에 하늘에 앉은 야훼의 옷이 신전을 덮어 싼 것을 보았다. 그곳에서 세라핌이라고 하는 세 쌍의 날개를 가진 신의 사자가 날아다니며 "거룩하시다, 거룩하시다, 거룩하시다, 만군의 야훼, 야훼의 영광이 온 땅에 가득하다"라고 서로 노래 부르고 있었다. 야훼를 보았으므로 더러운 입술을 가진 자기는 죽을 것이라고 이사야가 생각했을 때, 세라핌 하나가 제단에서 가져온 숯을 그의 입술에 대면서 죄가 정화되었다고 말한다. 이어 "누구를 보낼까" 하는 야훼의 목소리를 들은 이사야는 "나를 보내주십시오"라고 대답한다. 그러자 "이 백성에게 말하라. 그들이 마음을 완고하게 하여 이해하는 것이 불가능하기 때문에"라고 하는 야훼의 불가사의한 지시가 전해졌다.

예레미야의 경우는 젊은 날 야훼의 말을 듣는다. "내가 너를 모태에서 짓기도 전에 너를 선택하고, 네가 태어나기도 전에 너를 거룩하게 구별해서, 뭇 민족에게 보낼 예언자로 세웠다"(렘 1:5).

이 말을 들은 예레미야는 자기는 너무 어리다며 꽁무니를 뺀다. 이에 대해 야훼는 "내가 너와 함께 있을 것임으로 두려워하지 말고 내가 명하는 것을 전하라"며 예레미야에게 말하고, 그의 입에 말씀을 주었다. 나아가 살구나무를 보는 예레미야에게 "내가 나의 말이 이루어지고 있는 것을 지켜보고 있다"라고 말하고, 북쪽으로 기울어져 끓고 있는 냄비를 보는 예레미야에게 "북쪽으로부터 이 땅의 모든 주민 위에 재앙이 올 것이다"라고 말한다(렘 1:11-14).

바빌론 포로민 사이에서 예언 활동을 한 에스겔은 이미 서술한 바와 같이 그발강 기슭에서 머리가 네 개인 상상의 동물이 끄는 마차와 그것을 탄 하나님의 모습을 환시로 보았다. 그가 무릎을 꿇자 소리가 들렸다. 그 모양을 에스겔은 다음과 같이 썼다. "그가 나에게 말씀하셨다. 사람아, 일어서라. 내가 너에게 할 말이 있다. 그가 나에게 이 말씀을 하실 때에, 한 영이 내 속으로 들어와서, 나를 일으켜 세웠다. 나는 그가 나에게 하시는 말씀을 계속 듣고 있었다. 그가 나에게 말씀하셨다. 사람아, 내가 너를 이스라엘 자손에게, 곧 나에게 반역만 해 온 한 반역 민족에게 보낸다. 그들은 그들의 조상처럼 이 날까지 나에게 죄만 지었다"(겔 2:1-3).

이러한 예언자들의 소명 체험은 두말할 것도 없이 예언자들의 활동에서 원점이 되었다. '거룩하시다, 만군의 야훼'라는 음성을 들은 이사야는 이후 신 야훼를 '이스라엘의 거룩하신 분'이라고 부르고(사 1:4 외), 예레미야는 '북방으로부터의 재앙'을 동포에게 고지해 간다(렘 4:6 외). 에스겔은 이후에도 같은 환시를 보고 그것으로부터 신의 명확한 의사를 읽어 낸다(겔 10, 43:1-5).

(3) 예언의 대상

구약성서를 남긴 이스라엘 민족은 고대 오리엔트 문명 세계의 변경에서 역사를 일구어 간 약소민족이었기 때문에 역사적으로도, 문화적으로도 주변 세계로부터 다양한 영향을 받고 있었다. 그렇다면 고대 오리엔트 세계에도 예언자의 활동이 있었던 것일까.

고대 이집트에는 실제로 일어난 사태를 이전부터 예언되어 있었던 것처럼 말하는 문서, 즉 '사후예언'이 존재했다. 그러나 예언자의 활동을 실제로 기록한 문서는 발견되지 않는다. 이와는 대조적으로 오늘날 시리아, 메소포타미아에서는 예언자들의 활동을 기록한 적지 않은 문서가 존재한다. 한 예로서 시리아의 고대도시 마리의 유적에서 출토된 BC 1700년대 전반의 아카드어 서가가 있다. 마리는 법전으로 유명한 함무라비 대왕과 동시대인 지무리림 왕의 통치 아래 유프라테스 중류 지역을 지배했던 마리 왕국의 수도였다. 그 왕실 문서고에서 출토된 방대한 수의 점토 서판 가운데 신탁 예언을 보고하는 서판이 35개 정도 발견되었다. 이에 의하면 당시 마을에는 뭇툼(muttum, 여성은 무푸툼), 아피름(apilum,

여성은 아피루튬) 등으로 불리는 예언자들이 활동하고 있었다.[8] 그들은 황홀경에 들어가 특정한 신이 되어 신탁을 1인칭으로 고지했다고 한다. 서판에 보고된 신탁의 주된 내용은 마리 왕국의 내정이나 외교, 나아가 왕실 제의에 관해 왕 짐무리림이 취해야 할 행동 지침이었다.

신아시리아의 왕 에살핫돈과 앗수르바니팔 시대(BC 7세기 전반에서 중반)에 라킴(여성은 라킴투)이라고 불리는 예언자들이 활약했던 것도 알려지고 있다. 이들 예언은 설형문자로 점토 서판에 기록되고, 부분적으로 편찬되어 니느웨의 왕실 도서관에 보관되었다. 여기에는 알바일 출신의 한 예언자가 에살핫돈에게 말했다고 하는, 다음과 같이 시작하는 이시타르 여신의 신탁이 적혀 있다.

> 나라들의 왕 에살핫돈이여, 두려워 말라. 너를 향해 불어온 바람의 날개를 내가 꺾지 않았는가. 너의 대적은 슈마누달(오늘날 5-6월)의 사과와 같이 네 발 아래에서 불안해하고 있다.
> 나야말로 주인, 위대한 여신, 나는 알바일의 이시타르, 내가 너의 적을 네 발 아래 꿇린다. 내가 너에게 한 말 가운데 네가 믿을 수 없었던 것이 있었는가?[9]

8　뭇틈은 아카드어로 '망아 상태에 있는 자', 아피름은 '응답하는 자' 정도의 뜻이다.

9　月本昭男,《古代メソポタニアの神話と儀禮》, 岩派書店, 2010, 278.

이런 신탁을 내리는 신에는 이시타르 여신 외에도 아시리아 출신 앗슐과 그 배우자 므릿쓰 등이 있는데, 신탁의 문체는 역시 신을 1인칭으로 하는 직접화법으로 말해지고 있다. 구약성서의 예언자들이 그러한 것처럼 아시리아의 예언자들도 신에게 빙의되어 신탁을 말하고 있었던 것이다. 신탁 자체는 대체로 신의 자기소개와 호소, 과거에 대한 상기, 미래 약속, 신에 대한 신뢰를 요청하는 내용으로 구성된다.

또한 북서(北西) 셈어를 사용하는 지역에서도 '보는 자'가 1인칭으로 말한 예언이 문서로 남아 있다.[10] 그것들은 마리 혹은 아시리아의 예언과 마찬가지로 모두 왕 개인을 향한 신탁이다. 시리아의 오론테스 강 유역의 도시 국가 하맛의 왕 자클에게 어느 '보는 자'가 "두려워 말라, 나는 너를 왕으로 세웠다"라고 시작하는 신탁을 고했다는 아람어 기록 등이 그 예이다. 이상과 같은 고대 서아시아의 사례는, 고대 이스라엘 예언자의 활동이 주변 세계에 유례없는 특수한 현상은 아니었음을 나타낸다. 그러나 서아시아의 예언자들이 내리는 신탁이 모두 왕에게 내려진 것에 비해, 구약의 경우 왕에게 직접 내린 예언은 극히 소수이다. 구약에 남겨진 대다수 예언은 이스라엘 백성, 특히 위정자들과 사회의 상층부를 겨냥한 신 야훼의 엄혹한 말씀이었다. 때문에 이스라엘 예언자들은 백성들에게 지울 수 없는 인상을 주기 위해 일부러 기괴한 행동을 했다.

10　북서(北西) 셈어는 아람어, 히브리어, 페니키아어, 암몬어, 모압어 등의 총칭이다.

(4) 상징 행동

　예언자들의 임무는 동포에게 신 야훼의 말씀을 전하는 것이었다. 이때 야훼의 말씀을 강렬하게 각인시키기 위해 일부러 기괴한 행동을 하는 경우도 드물지 않았다. 이것을 예언자의 상징 행동이라고 부른다. 소명 체험과 마찬가지로 3대 예언서에서 그 대표적인 사례를 찾아보자.

　이사야는 여예언자와 결혼한 후 득남하였고, 아이의 이름을 '마헬살랄하스바스'로 붙이라는 신의 명을 받는다. 그 의미는 "약탈은 즉시, 강탈은 신속히"였다. 있을 수 없는 이름을 아들에게 붙임으로써 예언자는 다마스쿠스와 북이스라엘 연합군의 예루살렘 공격에 동요하는 동포들에게 이 두 나라가 곧 아시리아의 침략을 받을 것임을 각인시키고자 했다. 이사야는 또한 3년간 나체가 되어 맨발로 걸어다녔다고 한다(사 20:2-4). 이집트와 그 위의 남쪽 구스인들이 나체가 되어 아시리아로 끌려갈 것을 몸소 보임으로써 이집트에 의존하고자 하는 유대의 위정자들에게 경고한 것이었다. 또한 이사야와 거의 동시대에 북이스라엘에서 활동한 예언자 호세아는 '간음한 여인'과의 결혼을 명받았고 그 사이에서 태어난 아들 세 명에게 기이한 이름을 붙였다. 이로써 신 야훼에 의한 왕조 단절과 이스라엘 멸망이 정해진 것임을 고지했다(호 1:3-8).

　한편 예레미야의 경우는 이사야나 호세아와 달리 아내를 취하고 자식을 낳는 것을 금지당했다. 고대 이스라엘 사회에서 결혼

적령기의 남성이 결혼하지 않는 것은 부자연스러웠기 때문에 독신으로 사는 예언자를 사람들은 의아하게 생각했다. 예레미야는 강력한 적의 공격으로 파국이 온 나라를 휩쓸 것이고, 기쁨의 원천이 되어야 할 가정생활이 오히려 비극의 온상이 되어 버린다는 사실을 결혼하지 않음으로써 알리지 않으면 안 되었던 것이다. 그러나 파국이 벌어지자 예레미야는 사촌이 소유한 전답을 구입하겠다는 계약을 체결한다. 설령 파국이 오더라도 그 땅이 다시 회복될 시대가 분명히 오므로 희망을 가지고 새로운 시대를 준비하지 않으면 안 된다는 생각으로 계약 증서를 동포에게 보여 준 것이다.

더 충격적인 상징 행동은 바빌론으로 연행된 이스라엘인 사이에서 활동한 에스겔이었다. 제1차 포로로 바빌론에 연행된 동포들 사이에서 그는 왼쪽으로 390일간 눕고, 오른쪽으로 40일간 누워 지내며, 사람의 대변을 연료로 구운 빵을 먹으라는 신의 명령을 받았다(겔 4:17). 그러나 인분으로 빵을 굽는 것은 차마 할 수 없었기 때문에 그것을 소의 대변으로 대체해 달라고 간청하여 허락되었다. 이 행위의 하루는 1년을 나타내며, 북이스라엘과 남유다가 저지른 죄를 짊어지지 않으면 안 되는 기간을 나타낸다.

그는 또 자신의 수염과 머리를 잘라 3분의 1을 예루살렘 마을을 둘러싼 담벼락 안에서 태우고, 3분의 1은 그 주위에서 칼로 잘라 버리고, 나머지 3분의 1은 바람에 날려 버리라는 명령을 받고 실행에 옮겼다. 이러한 기괴하고 이상한 행동을 취함으로써 그는 예루살렘 멸망이 불가피함을 포로민들에게 고한 것이다. 당시 포로민 사이에는 신성불가침 도시 예루살렘을 공격하는 바빌론 왕 느부갓네살이 패배하여 바빌론 포로로부터 곧 해방될 것이라는 기대가 커져 있었다. 스스로의 죄를 인정하지 않고 안이한 신앙에 기대려는 동포들의 헛된 기대를 에스겔은 깨뜨리고자 했던 것이다.

(5) 예언자의 역설적 운명

보통 점쟁이는 예언이 들어맞으면 그의 신통력이 입증된다. 그러나 이스라엘의 예언자의 경우 그들의 예언은 현실에서 실현되면 안 된다. 또한 예언과 예측 사이에는 근본적 차이가 있다. 만일 예측한 대로 이루어지면 그것은 성공한 예측이다. 만일 예언대로 이루어지면 그것은 실패한 예언이다. 예언자는 예측이 아니라 경고를 전달한다. 그는 단순히 "이런 일이 벌어질 것이다"라고 말하는 것이 아니라 "너희가 변하지 않으면 이런 일이 벌어질 것이다"라고 말하기 때문이다. 그들이 예언하는 까닭은 이스라엘에게 예언 속 재앙이 실현되지 않기를 바랐기 때문이다. 만일 그들의 예언대로 실현된다면, 예언자에게는 고국 이스라엘이 멸망하는 돌이킬 수 없는 재앙이었고 하나님에게는 슬픔이었다. 따라서 그들의 예언은 '돌이키라는 호소'에 무게가 실려 있는 것이고, 거기에는 인간은 돌이킬 수 있는 자유가 있다는 것이 전제된다. 그러한 의미에서 예언자는 인간의 자유에 대해 말하는 것이지, 운명의 불

가피성을 말하지 않는다.[11]

　따라서 예언은 어떠한 의미에서도 미래가 결정되어 있다는 결정론에 반대한다. 그들은 자신들의 예언을 달가워하지 않고 심지어 자신을 죽이려 하는 동포들을 향해 '돌이키라. 이대로면 멸망한다'고 호소하는 사람들이다. 즉 자신의 예언이 실현되기를 결코 원하지 않으면서도 예언을 해야 하는 '역설적 운명'에 있는 사람들이었다.

　예를 들어 예레미야는 '돌이키라, 그렇지 않으면 바빌론의 손에 나라가 망하고 포로로 끌려갈 것'이라고 예언하면서도 이스라엘 사람들을 너무 심하게 다루지 말라고, 그들이 끝내 죽어 버릴까 걱정된다고 중보기도를 드렸던 것이다. 자신의 예언을 듣지 않고 자기를 죽이려 드는 동포들에게 신의 말씀을 고지하면서도 자신의 예언 내용에 소스라치게 놀라며 백성들을 위해 중보기도를 드렸던 예언자들은, 김교신이 말한 대로 '고독과 비애'의 사람들이었다.

2) 예언의 내용

　구약의 예언자들은 그 예언의 내용에서도 일반 샤먼과 확연

11　조녀선 색스, 김준우 역,《매주 오경읽기 영성강론》, 한국기독교연구소, 2022, 101쪽.

히 구별된다. 그들은 미래 예측(약 25퍼센트)보다 현실의 제 문제에 관한 신 야훼의 말씀을 고지했다. 현실에 직면하는 제 문제는 사회에 따라 다르기 때문에 예언자들의 발언도 다양하나, 총체적으로 그들은 눈앞의 현상에 비판적으로 대치하고 있었다. 편의상 예언자들의 현상 비판을 사회 비판, 정치 비판, 종교 비판, 희망의 예언으로 나누어 각각의 개요를 살펴보자. 먼저 사회 비판을 살펴보겠다.

(1) 사회 비판

기술 예언자의 효시인 아모스는 BC 760년경 활동했다. 이 시기 북이스라엘은 여로보암 2세의 통치 아래 미증유의 번영을 자랑하고 있었다(왕하 14:25-28). 그러나 표면적인 번영과는 달리 경제적 착취가 횡행하고 사회적 격차는 확대되어 빈곤층은 고통받고 있었다. 이를 좌시할 수 없었던 예언자 아모스는 신 야훼의 말씀을 고지하며 이러한 사회적 불의와 부정을 치열하게 고발했다.

사람들은 법정에서 시비를 올바로 가리는 사람을 미워하고, 바른 말 하는 사람을 싫어한다. 너희가 가난한 사람을 짓밟고 그들에게서 곡물세를 착취하니, 너희가 다듬은 돌로 집을 지어도 거기에서 살지는 못한다. 너희가 아름다운 포도원을 가꾸어도 그 포도주를 마시지는 못한다. 너희들이 저지른 무수한 범죄와 엄청난 죄악을 나는 다 알고 있다. 너희는 의로운 사람을 학대하며, 뇌물을 받고

      공적 신앙의 윤리: 국가권력과 로마서 13장

법정에서 가난한 사람들을 억울하게 하였다(암 5:10-12).

아모스는 사회의 부정과 불의를 등한시하지 않았고, 약자를 억압하고 가난한 사람을 착취하는 사회의 상층부를 격렬하게 규탄했다. 그들의 사치를 폭로하고 그들에게 하나님의 심판을 고지했다. 여기에는 아모스 개인의 윤리관이 반영되어 있을 뿐 아니라 그의 윤리관 자체가 이집트 노예로부터 해방된 민족 사이에 전해져 모세의 사회법으로 결실되어 가는 '약자 보호 사상'에 근거하고 있었다. 그것은 아모스를 계승하는 예언자들에게도 확고하게 견지되었다. 이사야서의 다음 한 구절이 이 점을 확인해 준다.

그 신실하던 성읍이 어찌하여 창녀가 되었습니까? 그 안에 정의가 충만하고, 공의가 가득하더니, 이제는 살인자들이 판을 칩니다. 네가 만든 은은 불순물의 찌꺼기뿐이고, 네가 만든 가장 좋은 포도주에는 물이 섞여 있구나. 너의 지도자들은 주님께 반역하는 자들이요, 도둑의 짝이다. 모두들 뇌물이나 좋아하고, 보수나 계산하면서 쫓아다니고, 고아의 송사를 변호하여 주지 않고, 과부의 하소연쯤은 귓전으로 흘리는구나(사 1:21-23).

(2) 정치 비판

예언자들은 정치 영역에도 과감하게 관여했다. 호세아는 폭력으로 왕위를 찬탈한 예후 왕조를 비판하고 동시대의 왕권 찬탈을 폭로하는 말을 남기고 있다(호 7:3-7). 호세아는 본디 왕정 자체에 비판적이었다. 또 북아시리아와 남이집트 두 강대국 사이에서 요동치는 외교정책에도 비판적 시선을 보내고 있었다.

> 에브라임은 어리석고, 줏대 없는 비둘기이다. 이집트를 보고 도와달라고 호소하더니, 어느새 앗시리아에게 달려간다(호 7:11).

> 주님께서 유다를 심판하시고, 야곱을 그의 행실에 따라 처벌하실 것이다. 그가 한 일들을 따라 그대로 그에게 갚으실 것이다(호 12:2).

위의 말은 공물로 아시리아와 이집트에 의지하려 하는 북이스라엘의 대국 의존정책을 폭로하고 그것을 비판한 것이다. 상식적으로 보면 양 대국 사이에 있는 약소국으로서 바람이 부는 형세를 보고 더 강한 쪽에 붙는 것이 위정자들의 외교법이라 할 것이다. 그러나 이러한 정책은 결국 대국에 영합하는 무거운 짐을 지는 헛수고가 될 뿐임을 호세아는 통찰했다. 여기서 좀더 시간이 지나면 남유다에서 이사야가 이집트 의존정책에 비판을 전개하게 된다(사 30:1-5).

호세아와 마찬가지로 왕정에 깊은 의혹을 품었던 사람은 예레미야였다. 왕들을 비판하는 그의 말이 예레미야서 22장에 모여져 있다. 여기에는 남유다 말기의 왕의 한 사람인 여호야김에 대한 말이 전해지고 있다.

> 불의로 궁전을 짓고, 불법으로 누각을 쌓으며, 동족을 고용하고도,
> 품삯을 주지 않는 너에게 화가 미칠 것이다(렘 22:13).

이스라엘의 왕정의 시작을 전하는 이야기를 보면 왕이 지배하는 시대에 백성은 왕의 노예가 될 것이라며 왕정을 비판하는 견해가 전해진다. 예레미야도 이와 연결되는 입장에 있었음을 알 수 있다. 더욱이 그의 왕정 비판 마지막에는 다윗 왕조의 멸망을 선언하는 듯 보이는 구절도 포함되어 있다(렘 22:30).

(3) 종교 비판

야훼 신앙에서 예언자들은 가나안의 바알 종교를 비롯한 이교 숭배를 엄하게 비판했다. 신 야훼와 이스라엘 민족의 관계를 계약에 근거한 혼인에 비유했던 호세아는 백성이 바알에 기울어지는 사태를 '간음' 또는 '음행'이라는 격한 말로 규탄했다(호 2:4 외[12]). 이러한 이해는 예레미야와 에스겔에게 계승된다(렘 3:3, 겔 16:15 외). 왕국 시대 말기 예루살렘 신전에서는 실제로 다양한 이교 숭배가

---

[12] 계약 사회였던 고대 오리엔트에서 결혼은 계약에 근거해 있었다. 함무라비 법전 128조는 아내를 맞이해도 그녀를 위한 계약을 체결하지 않으면 아내로서 인정될 수 없다고 규정하고 있다.

행해지고 있었다(호 8:3-18).

그러나 예언자들은 이교 숭배나 이교 제의만을 비판한 것이 아니었다. 야훼 종교를 향한 비판의 눈도 있었다. 아모스 시대 바알 종교를 배제한 예후 왕조가 계속되던 중, 야훼 숭배가 중요시되어 국가 성소 벧엘과 단에서 야훼 제의가 시행되고 있었다. 아모스는 그 야훼 제의를 비판했다.

나는, 너희가 벌이는 절기 행사들이 싫다. 역겹다. 너희가 성회로 모여도 도무지 기쁘지 않다. 너희가 나에게 번제물이나 곡식 제물을 바친다 해도, 내가 그 제물을 받지 않겠다. 너희가 화목제로 바치는 살진 짐승도 거들떠보지 않겠다. 시끄러운 너의 노랫소리를 나의 앞에서 집어치워라! 너의 거문고 소리도 나는 듣지 않겠다. 너희는, 다만 공의가 물처럼 흐르게 하고, 정의가 마르지 않는 강처럼 흐르게 하여라(암 5:21-24).

야훼는 백성이 바치는 제물을 기뻐하지 않고 그들이 부르는 찬미의 노래도 듣지 않는다. 야훼가 그 백성에게 원하는 것은 축제나 제의가 아니라 정의와 공정이라고 아모스는 단언했다. 이것은 구체적으로는, 사회적 약자 입장에 있었던 사람들을 보호하라는 말이었다. 이러한 아모스의 제의 비판은 이후 예언자들에게도 계승되어 갔다. 정의와 공정 그리고 자애를 결여한 예배는 아무리 경건하더라도, 아무리 많은 제물을 바친다 하더라도 신은 그 예배를

 공적 신앙의 윤리: 국가권력과 로마서 13장

받지 않는다고 예언자들은 거듭 말하고 있었다. 이러한 비판의 칼끝은 형식화한 제의를 향하고 있었다. 광야 시대 때 백성이 제물도 바치지 않았다는 아모스의 말(암 5:25), 야훼는 백성에게 제물에 대해서 명한 적이 없다는 예레미야의 발언 등은 종교 제의 그 자체를 부정하고 있는지도 모른다(렘 7:22).

정의와 공정의 실천이 제물을 바치는 것보다 낫다는 예언자들의 사상은 예언서뿐만 아니라 역사 기술에도 포함되었고(삼상 25:22), 격언이 되기도 했다(잠 21:3). 시편에서는 신이 돌아보는 것은 제물이나 제의가 아니라 '깨어지고 부서진 마음'이라는 말도 나타난다(시 51:18-19). 예수 그리스도도 이러한 입장을 계승하고 있다(마 9:13, 눅 18:9-4 등).

(4) 희망의 예언

구약성서의 예언자들은 이와 같이 이스라엘의 사회와 정치 그리고 종교를 준열하게 비판함과 동시에 그에 대해 하나님의 심판이 있음을 고지했다. 신의 심판은 대부분 기근이나 역병, 적에 의한 약탈이나 포로 등 현실적인 사건으로써 이해되고 있었다. 따라서 사람들은 예언자를 재앙을 고지하는 존재로 여기고 기피했다. 그러나 예언자들이 비판과 재앙만 고지했던 것은 아니다. 민족이 절망의 어둠에 빠졌을 때 구원과 회복을 위한 희망의 촛불을 켜는 것도 잊지 않았다. 심판을 넘어서 도래하는 이상적 시대에 대한 고지가 바로 그것이다.

신에 의한 심판이 그러했듯이 이상의 시대 역시 다양하게 묘사되었다. 이것들을 크게 대별하면 세 가지 표상으로 이야기할 수 있을 것이다. 첫째는 이상적인 왕의 등장이다. 이사야는 이것을 "이새의 줄기에서 한 싹이 나며 그 뿌리에서 한 가지가 자라서 열매를 맺는다"(사 11:1)라고 노래했다. 이새는 다윗의 아버지 이름이므로 '이새의 줄기'는 다윗의 계보이며, '싹'이나 '한 가지'는 이상적인 왕이 도래함을 나타내는 비유였다. 그리고 다윗의 계보를 계승한 왕은 하나님을 두려워하고 지혜와 분별, 숙고와 용기의 영으로 충만하여 정의와 공정과 진실에 근거하고 약자와 가난한 자를 보호할 것이라고 고지되었다. 다른 예언서에서도 적대 세력의 멸망, 세계 평화의 실현, 다윗 왕조의 재흥 등을 성취할 이상적인 왕의 등장으로 다양하게 묘사되고 있다. 이들 예언이 '다윗 계약'을 근거로 한 메시야 대망으로 계승되어 감은 물론이다.[13]

두 번째는 새로운 계약 체결이다. 율법에 따라 계약을 지키는 것이 불가능했던 백성에게 야훼는 새로운 계약을 체결하여 백성의 구원과 회복을 약속했다. 북이스라엘의 예언자 호세아는 한편으로는 진실과 자애 그리고 하나님을 아는 것(=신을 두려워하는 것)을 결여한 백성이 사람의 목숨을 가벼이 여겨 사회를 황폐하게 하

---

[13] 나단이 고지했다고 하는, 다윗 왕조의 영속과 왕을 신의 아들로 선언하는 약속을 말한다 (삼하 23:5).

고 자연도 멸망으로 몰아넣는다고 규탄했다(호 4:1-3). 다른 한편에
서는 야훼가 동물들은 물론 사람들과 정의와 공정, 자애와 자비를
가지고 계약을 맺음으로써 전쟁이 끊어지고 풍요로운 자연이 회
복되는 세상의 도래를 말했다(호 2:20-25). 또 예레미야의 '새로운
계약' 예언(렘 30:31-34)에서는 이스라엘 백성이 율법을 준수하지 않
았기 때문에 '시내산 계약'은 파기되어 버렸지만, 신 야훼가 '새로
운 계약'을 맺을 날이 오며, 그때 사람들은 돌판에 새겨진 율법의
매개가 아니라 각자의 마음으로 야훼와 결합될 것이라고 말한다.
이사야서나 에스겔서에도 내용은 다르나 야훼에 의한 새로운 계
약 체결에 의해 백성의 구원과 회복의 시대가 실현된다는 약속의
말씀을 볼 수 있다.

세 번째는 야훼에 의한 세계 지배이다. 가장 잘 알려진 예는,
이사야서 2장 2-4절 및 미가서 4장 1-3절에 전해지는 '만국 평화
의 예언'이다. 그에 의하면 종말의 날에는 모든 민족이 야훼의 가
르침을 찾아 예루살렘에 순례를 오고, 야훼의 지배 아래 지상에서
전쟁이 사라질 것이라고 한다. 뉴욕의 국제연합 본부 건물 부근에
새겨진 이사야서를 인용해 보자.

주님께서 민족들 사이의 분쟁을 판결하시고, 뭇 백성 사이의 갈등
을 해결하실 것이니, 그들이 칼을 쳐서 보습을 만들고 창을 쳐서 낫
을 만들 것이며, 나라와 나라가 칼을 들고 서로를 치지 않을 것이
며, 다시는 군사훈련도 하지 않을 것이다(사 2:4).

이와 같이 지상의 모든 민족이 야훼에게 돌아섬으로써 이스라엘 백성뿐만 아니라 전 세계에 평화가 도래하고 야훼에 의한 세계 지배가 완성된다고 말하는 예언은 이외에도 많다.[14]

이상적 시대의 도래를 고지하는 이러한 예언은, 이상적 왕의 등장이든 새로운 계약이든 우선 이스라엘 백성의 구원을 염두에 두고 있다. 야훼에게 귀의하는 지상의 모든 민족들이 예루살렘을 순례한다는 구절에서 보여지는 것처럼 이스라엘 중심적 발상이 완전히 불식되지는 않고 있다. 이러한 발상을 넘어서기 위해서는 구약성서에서 말해지는 이상적인 왕의 모습을 십자가에서 처형된 나사렛 예수 안에서 보는 기독교가 성립되기를 기다리지 않으면 안 되었다.

이상에서 살펴본 바와 같이 이스라엘의 예언자들과 샤먼, 점쟁이, 무당은 현격한 차이가 있음을 알 수 있다. 따라서 이스라엘에서는 참예언자와 거짓 예언자의 구별이 매우 중요했다. 엘리야는 바알 숭배자들과 대결했고 아모스는 아마샤와 대결했으며, 예레미야는 바스훌, 하나냐, 스마야 등의 거짓 예언자들와 대결해야만 했다. 또한 예레미야 20장 31-32절에서는 야훼가 거짓 예언자들에 대해 '내가 보내지도 않았고 예언하라고 명하지도 않은 자들'이라고 하며, '내 이름을 팔아 거짓 예언하는 자'들에게 야훼 자신이 '직접 대결하겠다'고 선언하고 있다. 야훼는 꿈 이야기나 허

14　　대표적인 구절은 사 49:22-23; 60:1-22, 렘 3:17, 습 3:9-10, 슥 9:9-10이다.

황된 거짓말이나 자신의 마음속 환상을 '예언'이라고 일컫는 거짓 예언자들을 '알곡과 가라지'를 가르듯 준엄하게 구별하겠다는 것이다.

3) 예언자 군상: 그 소묘와 개성

예언이 예언서로 남은 고대 이스라엘의 '기술 예언자' 활동은 BC 8세기부터 BC 6세기에 집중되고 있다. 이것은 왕국 시대 후반부터 남북 왕조 멸망과 바빌론 포로라고 하는 격동기를 거쳐, 귀환한 포로민이 예루살렘 신전을 재건하고 신전을 중심으로 한 유대 종교 공동체로서 걸음을 시작한 시기까지였다.

예언자들은 모두 야훼 신앙이라는 공통의 기반에 서 있었으나, 각 시대 배경이 다르고 신분과 개성 또한 다양했으므로 바라보는 시각도 달랐고 예언의 내용도 다양했다. 이제 예언서를 하나하나 살펴보며 예언자들의 개성과 특징을 찾아보자.

(1) 엘리야와 엘리사

히브리어 성서에 근거한 유대교 전통에 의하면 여호수아기에서 열왕기까지는 '전예언서'로 칭해진다. 역사서에 해당하는 부분이다. 이 부분이 예언서로 간주되는 이유는 불명확하지만, 예언자들이 때로 등장하는 것도 사실이다. 사사기에서는 여성 사사인 드보라가 예언자로 불리고, 사무엘기에서는 다윗의 측근이었던 예언자 나단이 등장한다. 열왕기에서도 종종 예언자들이 활약한다. 특히 열왕기상 17장에서 열왕기하 13장 21절까지는 예언자 엘리야와 엘리사 이야기가 삽입되어 있다.

엘리야와 엘리사는 북왕국에서 활동한 예언자였다. 엘리야의 주된 활동 시기는 페니키아의 왕녀 이세벨을 왕비로 맞이한 아합 왕 시대였다. 아합과 이세벨은 이스라엘 백성에게 바알 숭배를 장려하고 수도 사마리아에 바알 신전을 세우며 바알 예언자들을 보호하고 있었다. 가뭄이 3년째 계속되었을 때, 엘리야는 갈멜산에서 단독으로 바알 예언자 450명과 대결했다. 그리고 참된 신이 야훼인지 바알인지를 선택하라고 이스라엘인들에게 요구했다.

바알 예언자들은 자신의 몸을 자해하면서 바알의 이름을 계속 불렀으나 어떠한 징후도 나타나지 않았다. 그러나 엘리야가 이스라엘의 신 야훼에게 기도하자 하늘에서 불이 내려와 제물로 바친 황소를 태워 버렸다. 숨을 죽이며 지켜보고 있던 이스라엘 백성은 '야훼야말로 신, 야훼야말로 참된 신'이라고 무릎을 꿇고 고백했다.

엘리야와 아합 왕의 대립은 결정적으로 심화된다. 엘리야는 왕비 이세벨의 박해를 피해 남방 호렙산으로 도피한다. 이곳은 지난날 모세가 소명을 받았던 장소였다. 이 산에서 신 야훼의 '세미한 소리'(왕상 19:12)를 들은 엘리야는, 모세가 파라오와 직접 담판하기 위해 이집트로 돌아간 것처럼 다시 아합 왕과 이세벨 왕비와의 대결 장소로 돌아간다. 그리고 나봇으로부터 '기업의 땅'을 빼앗은 왕과 왕비에게 엄한 파국을 고지한다. 이외에 사르밧의 과부를 도운 이야기, 병이 들어 블레셋의 신을 의지한 아합의 아들 아하시야에게 죽음을 선고한 이야기 등이 엘리야의 이야기로서 전해지고 있다. 엘리야는 후대 율법을 상징하는 모세와 함께 예언자를 대표하는 인물로 간주된다. 복음서는 예수 그리스도의 선구자로 여겨진 세례자 요한을 다시 온 엘리야로 위치 지우고 있다. 신의 심판의 도래에 앞서 다시 엘리야가 온다는 예언이 전해져 있었기 때문이다(말 3:23).

엘리야의 마지막은 극적으로, 여리고에 가까운 요단강 기슭에서 불말이 끄는 불병거를 타고 하늘로 올라갔다고 한다. 이때 떨어진 엘리야의 옷을 가진 엘리사에게 '엘리야의 영'이 머물렀고 엘리사는 엘리야의 후계자가 되었다.

보통 예언자들은 후계자를 두지 않으며, 예언자의 권위를 제자에게 계승시키는 경우도 없다. 이 점에서 이 이야기는 특이하나 그 배후에는 여호수아가 모세로부터 이스라엘 지휘권을 계승했다는 전승이 있다(신 34:1-9). 이 두 전승의 무대가 모두 여리고에서 가까운 요단강 동쪽 기슭이다. 모세도 엘리야도 그곳에서 죽었던 것이다. 더구나 두 사람은 야훼가 데려가셨기 때문에, 모세의 경우는 묘지를, 엘리야의 경우는 시체를 발견하지 못했다고 한다.

그러나 예언자 엘리사의 행동은 엘리야와 달랐다. 단독으로 행동했던 엘리야와는 대조적으로 엘리사는 예언자 집단의 지도자였다. 다수의 기적 이야기 외에, 조롱하는 어린아이들에게 저주를 퍼부었고 산 속에서 곰이 나와 어린아이들을 갈기갈기 찢었다는 기괴한 이야기, 사후에 그의 뼈에 죽은 자가 닿아 생환했다는 이야기 등도 보인다. 이는 엘리사 이야기가 민간전승에 근거한 것임을 나타내고 있다. 그는 정치에도 적극 개입했다. 다마스쿠스에서는 왕의 측근 하자엘의 왕위 찬탈에 관여했고, 이스라엘에서도 예언자 동료를 파견하여 장군 예후의 머리에 기름을 부었다. 그 후 예후는 아합을 계승한 요람 왕에게 반역을 꾀하여 왕위를 찬탈하고 예후 왕조를 수립했다. 정치권력을 이용해서라도 나라에 야훼 신앙을 뿌리내리게 하려는 예언자 엘리사의 존재와 그의 행동력을 엿볼 수 있다.

(2) 아모스

BC 760년경 예언자 아모스가, 사회적 약자들을 착취하고 억압하는 부유층을 격렬하게 규탄했다는 것은 이미 논했다. 그가 종교 제의에 취한 북이스라엘 백성에게 제의가 아니라 정의와 공정을 요구했다는 것도 소개했다. 체제 편에서 본다면 이러한 예언자는 참으로 귀찮은 존재이기 때문에 북이스라엘의 국가 성소가 있었던 벧엘의 사제 아마샤는 아모스를 여로보암 왕에게 밀고하여 아모스의 예언 활동을 금지했다. 왕국의 신전이 있는 곳에서 예언 활동을 하면 안 되니 유대에 가서 하라고 협박한 것이다. 이에 대해 아모스는 다음과 같이 응수했다.

> 아모스가 아마샤에게 대답하였다. "나는 예언자도 아니고, 예언자의 제자도 아니오. 나는 집짐승을 먹이며, 돌무화과를 가꾸는 사람이오. 그러나 주님께서 나를 양 떼를 몰던 곳에서 붙잡아 내셔서, 주님의 백성 이스라엘에게로 가서 예언하라고 명하셨소"(암 7:14-15).

예언자로 소명받은 경위를 말하는 것이다. 아모스서 1장 1절에 의하면 그는 드고아 출신이었다. 드고아가 예루살렘 남방 약 15킬로미터에 위치한 오늘날의 유적 테크아가 맞다면, 아모스는 남왕국 유다의 농촌에서 무화과를 재배하는 목자였다. 그런데 야훼의 부르심에 사로잡혀 남유다에서 북이스라엘로 간 것이었다.

"사자가 으르렁거리는데, 누가 겁내지 않겠느냐? 주 하나님이 말씀하시는데, 누가 예언하지 않을 수 있겠느냐?"(암 3:8)라는 발언의 배후에는 이러한 아모스의 체험이 있었다. 사제 아마샤의 밀고를 받은 여로보암이 아모스를 어떻게 처리했는가에 대해서 아모스서는 아무것도 알려 주지 않는다. 아모스는 "여로보암은 칼에 찔려 죽고, 이스라엘 백성은 틀림없이 사로잡혀서, 그 살던 땅에서 떠나게 될 것이다"(암 7:11)라고까지 말하고 있기 때문에 여로보암은 아모스를 무시하지 못했을 것이다. 그러나 단기간으로 끝났다

고 여겨지는 아모스의 예언 활동이 왕의 행동과 어떻게 연관되는
지는 불명확하다. 중요한 것은 아모스가 어떠한 협박에도 굴하지
않았다는 것이다. 다음의 짧은 발언이 그것을 암시하고 있다.

> 그러므로 신중한 사람들이 이런 때에 입을 다문다. 때가 악하기 때
> 문이다(암 5:13).

착취가 횡행하고, 빈부 격차가 커지고, 고통받는 빈곤층의
호소가 정당하게 취급되지 않는 시대였음에도 이른바 '지혜로운
자'들은 침묵을 지키고 입을 열지 않는다. 이로써 시대는 더욱 악
화된다. 때문에 내가 신의 말씀을 전하지 않으면 안 된다는 것이
아모스의 굳은 결의였다. 그는 가난한 자와 약자의 편에 서서 목소
리를 높이고, 권세를 자랑하는 부유층의 착취와 부정, 부당한 재판
과 뇌물 수수를 엄하게 규탄한 것이다. 그들의 호화로운 사치를 비
웃는 말이 참으로 신랄하다. 그는 이스라엘에 대한 야훼의 심판도
고지했다. 그 심판은, 적들의 약탈과 포로 됨, 기아와 역병, 천재지
변 등 구체적으로 표현되었다.

아모스의 예언은 규탄과 심판 고지로 일관하고 있어 구원
과 회복에 대한 예언은 볼 수 없다. 그러나 일단 적에게 습격받거
나 기근이나 역병이 일어나면 가장 먼저 고통받는 것은 가난한 자
나 약자이다. 아모스가 이러한 사태를 몰랐을 리 없다. 그는 이스
라엘 백성에게 규탄과 심판의 말을 쏟아내면서도 실은 동포의 구

원을 바라고 있었다. 그의 바람은 "너희는 주님을 찾아라. 그러면 산다"(암 5:6)라는 말 혹은 이스라엘이 전멸하는 환시를 보았을 때 야훼에게 반복해서 호소한 다음과 같은 말에서 읽어 낼 수 있다.

> 메뚜기 떼가 땅 위의 푸른 풀을 모두 먹어 버리는 것을 내가 보고서 "주 하나님, 용서하여 주십시오! 야곱이 어떻게 견디어 낼 수 있겠습니까? 그는 너무 어립니다"(암 7:2).

예언자의 애끓는 마음이 여기에 토로되어 있다.

(3) 호세아

예언자로서 호세아의 활동은 아모스 10년 전후, 여로보암의 만년인 BC 750년경에 시작된다. 호세아서에 BC 722년의 북왕국 이스라엘 멸망은 언급되지 않기 때문에 호세아의 예언 활동은 그 이전에 끝났을 것이다. 이 시기 북이스라엘은 여로보암이 죽은 다음 왕국 멸망까지 약 30년간 네 차례나 왕위 찬탈을 경험하고 있었다. 정책적으로도 강대국 아시리아와 이집트 사이에서 동요했다. 정치는 불안정한 상태였고 백성의 대다수는 풍요를 약속하는 가나안의 풍요신 바알 숭배에 기울어져 있었다.

호세아는 예언 활동 서두의 시기, '음행한 여인' 고멜과 결혼하여 태어난 세 자녀들에게 기이한 이름을 붙이라는 신의 명령을 받았다. 장남의 이름인 '이스르엘'은 여로보암으로 4대째가 되는 예후 왕조가 이즈르엘 평원에서 폭력으로 왕권을 찬탈한 것을 상기시키며, 왕조 멸망을 암시하는 이름이었다. 실제로 여로보암의 아들 스가랴는 즉위 후 6개월 만에 살해되고 왕조는 멸망해 버렸다(왕하 15:8-12). 두 번째 여자아이에게는 로루하마, '가엾게 여김받지 못하는 여자'라고, 세 번째 남자아이에게는 로암미, '내 백성이 아니다'라는 이름을 지으라는 명령을 받았다. 이러한 이름들은 바알 숭배에 기울어져 가는 이스라엘 백성이 야훼 하나님에게 버림받았음을 시사한다.

호세아서에 남겨진 예언은 크게 두 가지로 대별된다. 정치 비판과 바알 숭배 비판이다. 이 두 주제에 대해서는 이미 간단히 소개했으므로 호세아의 예언에서 중요한 특징 두 가지만 지적해 보자. 그 첫 번째는 역사를 상기시키는 것이다. 예를 들어 호세아는 이스라엘의 왕정이 시작된 역사 전승을 상기시킨 후에 왕정 소멸을 다음과 같이 고지하고 있다.

왕과 대신들을 세워 달라고 조르더니, 도대체, 너의 왕이 지금 어디에 있느냐? 너를 구원하라고 하여라. 대신들이 지금 어디에 있느냐? 너의 모든 성읍에서 샅샅이 찾아보아라. 너를 궁지에서 건져 달라고 하여라. 내가 홧김에 너에게 왕을 주었으나, 분을 참을 수 없어서 너의 왕을 없애 버렸다(호 13:10-11).

호세아는 왕정이 시작된 역사 전승을 상기시키며, 본디 왕정 자체가 야훼의 의사에 어긋났음을 명시했다. "이 백성의 온갖 죄악은 길갈에서 시작된다"(호 9:15)라는 발언도 초대 왕 사울이 즉위한 장소가 길갈임을 염두에 둔 것으로, 여기에서 시작한 왕정 자체가 만악의 근원임을 표명하고 있다. 이외에도 호세아는 조상 야곱의 전승, '출애굽' 및 '광야 시대', 가나안 정주 후 사건 등을 언급하고 있다.

호세아는 출애굽 및 광야 시대를 이스라엘의 이상적 시대로 간주한다. 그러나 이상적 시대를 체험했음에도 그 직후 조상들이 모압 광야에서 바알 숭배에 매료되어 야훼의 혹독한 처벌을 받은 사건(민 25:1-9)을 지적하는 것도 잊지 않았다. 호세아는 그 역사적 '사실'을 지적함으로써 풍요를 약속하는 바알 제의에 기울어져 가는 백성들의 가공할 현실을 자각시키고자 했던 것이다(호 11:2). 이렇게 하여 호세아는 동포에게 과거의 사건을 통해 현재를 조명함으로써 역사를 현재에 되살리고자 했다.

호세아의 예언에서 보이는 두 번째 특징은 내면 응시이다. 그는 눈에 보이는 사태는 인간의 내면의 자세에서 나온다고 생각했다. 자연계를 황폐시키는 인간 사회의 문란은 '진실'과 '자애'와 '신을 아는 것'(=신을 두려워하는 것)의 결여에서 기인한다는 발언 등에서 이러한 점을 엿볼 수 있다. 이미 서술한 바와 같이 백성이 바알 제의에 경도하는 사태를 호세아는 음행 또는 간음으로 단죄했다. 이때 그는 행위의 실태를 폭로할 뿐만 아니라 음행에 경주하는 백성의 내면에도 눈을 돌려 음행의 영에 사로잡혔다고 비판했다(호 4:12 등). 바알 숭배 그 자체의 사악함뿐만 아니라 바알 제의에 가담하는 사람의 내면에 있는 사악함을 통찰한 것이다. 그것은 비옥함과 풍요로움을 동경하고 그것에 탐닉하는 '욕망의 영'이었다(호 4:19).

호세아가 백성의 내면에 눈을 돌린 것은 "그들이 나에게 부르짖으나, 거기에 진심이 없다"(호 7:14), "그들의 마음이 거짓으로 가득 차 있으니"(호 10:2) 등 '마음'이라는 단어를 특히 많이 사용한 점에서 알 수 있다. 그는 야훼의 마음의 생각에까지 들어간 것이었다(호 6:4; 12:8).

이렇게 역사를 상기시키고 내면을 응시한 호세아에게 이스라엘 회복 예언이 훌륭하게 통합되고 있다. 언젠가 이스라엘 역사의 시작이었던 출애굽 후의 광야 시대가 재현되고, 백성은 야훼가 하시는 말씀을 '마음'으로 받아들이게 될 것이라는 것이다.

그러므로 이제 내가 그를 꾀어서, 빈 들로 데리고 가겠다. 거기에서 내가 그를 다정한 말로 달래 주겠다. 그런 다음에, 내가 거기에서 포도원을 그에게 되돌려 주고, 아골 평원이 희망의 문이 되게 하면, 그는 젊을 때처럼, 이집트 땅에서 올라올 때처럼, 거기에서 나를 기쁘게 대할 것이다(호 2:14-15).

(4) 이사야

　　이사야의 예언 활동 장소는 유다 왕국의 수도 예루살렘이었다. 웃시야 왕이 죽은 해에 소명 체험을 했다고 하므로 BC 740년경이었을 것이다. 그의 가장 초기 예언은 BC 710년 아시리아 왕 산헤립에 의한 예루살렘 포위였다. 활동기가 40년이나 되는 이사야는 고대 이스라엘의 예언자를 대표한다고 말해야 할 것이다. 앞에서 그의 소명 체험과 상징 행동을 소개하고 사회 비판에 대해서도 논했고, 이상이 이루어지는 시대의 도래를 고지하는 예언도 인용했다. 여기에서는 이사야가 그의 시대와 어떻게 마주하고 있었는가를 중심으로 그의 예언 활동을 고찰해 보자.

　　이사야가 예언자로 활동했던 약 40년은 세 가지 큰 사건이 일어났던 시대였다. 첫 번째 사건은 시리아·에브라임 전쟁(BC 734년경)이다. 다마스쿠스의 왕 느신과 북이스라엘 왕 베가가 유다를 공격한 것이다. 이 두 나라는 강대국 아시리아의 침공을 저지하기 위해 주변의 작은 나라와 동맹을 맺었는데, 남왕국 유다가 이에 가담하지 않았기 때문에 예루살렘을 공격했던 것이다. 이에 대해 이사야는 두 왕은 머지않아 아시리아가 격퇴시킬 것이니 야훼만을 잠잠히 신뢰하라고 유다 왕 아하스에게 진언했다(사 2:4, 9). 그러나 아하스는 공물을 가지고 디글랏빌레셀 3세에게 원조를 요청했다. 디글랏빌레셀이 다마스쿠스를 멸망시키자 아하스는 다마스쿠스를 방문해 그를 알현했다. 그리고 거기에서 보았던 아시리아풍의 제단을 예루살렘 제단에 건설했다(왕하 16:5-18).

두 번째는 그로부터 10년 후에 일어난 북이스라엘의 멸망 (BC 722년)이다. 이사야는 유다에 대한 예언과 마찬가지로 북왕국 이스라엘에 대해서도 엄중한 예언을 남기고 있었다. 허위와 오만이 지배하고, 지도자는 백성을 미혹하게 하고 사회적으로는 약자를 보호하지 않았던 북왕국에 야훼의 '분노의 손'이 미칠 것이라고 경고했던 것이다(사 7:7-10:4). 분노의 손이라 함은 아시리아와 이집트에 의한 공격이었다. 대국의 침공은 그의 백성을 징계하기 위해 신이 불러들인 것이라고 이사야는 말하고 있었다(사 7:18-20 등). 시대의 배후에 있는 신의 의중을 읽어 낸 것이다. 북왕국 멸망은 따라서 이사야의 경고 예언의 성취이기도 했으나 이스라엘 멸망 때 그가 어떤 말을 했는가는 확인되지 않는다.

그러나 그가 구원 예언을 말할 때는 북왕국 동포들의 회복 역시 염두에 두고 있었다. 공정과 정의로 통치하는 '평화의 임금'이 다윗 왕좌에 앉을 때 지난날 아시리아에게 유린된 북왕국 이스라엘 땅에도 빛이 비칠 것이라고 말하고 있기 때문이다. 이사야는 북왕국 멸망 후에도 '이상적인 왕' 아래 북이스라엘과 남유다가 다시 통합될 시대가 도래할 것을 염원했던 것이다.

세 번째는 아시리아 군대에 의한 유다 왕국의 유린이다. 아시리아에게 의존했던 유다 왕 아하스를 계승한 히스기야는 아시리아 측 자료에 시사되어 있는 것처럼 아시리아 왕 사르곤(제위 BC 722-705년)에게 조공을 바치고 있었다. 사르곤은 북왕국을 멸망시킨 왕이었다. 그런데 히스기야는 얼마 후 이집트의 보호를 받았고 아스글론을 비롯한 블레셋의 여러 도시의 움직임과 호응하여 반아시리아 정책으로 선회했다. 그 때문에 유다 땅은 사르곤을 계승한 산헤립(제위 BC 705-681년)이 지휘하는 아시리아 군에게 약탈당하게 되었다. 산헤립은 그때의 모습을 니느웨의 궁전 방을 장식하는 벽에 부조로 새겼다.[15] 그의 비문에는 히스기야를 예루살렘에 '새장에 갇힌 새'처럼 가둬 버렸다고 기록되어 있다. 그는 BC 701년 예루살렘을 완전 포위했다. 구약성서는 그때 야훼의 천사가 아시리아 진영을 공격했기 때문에 산헤립이 아시리아로 퇴각했다고 전하고 있으나,[16] 이 점에 관한 아시리아 측의 자료는 남아 있지 않다.[17]

이사야는 유다 왕국이 이집트 의존을 강화시켜 가자 대국 의존 정책을 엄중하게 경계했다.

15   이 부조는 19세기 중엽 영국군의 니느웨 발굴 조사에서 발견되어 현재 영국박물관 '라기스 전시실'에 전시되어 있다.

16   열왕기하 18:9-19:37이 전하고 있다. 산헤립의 이스라엘 침공 기사는 이사야 36-37장에도 기록되어 있으나, 히스기야가 산헤립에게 금과 은을 바쳤다는 기사는 불편한 진실이기 때문인지 삭제되었다. 산헤립의 공격을 재론하는 역대기하 32장에도 히스기야의 공물 사건은 채용되지 않았다.

17   왕하 19:35-36, 사 37:36-37. 그러나 역사적으로 무슨 일이 일어났는지는 알 수 없다. 헤로도토스의 《역사》 2권 141절을 따라 역병의 만연이라는 말도 있었으나 실은 히스기야가 많은 조공을 바쳤기 때문일 것이다. 이 점은 月本昭男, "なぜアッシリアのセンナケリブは退却したのか"(왜 아시리아의 산헤립은 퇴각했는가), 日本舊約學會 編, 〈舊約學研究〉 15, 2020, 65-68 참조.

도움을 청하러 이집트로 내려가는 자들에게 재앙이 닥칠 것이다. 그들은 군마를 의지하고, 많은 병거를 믿고 기마병의 막강한 힘을 믿으면서, 이스라엘의 거룩하신 분은 바라보지도 않고, 주님께 구하지도 않는다(사 31:1).

이어서 "이집트 사람은 사람일 뿐이요, 하나님이 아니며, 그들의 군마 또한 고기덩이일 뿐이요, 영이 아니다. 주님께서 손을 들고 치시면, 돕던 자가 넘어지고, 도움을 받던 자도 쓰러져서, 모두 함께 멸망하고 말 것이다"(사 31:3)라고 했다. 예루살렘이 완전 포위되었을 때에는 아시리아를 두려워하지 말며 산헤립은 "뜬소문을 듣고 자기 나라로 돌아가게 할 것이며, 거기에서 칼에 맞아 죽게 할 것이다"(사 37:7)라고도 히스기야에게 말했다(왕하 17:7, 사 37:7).

대국 의존이란 군사력 의존에 다름 아니요, 그것은 신이 아닌 인간을 신뢰하는 것과 다르지 않다. 군사력에 좌우되는 국제 정세를 정면으로 직시하면서 '아시리아를 두려워하지 말라, 이집트를 의지하지 말라'고 이사야는 외쳤던 것이다. 국가를 지탱하는 것은 강력한 군사력이 아니라 야훼 하나님에 대한 조용한 신뢰이고, 그것이야말로 진정한 힘이다. 이것이 예언자 이사야의 요동하지 않는 확신이었다.[18]

(5) 미가

이사야와 동시대 남왕국 유다에서 활동한 또 한 사람의 예언자로 모레셋의 미가가 있다(미 1:1). 모레셋은 모레셋 가드라고도 불리는 유대 구릉지 쉐페라의 마을이었다.[19] 아모스와 마찬가지로 미가 역시 농촌에서 부름받아 예루살렘에서 활동한 예언자였으나, 미가서에 그 외의 정보는 전해지지 않는다.

미가가 '유업의 땅'을 탈취하는 권력가 및 재력가들을 엄하게 고발한 것은 이미 소개했다. 그는 농촌에서 유업의 땅이 탈취당해 가는 모습을 가까이에서 목격하고 농민들의 탄식을 인용하고 있다(미 2:4). 그가 쉐페라의 마을과 작은 촌락을 지명해서 재앙의 도래를 고지한 예언(미 1:10-16)은 전술한 아시리아 왕 산헤립에 의한 유다 국토 유린이 그 배경이다(왕하 18:13). 산헤립 자신이 히스기야 치하의 '46개 강력한 마을과 무수히 작은 촌락'을 공략하고 빼앗았다고 비문에 새기고 있다. 이외에 역사적 배경을 찾을 수 있는 미가의 예언은 남아 있지 않으나, 그가 사회적 불의와 부정을 규탄했음은 여러 곳에서 읽을 수 있다.

비판의 창끝은 예루살렘의 권력층과 부유층만이 아니라 종

---

18 앞의 책 《예언자의 생애》 119쪽에 의하면 이사야는 므낫세 왕 때 톱으로 잘려서 죽임을 당했다고 한다.

19 예루살렘으로부터 남서 방향으로 약 35킬로미터에 위치한 텔-엘쥬디데 유적으로 추정된다.

교 지도자들도 향하고 있었다. 조금 길지만 인용해 보자.

> 야곱 집의 지도자들아, 이스라엘 집의 지도자들아, 곧 정의를 미워
> 하고, 올바른 것을 모두 그릇되게 하는 자들아, 나의 말을 들어라.
> 너희는 백성을 죽이고서, 그 위에 시온을 세우고, 죄악으로 터를 닦
> 고서, 그 위에 예루살렘을 세웠다. 이 도성의 지도자들은 뇌물을 받
> 고서야 다스리며, 제사장들은 삯을 받고서야 율법을 가르치며, 예
> 언자들은 돈을 받고서야 계시를 밝힌다. 그러면서도, 이런 자들은
> 하나같이 주님께서 자기들과 함께 계신다고 큰소리를 친다. '주님
> 께서 우리와 함께 계시니, 우리에게 재앙이 닥치지 않는다'고 말한
> 다. 그러므로 바로 너희 때문에 시온이 밭 갈듯 뒤엎어질 것이며,
> 예루살렘이 폐허더미가 되고, 성전이 서 있는 이 산은 수풀만이 무
> 성한 언덕이 되고 말 것이다(미 3:9-12).

미가가 예루살렘 지배층의 뇌물 수수와 부정을 규탄하는 말
투는 이사야의 예언과 닮았다. 더욱이 미가는 사제와 예언자들의
타락을 비난하고 있다. 백성을 미혹하는 거짓 예언자들에 대해서
도 "예언자라는 자들이 나의 백성을 속이고 있다. 입에 먹을 것을
물려 주면 평화를 외치고, 먹을 것을 주지 아니하면 전쟁이 다가
온다고 협박한다"(미 3:5)라고 고발하고 있다. 당시 자기 배를 불리
는 사제가 있었겠고, 보수를 받고 '평화'를 고지하고 보수를 주지
않으면 사람들에게 재앙을 고지하는 거짓 예언자들도 있었겠지

만 미가는 그들을 단호하게 부정한 것이다. 인용문 최후에는 시온, 즉 예루살렘의 멸망이 고지되고 있다. 이 말은 후대까지도 사람들의 뇌리에 각인되었고, 예루살렘 신전의 파괴를 예언했던 예레미야가 재판정에 세워졌을 때 장로들은 미가의 예언을 상기시키며 예레미야에 대한 사형 판결을 멈춰 세웠다고 전해진다(렘 26:16-19).

　　마지막으로 베들레헴에서 이스라엘을 통치하는 이상적인 지배자가 나오리라는 구원 예언(미 5:1-5)을 언급하지 않으면 안 된다. 베들레헴은 다윗의 출생지이고 이상적인 지배자는 '다윗의 재래(再來)'인데, 그는 '평화'로 불리어지며 아시리아조차도 그의 통치 아래에서 양육될 것이라고 고지된다. 이 예언이 후대에 예수 그리스도의 탄생지가 베들레헴이라고 여겨지는 근거가 되었다.

(6) 예레미야

　　예레미야가 예언자로서 소명을 받고 예언 활동을 시작한 것은 요시야 왕 치세 제13년(BC 626년)이었다. 그 5년째에 개혁이 시작되었다. 그러나 요시야가 전사하면서(BC 609년) 계획은 좌절되고 말았다. 그 후 유다 왕국은 바빌론과 이집트 사이에서 요동을 친다. 최종적으로 시드기야 왕이 이집트를 두려워하여 반바빌론 정책으로 선회했기 때문에 BC 587년경 느부갓네살이 지휘하는 바빌론 군대에게 점령되어 바빌론의 속주가 되어 버렸다. 예레미야는 속주 총독 그달리야의 암살에 대한 바빌론의 보복을 두려워한 동포들에 의해 이집트로 납치되었다. 예레미야의 마지막 예언은 이집트에서 행해진 것이다.

조국이 붕괴되는 시대에 예언자로서 세워진 예레미야는 동포를 향해 대체 무엇을 말하고자 했던 것일까. 45년간에 걸친 그의 예언 활동을 상세히 살펴볼 수는 없으니 특징을 중심으로 살펴보자.

활동 초기 예레미야는 이교 숭배에 경도되는 동포들을 격한 표현으로 규탄하고, 야훼의 심판으로서 '북에서 오는 재앙'을 고지했다. 격한 표현은 백성의 이교 숭배를 다른 나라 남자들과의 '음란한 정사'에 비유하고 발정기에 들어선 암나귀에 비유하는 것 등이었다(렘 2:24-25). '북에서 오는 재앙'은 북방 지역에서의 습격을 의미하는데 어떠한 세력을 염두에 두었는가는 확언할 수 없다. 스키타이인의 기습을 상정할 수 있으나 실체는 불명확하다.[20]

예레미야는 격렬한 어조로 백성을 규탄하고 야훼의 심판을 고지하고 있으나 정작 겁을 내는 것은 다름 아닌 예언자 자신이었다. 따라서 그는 백성을 위해 중보기도를 드리고 있었다. 그러나 야훼는 그러한 기도를 들어주지 않았다. 예레미야의 예언이 동포들에게 받아들여지지 않았음은 말할 필요도 없다. 받아들여지지 않았을 뿐만 아니라 고향 사람들과 친족들은 그의 입을 막을 계획

---

[20] 헤로도토스《역사》1권 106쪽은 흑해 주변의 기마 민족인 스키타이인이 28년간 아시아를 지배했다고 기록하고 있으나 뒷받침되는 자료는 없다.

 공적 신앙의 윤리: 국가권력과 로마서 13장

을 세웠다(렘 11:21, 16:6 등). 사면초가 상황에서 그는 예언자로서의
비애를 신에게 절절히 호소했다.

주님, 주님께서 나를 속이셨으므로, 내가 주님께 속았습니다. 주님
께서는 나보다 더 강하셔서 나를 이기셨으므로, 내가 조롱거리가
되니, 사람들이 날마다 나를 조롱합니다. 내가 입을 열어 말을 할
때마다 '폭력'을 고발하고 '파멸'을 외치니, 주님의 말씀 때문에, 나
는 날마다 치욕과 모욕거리가 됩니다(렘 20:7-8).

요시야 왕의 개혁에 대한 예레미야의 입장에 관해서는 충분
한 기록이 없어 알 수가 없다. 호의적으로 지켜봤다고 말할 수도
있으나, 형식적인 개혁이라고 보고 일정한 거리를 두었을 가능성
도 있다. 어쨌든 예레미야가 활동을 재개한 것은 요시야 왕 사후
바빌론과 이집트 사이에서 풍향계처럼 이리저리 흔들리는 여호야
김 시대였다. '북에서 오는 재앙' 예언은 그 후 20년이 지나 바빌
론 침공으로 실현되었다(렘 15:9). 그는 예루살렘 신전으로 달려가,
율법을 따르지 않으면 예루살렘 신전은 실로와 같이 될 것이라고
사람들에게 경고했다(렘 26:2-6).[21] 이 때문에 그는 사형당할 뻔했는
데 이때 신전 참배자들에게 예레미야는 다음과 같은 예언을 하고

---

21   왕국 성립 전 실로의 신전은 파괴되고 '야훼의 궤'도 탈취당했다(삼상 4장). 이 궤는 다
시 이스라엘 민족에게 되돌아왔다.

있었다.

'이것이 주님의 성전이다, 주님의 성전이다, 주님의 성전이다' 하고
속이는 말을, 너희는 의지하지 말아라. 너희가, 모든 생활과 행실을
참으로 바르게 고치고, 참으로 이웃끼리 서로 정직하게 살면서, 나
그네와 고아와 과부를 억압하지 않고, 이 곳에서 죄 없는 사람을 살
해하지 않고, 다른 신들을 섬겨 스스로 재앙을 불러들이지 않으면,
내가 너희 조상에게 영원무궁하도록 준 이 땅, 바로 이 곳에서 너희
가 머물러 살도록 하겠다(렘 7:4-7).

여호야김 제4년 BC 605년은 느부갓네살이 바빌론의 왕이
되어 북시리아의 갈그미스에서 이집트 군을 격파했던 해였다. 고
대 오리엔트의 승자로서 대두된 바빌론에 대항하여 여호야김은
이집트의 후원 아래 주변 여러 나라와 군사 동맹을 체결하고자 했
다. 이에 대해 예레미야는 느부갓네살을 '나의 종'이라고 일컫는
야훼의 말씀을 전했다. 이 땅은 느부갓네살에 의해 폐허가 되고 70
년간 백성은 그에게 복종한다는 것이다(렘 25:1-29). 이듬해 겨울 예
레미야의 예언을 기록한 두루마리가 여호야김 왕 앞에서 읽혀지
자 왕은 두루마리를 찢어 화로에 던져 불살라 버렸다.

그 후 6년 뒤 예루살렘은 느부갓네살의 공습을 받았고 제
1차 바빌론 포로가 끌려갔다. 여호야김은 직전에 세상을 떠났으므
로 즉위한 지 얼마 되지 않은 젊은 여호야긴이 유족들과 함께 바빌

론으로 연행되었다.[22] 여호야긴을 대신하여 느부갓네살이 즉위시킨 시드기야는 우유부단했다. 그는 이집트의 지원을 방패 삼아 주전론을 주장한 국수주의자들의 압력을 따라 반바빌론 정책을 취했다. 그러나 이집트의 지원군은 오지 않았고 바빌론 군의 공격으로 예루살렘이 함락되면서 다윗 왕조는 멸망했다. 예레미야는 일련의 과정 속에서 일관되게 바빌론에 항복할 것을 권했기 때문에 궁정 내에 구류되어 있었다. 바빌론에 항복할 것을 권한 예레미야의 발언은 정치적 판단보다 신앙적 판단에 근거하고 있었다. 야훼는 바빌론을 사용하여 이스라엘 백성의 죄를 징벌한다고 보았던 것이다. 예루살렘 함락 후 구류에서 풀려난 그는 바빌론으로 가서 후한 대접을 받을 수도 있었으나 조국에 남을 것을 결단했다(렘 40:1-6). 이 때문에 앞서 말한 것처럼 동포들의 손에 이집트로 납치되었던 것이다.[23]

끝으로 이러한 혼미와 혼란의 시대에 예언자였던 예레미야가 실은 인간의 내면에 눈길을 주고 있었음도 놓쳐서는 안 된다. 이것은 단적으로 "예루살렘아, 네가 구원을 받으려면, 너의 마음에서 악을 씻어 버려라"(렘 4:14)를 비롯하여 '마음'이라는 단어가 예레미야서에 많이 사용되고 있음에서 알 수 있다. 내면을 응시하

---

22   바빌론 포로민의 대다수는 바빌론 동남부 100킬로미터쯤 되는 곳인 닙플 주변으로 이주당한 듯하며, 그발 강은 유프라테스 강의 지류의 하나로 보인다.

23   앞의 책 《예언자의 생애》에 의하면, 예레미야는 이집트에서 동포들의 손에 돌팔매질당하여 죽었다고 한다.

는 눈은 사물의 '양'이 아니라 '질'을 보는 눈이다. 때문에 '커다란 자'의 커다란 죄도 '작은 자'의 작은 죄도 그의 눈에는 똑같이 보였다(렘 6:13 등). 예언자 가운데 허위나 기만을 가장 혐오했던 사람도 예레미야였다. 이를 의미하는 단어의 용례도 예레미야서에 가장 눈에 띈다. 예레미야에게 있어서 '악'이란 진실을 저버린 허위를 말하는 것으로, 이것이 '마음의 악'으로 이해되었다. 그는 "만물보다 더 거짓되고 아주 썩은 것은 사람의 마음이니, 누가 그 속을 알 수 있습니까?"(렘 17:9)라고 말하고 있다.

예레미야는 '내 마음만은 깨끗하다'는 식으로 생각하지 않았다. 그는 백성의 죄를 '우리들의 죄'라고 고백하고 있다(렘 14:7 등). 예레미야서는 자신의 생각을 적나라하게 신에게 말하는 예언자의 말이 남겨져 있어 '예레미야의 고백록'이라고 불리운다.[24] 여기에는 자신의 생일을 저주하는 말, 이미 인용한 고독한 예언자의 탄식, 그를 박해했던 사람들에게 보복해 줄 것을 청원하는 말 등이 기록되어 있다. 예레미야의 마음에는 이러한 서로 모순되는 소명과 소망이 교차되고 있었던 것이다. 그렇기 때문에 그는 누구보다도 사람들의 죄가 사해지고, 율법이 마음에 기록되어 한 사람 한 사람이 마음으로부터 신과 결합되는 '새로운 계약'의 시대가 도래할 것을 소망했던 것이다(렘 31:31-34)[25].

---

24   렘 11:18-12:6, 15:10-21, 17:14-18, 18:18-23, 20:7-18.

25   기독교는 예수 그리스도에 의해 이 '새로운 계약' 예언이 성취되었다고 믿는다. 눅 20:20, 고후 3:6 등.

(7) 스바냐

스바냐서는 전체가 세 장뿐인 작은 예언서이다. 그러나 이 예언서는 참으로 당당하다. 유대와 예루살렘에 대한 심판 예언, 여러 민족에 대한 심판 예언, 여러 민족과 유대의 구원 예언이라는 3부로 전체 내용이 구성되었다. 이 점에서는 3대 예언서와 동일하다.

스바냐는 요시야 왕 시대의 예언자였다. 바알 숭배를 비롯한 이교 숭배가 비판된 것(습 1:4-6)을 보아 그의 활동 시기는 이교 제의를 국가에서 일소한 요시야 개혁 전이었다고 볼 수 있다. 예레미야 활동 초기와 겹친다. 그러나 예레미야서에 스바냐의 이름은 나오지 않는다. 스바냐에 관한 정보는 5대에 걸친 족보 외에는 없기 때문에 그 인물 자체는 어둠에 싸여 있다.

스바냐서의 특징 가운데 하나는 심판의 도래를 고지하는 '야훼의 날이 가까웠다'는 표현이다(습 1:7). '야훼의 날'은 신이 그 백성을 심판하는 때라는 의미로 아모스 이래 예언자들이 사용하여 왔으나, 스바냐는 그것을 '야훼의 커다란 날', '분노의 날', '야훼의 분노의 날' 등으로 바꾸었다.

군사 공격에 의한 예루살렘과 유대 마을의 약탈과 멸망, 나아가 국토 유린으로 심판이 묘사되고 있다(습 1:17 등). 그러나 공격해 오는 적을 구체적으로 시사하는 단어는 없고, 마치 신의 직접적 공격인 것처럼 표현된다. 심판이 내리는 이유는, 백성들의 이교 숭배와 지도자들의 불의와 부정 때문이었다. 스바냐는 백성의 지도자들을 '울부짖는 숫사자', '석양의 이리'에 비유했다.

> 주님께 순종하지도 않고, 주님의 충고도 듣지 않고, 주님을 의지하지도 않고, 하나님께 가까이 가지도 않는구나. 그 안에 있는 대신들은 으르렁거리는 사자들이다. 재판관들은 이튿날 아침까지 남기지 않고 먹어 치우는 저녁 이리 떼다. 예언자들은 거만하며 믿을 수 없는 자들이고, 제사장들은 성소나 더럽히며 율법을 범하는 자들이다(습 3:2-4).

심판 예언의 대상이 된 여러 나라들은 인근의 블레셋, 암몬, 모압 그리고 구스와 아시리아이다. 그들에게 심판이 내리는 까닭은 그들이 오만하고 야훼의 백성을 조롱했기 때문이라고 말하고 있다(습 2:10). 이와 동시에 여러 국민이 '어깨동무하고' 야훼에게 귀의하여 야훼를 섬기는 시대를 전망하는 말도 남겨져 있다(습 3:9).

야훼의 백성 회복은 '남은 자'에게 위탁된다. 파국을 견디고 살아남은 남은 자들이 백성이 회복될 기반이 된다는 사상 자체는 스바냐 이전에도 있었다.[26] 스바냐는 그것을 계승함과 동시에 야훼가 남기는 자는 학대받는 자와 힘없는 자들이고, 그들이야말로 새 시대에 새 백성의 주체가 된다고 고지했던 것이다.

---

[26] 사 28:5-6, 미 4:6-7, 렘 23:3-34 등이 대표적이다.

그러나 내가 이 도성 안에 주의 이름을 의지하는 온순하고 겸손한
사람들을 남길 것이다. 이스라엘에 살아남은 자는 나쁜 일을 하지
않고, 거짓말도 하지 않고, 간사한 혀로 입을 놀리지도 않을 것이
다. 그들이 잘 먹고 편히 쉴 것이니, 아무도 그들을 위협하지 못할
것이다(습 3:12-13).

'학대받은 힘없는 자'가 새 시대의 주체가 된다는 것이야말
로 스바냐의 예언에서 커다란 특징이다. 이것은 가난한 자, 고통받
는 자, 슬퍼하는 자가 복받는 시대가 올 것이라는 예수 그리스도의
선교로 먼 후대에 계승되었다.

(8) 에스겔

예언자 에스겔이 바빌론 포로민 사이에서 활동을 개시한 것
은 1차 바빌론 포로로부터 5년째 되던 BC 594년경이었다(겔 1:2).
그는 젊은 왕 여호야긴을 비롯한 유대 왕국의 유력자들과 함께 바
빌론으로 끌려간 포로민이었다.[27] 이 시기 본국에서는 시드기야
아래에서 대바빌론 주전론이 득세하여 포로민들 사이에서 해방의
기대가 부풀어 오르고 있었다. 사이비 예언자나 점술가들이 이것

---

27   왕하 24:14에 의하면 이때 포로로 끌려간 사람은 1만 명이었고, 렘 52:28에 의하면
3,023명이었다고 한다.

을 선동했던 것이다.

이러한 움직임을 알아차렸던 예레미야는 본국에서 포로민들에게 편지를 보내어, 포로 생활은 70년간 계속될 것이니 허황된 기대를 품지 말고 그 땅에서 집을 짓고 과일나무를 심으며 안정된 생활을 하도록 마음을 쓰라고 말했다(렘 29:1-23).[28] 포로의 땅인 바빌론에서 예언자로 소명을 받았던 에스겔도 이에 호응하여 가까운 장래에 예루살렘을 바빌론이 멸망시킬 것이라며 동포들의 허황된 기대를 깨뜨리고 있었다.

이 백성은 야훼에게 등을 돌렸기 때문에 벌을 받고 예루살렘은 멸망한다. 에스겔이 기이한 상징 행동을 통해 이 메시지를 동포들에게 깊이 각인시키고자 한 것은 앞서 소개했다. 또한 그는 모여든 유대 장로들에게 예루살렘 신전에서 행해지고 있는 기괴한 이교 제의를 상세하게 보여 줌으로써, 야훼의 예루살렘 심판이 불가피하다는 것을 이해시키고자 했다(겔 8-11장). 사랑하던 아내가 돌연 죽자 소리 내어 울지 않고 장례도 치르지 않았던 까닭은 예루살렘이 멸망해도 사람들이 친족의 죽음을 애도하는 것조차 불가능할 것이라는 상징이었다(겔 24:15-24).

에스겔은 "부모가 신 포도를 먹으면 아이들의 이도 시다"라고 말하는 동포들에게 누구든지 자신들의 죄의 결과는 자신이 짊어질 뿐 부모가 죄를 지은 결과가 자식에게 돌아가지 않는다고 가

---

[28]　실제 기간은 제1차 포로기로부터 계산하면 60년이다.

르쳤다(겔 18장). 포로 된 동포들 사이에서는 이 비참한 결과가 부모 세대의 죄 때문이라는 생각이 만연했다. 만일 이러한 생각에서 비관적인 운명론이 형성된다면 포로 이후를 전망할 수 있는 희망은 나올 수가 없었던 것이다. 에스겔은 한편 2차 바빌론 포로의 때가 다가옴을 통찰했고, 다른 한편으로는 포로 귀환 후 이스라엘의 재건을 전망했다. 그리고 이스라엘의 미래에는 스스로 지은 죄의 결과를 짊어지는 책임 있는 주체의 확립이 중요하다고 생각했다. '마음과 영을 새롭게 하여라'(겔 18:31)는 이러한 주체의 확립을 요구하는 에스겔다운 말이었다.

에스겔이 활동을 시작한 지 6년째 되던 해, 예루살렘은 함락되고 제2차 포로들이 바빌론으로 연행되었다. 그 이후 에스겔은 포로 된 동포들에게 이스라엘 재건의 희망을 말하는 예언을 선포하기 시작했다. 그가 이스라엘 재건을 확신한 것은 '해골 골짜기의 환상'으로 불리는 환상 체험이었다.

주님께서 권능으로 나를 사로잡으셨다. 주님의 영이 나를 데리고 나가서, 골짜기의 한가운데 나를 내려 놓으셨다. 그런데 그 곳에는 뼈들이 가득히 있었다. 그가 나를 데리고 그 뼈들이 널려 있는 사방으로 다니게 하셨다. 그 골짜기의 바닥에 뼈가 대단히 많았다. 보니, 그것들은 아주 말라 있었다. 그가 내게 물으셨다. "사람아, 이 뼈들이 살아날 수 있겠느냐?" 내가 대답하였다. "주 하나님, 주님께서는 아십니다." (중략) 그래서 나는 명을 받은 대로 대언하였다. 내가 대언을 할 때에 무슨 소리가 났다. 보니, 그것은 뼈들이 서로 이어지는 요란한 소리였다. 내가 바라보고 있으니, 그 뼈들 위에 힘줄이 뻗치고, 살이 오르고, 살 위로 살갗이 덮였다. 그러나 그들 속에 생기가 없었다. 그 때에 그가 내게 말씀하셨다. "사람아, 너는 생기에게 대언하여라. 생기에게 대언하여 이렇게 일러라. '나 주 하나님이 너에게 말한다. 너 생기야, 사방으로부터 불어와서 이 살해당한 사람들에게 불어서 그들이 살아나게 하여라.'" 그래서 내가 명을 받은 대로 대언하였더니, 생기가 그들 속으로 들어갔고, 그래서 그들이 곧 살아나 제 발로 일어나서 서는데, 엄청나게 큰 군대였다(겔 37:1-10).

에스겔은 이러한 환상을 통해서 이스라엘 재건을 확신하고 동포들에게 희망의 예언을 전했다. 구체적으로 그는 '다윗의 재래(再來)' 아래에서 북이스라엘과 남왕국 유다가 다시 통합될 국가를 구상했다(겔 37:5-18). 그러나 궁극적으로는 환상의 형태를 통해, 재건될 예루살렘 신전의 조감도를 상세히 그려 성전 중심의 이스라엘 국가상을 만들어 갔다(겔 40, 46장). 성전이야말로 이스라엘 백성을 살리는 생명의 원천이었다. 제사장의 아들이었던 에스겔은 그렇게 믿었던 것이다. 에스겔서는 성전을 핵으로 하여 이스라엘 열두 부족이 토지를 나누는 국가 형태를 제시하고(겔 47:13-48:29), 이스라엘의 열두 성문에 대해 말하면서(겔 48:30-35) 결론을 맺는다.[29]

바빌론을 정복한 페르시아 왕 고레스가 포로민의 귀국을 허락함으로써 귀환은 실현되었다. 포로민 다수는 고향으로 귀환하고 예루살렘 성전 재건을 도모했다. 정치적으로는 페르시아의 속주였으나 성전 제의와 모세 율법을 중심으로 한 종교 공동체로서 유대 백성의 재건이 시작된 것이다.[30] 이때 에스겔의 구상이 커다란 역할을 했음은 물론이다.

(9) 제2이사야서

이사야서는 66장으로 구성되며, 40장부터는 사상이 급격히 바뀌고, 56장부터는 다른 주제로 전환한다. 따라서 편의상 40-55장까지를 제2이사야, 55-66장까지를 제3이사야라 부르고 있다. 여기에서는 그 가운데 제2이사야의 예언 시의 특징에 대해 알아보자.

이사야서 40-55장에 수록된 예언이 바빌론 포로기 말기에 이야기되었다는 것은, BC 539년에 바빌론을 정복한 페르시아 왕 고레스에 대한 언급 등으로 알 수 있다. 그러나 이 부분을 예언한

29   이러한 전경이 신약성서 최후를 장식하는 요한계시록의 말미 21:9-22:5의 '새로운 예루살렘' 묘사에 사용되었다. 열두 부족의 열두 성문 환시는 열두 사도의 열두 문으로서, 달마다 열매를 맺는 과일나무 환시와 함께 요한계시록의 새 예루살렘 환시로 계승되고 있다.

30   이후 정치적으로는 페르시아의 속주라는 지위를 감내하지만 성전 제의와 모세 율법을 중심으로 중교 공동체로서 유대의 역사가 시작된다. 대다수 연구자들은 여기에서 유대교의 성립을 본다.

인물은 이름조차 알려져 있지 않다. 따라서 이 인물을 제2이사야로 부르겠다.

제2이사야의 일관된 메시지는 바빌론에서 벗어나는 해방이 도래한다는 것이었다. 그러나 당시 포로민 사이에서는 예루살렘 파괴와 바빌론 포로가 백성이 범한 죄 때문이라는 생각이 받아들여졌기 때문에 해방에는 죄의 면제가 전제되어 있었다. 그렇다면 포로민의 면죄를 제2이사야는 어떻게 생각했을까.

그는 야훼가 그 백성의 죄를 씻고 또 용서한다고 말하고 있으나, 가장 큰 특징은 해방을 표현할 때 '속량한다'는 동사를 많이 사용했다는 점이다. 포로 해방을 실현하는 신을 그는 '속량하는 주'라고 부르고 있다. '속량한다'는 것은 원래 희년의 율법 안에서 빚 때문에 팔지 않을 수 없었던 토지를 '다시 사서 되찾음'을, 또한 빚이 쌓여 채권자의 노예가 되었던 친족을 다시 사 오는 것을 의미하는 동사였다(레 25:23 등). 즉 이 동사를 많이 사용한 제2이사야는 백성의 죄를 '부채'로 이해했던 것이다. 그리고 희년에 모든 빚이 말소되듯 포로 된 백성의 빚이 지불되는 시대가 도래했다고 선언했다. 때는 제1차 포로로부터 60년이 지났으며, 제2차 포로로부터 50년을 맞이하고 있었다. 이 선언은 제2이사야 예언의 서두에 놓여져 있다.

너희는 위로하여라! 나의 백성을 위로하여라! 너희의 하나님께서 말씀하신다. 예루살렘 주민을 격려하고, 그들에게 일러주어라. 이

     공적 신앙의 윤리: 국가권력과 로마서 13장

제 복역 기간이 끝나고, 죄에 대한 형벌도 다 받고, 지은 죄에 비하여 갑절의 벌을 주님에게서 받았다고 외쳐라(사 40:1-2)

제2이사야 예언은 바빌론 포로의 해방이 도래하고 있음이 중심이나 이에 관련된 몇 가지 2차적 주제가 덧붙어 있다. 첫 번째는 신 야훼의 유일성 선언이다. 유대 포로민 대다수는 그들의 나라를 멸망시킨 바빌론의 신들이 이스라엘의 신 야훼보다 우월하다고 느끼고 있었음에 틀림없다. 이에 대해 이사야는 '나는 주다. 나 밖에 다른 이가 없다. 나 밖에 다른 신은 없다'(사 45:5)라는 유일신 선언을 동포에게 전하고(사 45:5), 역으로 인간의 손으로 만든 우상은 신일 수 없으며, 바빌론의 주신 벨이나 느보도 우상에 불과하다고 단언한다.

제2이사야는 바빌론과 같은 강대국의 신이 아니라 인간의 눈에 보이지 않는 이스라엘의 신 야훼야말로 만물의 창조주이며 인간의 역사를 주관하는 유일무이한 신이라고 단언하고 있다. 절대자 야훼의 유일 신성을 이와 같이 웅혼하게 노래한 예언 시는 이 외에 달리 없다. 고대 이스라엘 종교사에서 유일신관은 제2이사야에서 명확하게 자각되었다고 말할 수 있을 것이다. 구약성서 안에 유일신관이 명시된 구절이 또 하나 있다. 신명기 4장 32-35절이다. 신명기법 도입부에 해당하는 이 부분은 아마도 제2이사야의 영향을 받았을 것이다.

또한 제2이사야에는 '고난의 종의 노래'로 불리는 예언 시가 네 개 수록되어 있다. 이 가운데에서도 네 번째 예언 시의 내용은 대단히 인상 깊어 이 '종'을 둘러싼 여러 논의가 전개되어 왔다.

(10) 학개·스가랴

페르시아 왕 고레스가 바빌론을 정복하고 바빌론 포로민에게 고국 귀환을 허가한 것은 BC 539년이었다. 유대 포로민은 느부갓네살이 예루살렘 신전에서 탈취한 제구들을 들고 귀환했다(슥 1:2-11). 귀환한 그들이 가장 먼저 성전 재건 사업에 착수하자, 지난날의 성전을 본 적이 있던 늙은 사제, 레위인, 각 부족의 장들이 큰 소리로 울었다고 에스라서는 말하고 있다(라 3:12).

성전 재건은 주위 민족들의 방해도 있어 순조롭게 진행되지 않았다. 공사가 본격적으로 재개된 것은 다리우스 왕 치세 2년인 BC 520년 때였다. 그때 학개와 스가랴라는 두 예언자가 백성을 고무시키고, 스룹바벨과 사제 여호수아의 지휘 아래 공사가 진전되었다. 다리우스 왕 6년 말(BC 515년 3월)에 성전은 완공되었다. 그런데 성전 재건 개시로부터 완성까지 약 4년의 시간은 어둠에 덮여 있다. 성전이 완성되어 이를 봉헌하는 축제 기사에 공사 재개에 커다란 역할을 담당했던 스룹바벨과 여호수아가 등장하지 않는 것이다. 두 예언자의 말을 수록한 학개와 스가랴서 1-8장이 그 수수께끼를 더욱 심화시키고 있다.

학개서 전 2장은 다리우스 왕 2년 제6월과 제7월, 제9월에

행한 예언자의 말로 구성되어 있다. 이에 의하면 스룹바벨은 페르시아 본국에서 임명된 속주 유대의 총독이고, 여호수아는 대제사장이었다(학 1:1 등). 학개의 예언은 첫째, 유대 백성과 두 지도자를 고무하여 성전 재건을 시작하게 만들었다. 둘째, 스룹바벨과 여호수아를 격려하여 재건된 성전이 영광으로 충만하고 평화가 있으리라고 약속하고 있다(학 2:1-9). 셋째, 제사장들에게 몸을 청결히 하고 제물을 정결하게 보존할 것을 요청하고 있다(학 2:19). 마지막으로 학개는 야훼에 의해 나라들이 멸망하고 스룹바벨이 선택되었다고 총독 스룹바벨에게 고지하도록 명령받고 있다(학 2:20-23). 그런데 스룹바벨의 이후 소식은 기록되어 있지 않다.

학개서와 마찬가지로 다리우스 왕 2년과 4년의 날짜가 보여지는 스가랴서 1-4장에 스가랴가 본 여덟 환상과 그 해석이 기록되어 있다. 그 환상에는 땅을 돌아다니는 머리가 넷 달린 말, 네 개의 뿔, 연한 가지, 금 촛대와 올리브나무, 하늘을 나는 두루마리, 하늘을 나는 여인, 네 바퀴의 전차 등이 나타난다. 이에 의해 지상의 사악한 세력이 제거되고 예루살렘 재건과 국가 재흥이 고지되고 있다. 그중에서도 금 촛대와 그 좌우에 있는 두 올리브나무는 야훼를 중심으로 두 메시아(기름 부어진 자)가 다스리는 국가 재흥의 상징이었다. '두 메시아'가 스룹바벨과 여호수아를 시사하고 있음은 두말할 나위가 없다. 더욱이 "큰 산아, 네가 무엇이냐? 스룹바벨 앞에서는 평지일 뿐이다"(슥 4:7), "스룹바벨이 이 성전의 기초를 놓았으니, 그가 이 일을 마칠 것이다"(슥 4:9)라고까지 말하고 있다. 그런데 환상의 기사에 이어 나오는 개관식의 장면에는 왕관을 받아야 할 스룹바벨의 모습이 보이지 않는다(슥 6:9-15). 예루살렘 재건과 남북 통일 왕국의 재흥을 고지하는 예언에도 스룹바벨에 대한 언급은 없다.

총독 스룹바벨에게 도대체 무슨 일이 일어난 것일까? 스룹바벨이라는 이름은 '바벨=바빌론의 자손'이라는 의미이나 그는 사실 다윗의 후예일 가능성이 크다.[31] 그렇다면 예루살렘으로 귀환했던 백성 사이에 스룹바벨을 옹립하여 다윗 왕조를 재건하려는 기운이 고조되었다 해도 이상한 일은 아닐 것이다. 그러나 페르시아 제국은 그러한 움직임을 속주가 독립하려는 것으로 간주했기 때문에 그것이 운동으로 발전했다면 탄압했음에 틀림없다. 페르시아 제국으로부터 파견된 스룹바벨은 어떤 식으로든 책임을 지지 않았을까. 대담하게 해볼 수 있는 추측이다. 어쨌든 두 예언자가 기대를 건 스룹바벨의 실각은 성전 재건 시기의 큰 수수께끼이다. 스가랴서 후반부에는 이를 대신하는 예언이 수록되어 있다.

도성 시온아, 크게 기뻐하여라. 도성 예루살렘아, 환성을 올려라.
네 왕이 네게로 오신다. 그는 공의로우신 왕, 구원을 베푸시는 왕이시다. 그는 온순하셔서, 나귀 곧 나귀 새끼인 어린 나귀를 타고 오

---

[31] 학 1:1에서는 '스알디엘의 아들'이라고 기록하고, 대상 3:17-19은 어려서 바빌론 포로로 끌려간 '스알디엘의 손자'이자 '여호야긴의 증손자'로 다윗 왕가와 연결시키고 있다. 마 1:12에서는 스알디엘의 손자로서 예수 그리스도의 족보에 위치시키고 있다.

신다. 내가 에브라임에서 병거를 없애고, 예루살렘에서 군마를 없
애며, 전쟁할 때에 쓰는 활도 꺾으려 한다. 그 왕은 이방 민족들에
게 평화를 선포할 것이며, 그의 다스림이 이 바다에서 저 바다까지,
유프라테스 강에서 땅 끝까지 이를 것이다(슥 9:9-10).

스룹바벨을 대신하여 '평화의 왕'이 올 것을 고지하는 예언
이다. 그 왕은 전장을 누비는 말이 아니라 일상적으로 타고 다니는
나귀, 그것도 새끼 나귀를 타고 온다. 예수 그리스도는 새끼 나귀
를 타고 예루살렘에 입성했다.

(11) 제2성전 시대의 예언서

BC 515년 3월, 예루살렘 성전은 재건되었다. 이스라엘 백성
은 페르시아의 속주 지위를 감수하면서, 성전 제의와 모세 율법을
중심으로 한 종교 공동체로 재출발한 것이다. 이후 예루살렘 성전
이 파괴되는 AD 70년까지를 '제2성전 시대'라고 부른다. 이 시기
성전 제의는 대제사장을 정점으로 하는 제사장 층에게, 노래나 성
전 관리는 하급 사제인 레위인에게 맡겨졌다. 제사장과 레위인은
종교적인 부정을 피하고 그들 자신과 성전이 더럽혀지지 않도록
보전하지 않으면 안 되었다. 유다 백성에게도 스스로 정결하게 지
키고 모세 율법을 준수할 의무가 지워졌다. 특히 스스로를 '선민'
으로서 다른 민족과 구별하기 위해 중시한 율법 규정에는 할례와

안식일 그리고 음식 규정이 포함되어 있었다. 오늘날에도 할례는 유대인 사회에서 지켜지고 있으며 안식일과 음식 규정도 경건한 유대인들은 준수하고 있다.

예언서에는 페르시아 시대의 예언들이 수록되어 있다. 제3 이사야(이사야서 56-66장), 요엘서, 제2스가랴(슥 9-14장), 말라기서 등 이다. 이들을 남긴 예언자들은 개인 정보도 없고 엄밀한 시대 측정도 불가능하다. 그러나 제2성전 시대 유대 사회의 다양한 문제가 여기에 드러나 있다.

왕국 시대 예언자들과 마찬가지로 이 시대 예언자들 역시 가난한 동포를 보호할 것을 호소했음은 말할 것도 없다. 그들은 임금 노동자, 과부와 고아, 이방인을 억압하는 사람들을 고발하고(말 3:5), 제3이사야서에는 단식하고 기도할 것이 아니라 굶주리고 빈궁에 처한 사람을 돌보라는 권고도 보인다(사 58:6-7). 이 시기 제3이사야는 "주님께서 나에게 기름을 부으시니, 주 하나님의 영이 나에게 임하셨다. 주님께서 나를 보내셔서, 가난한 사람들에게 기쁜 소식을 전하고, 상한 마음을 싸매어 주고, 포로에게 자유를 선포하고, 갇힌 사람에게 석방을 선언"(사 61:1)하기 위해 신으로부터 파견되었다고 하는데, 이 예언은 다른 예언과 함께 이후 예수 그리스도와 결합된다(마 11:5).

종교 영역에서는 지속되는 이교 숭배와 부정한 제물을 바치는 제사장들의 부적절한 행위에 대한 비판이 계속되고 있었다(말 1:7-8 등). 이 시기에 유대가 페르시아 제국의 속주였다 해도 여전히 주변 민족과 긴장 관계는 끊이지 않았다. 예언서에는 아람, 두로와 블레셋 등과의 항쟁이 시사되고 있다(율 3:4, 슥 9:1-3). 이에 대해 제2성전 시대 예언자들도 야훼의 이방 민족 격파와 제압을 예언하는 한편, 모든 민족이 야훼에게 귀의하여 예루살렘을 순례할 시대가 도래하리라 송축하고 있다.[32] 그러나 이스라엘인과 이방인을 분리하는 경향을 강화시킨 이 시대에, 이방인이나 환관이라도 안식일을 비롯하여 계약에 근거한 야훼의 율법을 지킨다면 야훼의 백성이 될 수 있다는 탈이스라엘 민족 중심주의 예언도 남겨졌다(사 57:1-8). 이것은 이스라엘 민족 중심의 율법에 대한 도전이기도 했다.

제3이사야는 지상의 모든 민족이 마지막으로 야훼에게 귀의하여 야훼의 완전한 온 세상의 다스림이 도래함을 '새 하늘과 새 땅의 창조'로 묘사하고 있다(사 65:17-20). 이 예언은 성전에서 솟아나는 생명나무 묘사와 함께 후대에 이 세상의 종말 후에 도래하는 '새 하늘과 새 땅'으로 귀결되어 신약성서의 말미를 장식하게 되었다(계 21:1).

---

32   이스라엘 중심주의에 대해 예외적인 것은 사 19:19-25이다. 여기에서는 이집트에 야훼의 제단이 만들어지고, 이스라엘은 야훼의 축복 속에서 이집트와 아시리아와 함께 세상에 복을 주는 나라가 될 것이라 한다. 이미 예언자 아모스가 이스라엘을 구스(리비아, 에티오피아), 블레셋, 아람 등과 동열로 놓고 상대화하고 있다(암 9:7-8).

(12) 결론을 대신하여

이스라엘의 예언자들은 단순히 듣고 전하는 자가 아니었다. 그들은 피조물을 사랑하는 하나님 그리고 그들의 배신에 아파하며 돌아오기를 호소하는 하나님의 사랑과 아픔에 공감하며 참여하는 자들이었다. 하늘과 땅을 지으신 분이 무명의 한 인간이 과부와 고아를 어떻게 대하는지 깊은 관심을 기울인다는 것은 우리를 어리둥절하게 만들 뿐 아니라 그 어떤 합리적인 신(神) 이해와도 양립하기 어렵다. 그러한 신이 자기 백성에게 그토록 저자세로 회개를 호소한다는 것은 창조주인 신의 입장에서 엄청난 역설이다. 예언자들은 자신의 명료한 의식과 의지를 잃지 않고 신의 사랑과 아픔이라는 파토스(Pathos)에 공감하고 응답한 자들이었다.[33] 그들은 하나님의 진리가 계시되는 곳이 역사라고 주장한 자들이었다. 언어가 하나님의 계시를 담는 그릇이듯이 역사는 그분의 행동이 계시되는 장소요 인간이 하나님의 뜻에 응답하는 장소라는 것이다. 그들은 역사 안에서 '권력의 무력함'을 최초로 선명하게 주장한 자들이었다. 그리고 '권력의 무력함'이라는 진리를 집요하고도 끈질기게 거절하는 인간들 때문에 겪는 신의 아픔을 보여 준 사람들이었다.[34]

---

33 아브라함 요수아 헤셸, 이현주 역, 《예언자들》, 삼인, 2023, 347쪽.

34 앞의 책, 265–276쪽.

한편 막스 베버는 종교 지도자의 유형을 두 가지로 대별하면서 제사장적 유형과 예언자적 유형을 대치시킨다. 그는 제사장적 종교 지도자는 인간에게 충분한 안전과 확신을 주는 초월자와의 관계를 촉진시킨다고 보았다. 이 지도자는 인간의 운명에 대해 초월자에게 기원함으로써 신자에게 존재의 근원에서 오는 지지와 위로, 자신을 둘러싼 상황과의 화해를 가능하게 만든다. 또한 기존의 사회적 가치 규범을 성화시키고 사회의 분배 양식을 합법화함으로써 사회적 안정과 질서 유지를 도모하고 현상 유지에 공헌한다.

이에 반해 예언자적 지도자는 기존 사회의 제도화된 가치 규범의 진위를 면밀하게 살피고 거기에서 간과된 점을 찾아내어, 가치 기준을 재설정하고 종교 윤리를 새롭게 체계화하는 역할을 담당한다. 기독교 사회 윤리의 본령은 교회라는 전통적인 종교 조직의 구성원으로서 기존의 세계관이나 제도를 유지하는 데 직접적 관심을 가지는 제사장적 면모보다는 예언자적 면모에 있다 하겠다.[35]

철학자 카를 야스퍼스(Karl Jaspers)는 BC 8세기에서 BC 2세기를 인류 역사의 정신적 원형이 형성되는 차축(車軸) 시대라고 명명했다.[36] 동북아에서 공자, 맹자, 노자, 장자가, 그리스에서는 소

---

35   安藤英治,《ヴェーバー宗教社会論集》, 東京: 河出出版社, 1988 참조.

36   카를 야스퍼스, 한충수 역,《철학적 생각을 배우는 작은 수업》, 이학사, 2020, 38쪽.

크라테스, 플라톤 등이, 이스라엘에서는 아모스, 예레미야, 이사야 등이 활동했던 시기였기 때문이다. 이렇게 동서양은 같은 시대에 철학자와 학자 그리고 저명한 정치가와 군사적 영웅들을 내놓았다. 그러나 예언자를 내놓은 곳은 고대 이스라엘이 유일하다.[37] 창조주이면서도 피조물의 운명과 역사에 관심을 기울이고 영원자이면서도 시간 속에서 일어나는 일을 돌보며 역사를 구원으로 이끌어 가는 절대자의 뜻과 정념(Pathos)을 계시한 자들인 예언자들의 존재는 참으로 독특하다.

---

[37] 아브라함 요수아 헤셸, 앞의 책, 27쪽.

3장

종교개혁과 무교회주의

1. 김교신과 종교개혁 그리고 무교회

김교신의 무교회주의는 오늘날도 그렇지만 당시에는 더더욱 오해를 불러일으킨 개념이었다. 그것은 교회를 반대하고 교회를 없애자는 주장으로 이해되기 쉬웠던 것이다. 즉 그것이 기독교 전체를 관통하는 어떤 정신인지 혹은 교회론과 관련된 새로운 조직론인지를 두고 많은 오해가 있었던 것이다. 김교신은 자신의 무교회주의는 기독교 정신과 관련되며, 스승 우치무라가 밝힌 것처럼 루터의 종교개혁 정신을 계승하고 그것을 더 철저히 한 것이라고 주장했다. 이하에서는 그의 글, "단독", "예수 그리스도를 전하라", "나의 무교회", "무교회 간판 취하(取下)의 의(議)", "우리의 무교회", "나는 무교회주의자이다"를 읽으며 종교개혁과 무교회 문제를 숙고해 보자.

단독(1934년 7월, 66호)

… 다섯 살 되는 소녀가 사람마다 일생에 한 번씩 당하는 홍역에 걸려, 일주일째부터 열은 더해 40도를 오르내리고, 맥박은 불규칙하게 120, 130을 뛰고, 숨소리 높은 데다가 기침까지 토해 내는 광경은 부모 된 자가 차마 보고 앉아 있을 수 없다. 의사의 지시대로 할 수 있는 도움은 다 하고자 하나 얼음주머니를 머리에 대 주는 일과, 체온과 맥박을 기입하는 일 외에는 숨 한 번 늦추어 줄 수도 없고, 기침 한 번 대신하여 줄 수도 없다. 아이의 신체는 불덩이같이 되어 순간순간 격전 또 격전인데, '속수무책'이라고 한들 이렇게 속수무책일 데가 어디 있으랴?

그러나 사람이란 사람마다 일생에 몇 번씩은 이러한 난관, 단독으로 싸워야만 하는 난관을 통과하고 살도록 프로그램을 작정하신 이의 성의(聖意)에 생각이 미칠 때, 우리의 무능과 초조를 회한(悔恨)하기보다 인생의 고귀성과 엄숙함과 하나님의 지극하신 사랑의 보좌 앞에 아기의 베갯머리를 지키면서 우리는 속살거렸다. "싸워라, 아가야 홀로 싸워라, 너는 다시없는 인생인 까닭이다. 주여! 당신은 크도소이다. 진정이로소이다. 어리고 약한 자도 각기 단독으로만 싸우게 하셨사오니, 당신은 받으소서 감사와 찬송을"이라고. 주 그리스도가 40일 낮과 밤을 광야에서 시험받았을 때에 단독이었고, 그 십자가가 또한 단독이었다. 단독은 원하고 싶은 것이 아니나 인생에 단독은 불가피한 것인 듯하며, 또한 인생에 가장 고귀한

　공적 신앙의 윤리: 국가권력과 로마서 13장

것은 단독으로 당하는 일에서만 얻을 수 있는 듯하다. 우리가 병환으로 인하여 친족에게 버림받고, 가난 때문에 오랜 벗을 잃고, 불리한 사업을 협력자들이 흩어졌을 때에 그 자리가 아니고는 받을 수 없는 진리의 잔이 넘침을 본다. 그리하여 나중에 심판의 자리에서도 통역 없이, 변호사 없이 오직 중보자(仲保者)이신 예수와 함께 단독으로 서리라.

예수 그리스도를 전하라(1936년 8월, 91호)

우리는 학문적으로 제7일 안식교회가 참기독교회인지 아닌지를 연구해 본 일이 없다. 다만 저들의 집회에 참석하여서 기이한 감에 못 견디는 것은 저들도 기독교도라고 자칭(自稱)할 뿐더러 장로교보다도 감리교보다도 가장 정통 신앙을 가졌노라, 가장 정당한 성서 해석을 하노라고 장담하는데, 저들은 아침이나 저녁이나 밤에나 낮에나 설교도 '안식일'이요, 연설도 '안식일'이요, 구도자에게도 '안식일'부터 설명이오, 수십 년 다니는 자기 교회원에게도 '안식일'로써 단속한다. 안식일론은 주 예수의 "안식일은 사람을 위하여 있는 것이요 사람이 안식일을 위하여 있는 것이 아니니, 이러므로 인자는 또한 안식일의 주인이 되느니라"는 말씀으로써 이미 결론된 줄 알았더니, 저들은 제자가 스승보다 나아서 안식일에 관하여는 주 그리스도의 설을 보충전개하지 않고는 '안식'하지 못한다. 고로 주 그리스도를 사모하나 안식일을 사모할 줄 모르는 우리는 저들의 회합에 흥미를 가질 수 없다.

'성결'(聖潔)이라는 것이 기독교의 큰 요소의 하나인 데 이의가 없을 것이나, 성결에 이르는 특별한 첩경(捷徑)이나 있다는 듯이, 성결의 일수 판매권이나 장악한 듯이, 새벽 기도회에도 '성결'이요, 저녁 사경회에도 '성결'이요, 평신도들에게도 '성결'을 종용하며, 교역자에게도 '성결'을 자부하게 함은 도리어 치우치게 함이요 병되게 함이 된다. 그리스도가 나타나는 곳에 성결이 따르나니 성결교회에서 주 그리스도를 고창(高唱)한다면 누가 성결교인이 되기를 꺼려하랴.

교회 조직이니 하는 것이 필요하다고 가정하라. 오늘 조선의 큰 교파들처럼 제직회(諸職會)와 당회(當會)로부터 연회, 총회에 이르기까지 밤낮 조직이니 헌법이니 십일조니 하여 보라. 신자에게 남는 유익이 무엇인가. 고로 주일과 수요예배에서도 예수를 역설하며, 연회와 총회에서도 그리스도를 전하며 나타내는 일을 주로 하고, 다른 사무처리를 부업적으로 하라. 장·감교인도 예수를 고창하며 성결교, 안식교인도 그리스도를 주역으로 하라. 그리하면 우리도 각파의 차이를 양보하면서 장로교인도 되고 안식교인도 되리라. 너나없이 예수 그리스도를 뚜렷하게 전하라. 그 일이 기독교의 알파요, 오메가니라.

나의 무교회(1936년 9월, 92호)

어떤 사람이 와서 나에게 권유하길, "우치무라 간조[內村鑑三] 씨의 무교회주의는 그 시대와 사회에 대한 일시적 필요로 생겨난 것이지 결코 영존성을 가진 것이 아니다. 그러니 너는 하루바삐 우리 교회에 참가하라"고. 또 말하길, "우치무라 씨는 영웅이었다. 그런 영웅적 기백을 가진 자가 무교회주의를 제창할 때는 얼마쯤 효과도 있었지마는… 너는 어서 우리 교회에 협력하라"고. 다른 이는 시사하되, "무교회주의란 것은 교회를 맹렬히 공격하는 것이 그 본연의 사명이다. 너도 좀 더 적극적으로 기성 교회를 폭격하든지 그렇지 않거든 어서 우리와 협조하여 교회사업을 하자"고. 또는 "우치무라 씨가 살아 있을 때에는 무교회주의도 성할 듯하더니 그의 별세 후로는 그 제자들은 부진함에 반해, 교회 측의 신학연구가 대성황이어서 소장학자들도 교회 측에 오히려 많더라. … 너도 어서 교회인이 되라"고. 그 밖에도 성심껏 하는 충고가 부지기수.

이런 친구에게 제일 먼저 요구하는 것은 '나는 나'라는 것을 인식하라는 것이다. 나는 물론 우치무라 간조가 아니다. 영웅이 못 되어도 '나는 나'다. 신학의 학설이 변해도 '나는 나'다. 선생이 이랬으니 너도 이래야 쓴다는 논법은 나에게 권위를 가지지 못 한다. 이제 우치무라 간조의 전집 20권을 펼쳐 놓고 항(項)마다 고증하기도 성가신 일이요, 해 봤자 우리 영혼에 별 수 없는 짓이다. 고로 무교회를 따지든지, 신앙을 말하든지 먼저 '나는 나'라는 것을 분명히 인식하고서 할 일이다.

첫째로 우리에게 무교회주의를 논하는 사람 가운데 우리가 우치무라 선생에게 무교회주의를 전공한 사람인 줄로 아는 이도 있으나 이는 대단한 오해다. 근래에 공산당 러시아에서 훈련을 받은 청년들이 그 주의를 선전할 사명을 띠고 국경을 넘거나, 혹은 군관학교에서 교육받은 청년들이 침입하여 모종의 운동에 헌신한다는 보도에 놀란 경험을 가진 인사들은 우리의 무교회도 곧 그렇게 추리하고 만다. 그러나 우리가 10년에 걸쳐 우치무라 선생에게 배운 것은 무교회주의가 아니요 '성경'이었다. '복음'이었다. 설령 우치무라 선생의 내심에는 무교회주의란 것을 건설하며 고취하려는 심산이 있었다 할지라도 내가 배운 것은 무교회주의가 아니요, **성서의 진리**였다. 고로 무교회주의에 관한 왈가왈부의 변론을 당할 때 우리는 대개 유구무언하니, 우리가 전공한 분야가 아닌데, 저편에서는 훨씬 열정적으로 공구(攻究)한 주제인 듯이 보이기 때문이다.

다음에 무교회주의는 기성교회를 공격하는 것이 본연의 사명이라고 하나, 나의 무교회는 결코 그렇지 않다. 요즈음 조선 기독교계의 쌍벽이라고 할 만한 장로교와 감리교는 적극단(積極團) 문제가 생긴 이래로 자멸을 목표로 분쟁 또 분쟁이요, 그 다음 가는 성결교는 성결치 못한 문제로 탈퇴 성명과 법정 고발로써 이 역시 자멸할 때까지 서로 치고 받을 것이다. 무슨 독심(毒心)으로써 이에 일격을 가하랴. 교회 안에 경애할 만한 성도가 존재하는 것을 부인함이 아니나 교회 전체로써 볼 때에 그 정리(整理)와 부흥에 희망을 두지 못함은 오늘날의 교회 내의 두령들의 심리와 일반이다. 그러므로 교회 개혁 운운의 일절의 생각을 염두에 두지 않고 오직 성서의 진리를 배우며 자신을 채찍질하여서 그리스도의 발자취를 따르려 하는 것이 우리의 일이다. 이래도 무교회주의라고 부르고 싶거든 부르라.

무교회 간판 취하(取下)의 의(議, 1937년 5월, 100호)

우리는 과거에 무교회인으로 행세하였던 것처럼 장래에도 무교회인이라는 별명으로써 신앙의 길을 시종할 것을 예상하며 또 기원한다. 그럼에도 불구하고 우리는 근일에 본산지의 무교회인들을 향하여 무교회의 간판을 내리자고 제의하였다. 그 이유는 이러하다(이를 읽는 이는 본지 4월 호에 광고했던 일본 도쿄 야마모토 타이지로山本泰次郎 주필 〈성서강의〉지 5월 호에 실린 졸고를 함께 읽으라).

'무교회'라는 데 대한 오해가 깊고 딴딴하여서 용이하게 본연의 뜻대로 통용되기 어려운 것이 그 이유의 하나이다. '교회와의 대립 항쟁에만 그 존립 이유가 있다'는 듯이 생각함은 무교회를 고의로 훼방하려는 자만 아니라 무교회를 이해하지 못하는 천박한 일반 민중이 그렇게 납득하여 버렸다. 기독교의 제1 대지(大旨)는 하나님과 사람의 화평을 도모하는 동시에 사람과 사람의 린애(隣愛: 이웃 사랑)를 중히 여기는 것은 너무나 명백한 일이다. 예수를 믿지 않는다면 모르거니와 예수 믿기를 원하는 자가 어찌면 '대립항쟁에만 존재 이유가 있다'는 일을 평생의 사명으로 알고 짊어질 수 있으랴. 이렇게 사람을 곡해하는 자의 심지에는 크게 왜곡(歪曲)한 무엇이 잠재되어 있다고 자증(自證)하는 것밖에 아무것도 아니다.

교회 만능을 주창하는 자, 교회 밖에 구원이 없다고 단언하는 자, 즉 '교회주의자'에 대해 '교회 밖에도 구원이 있다'고 프로테스트한 것, 구원은 교회 소속 여부의 문제가 아니라 신앙의 문제라고 정정한 것이 루터의 프로테스탄트주의요, 또한 우치무라 간조 선생의 무교회주의이다. 고로 로마 천주교회가 교회주의에 타락하지 않았더라면 루터의 프로테스탄티즘이 생길 필요가 없었고, 개신교교회가 교회지상주의로 기형화하지 않았더라면 무교회주의가 생길 필요가 없었다. 무교회주의는 일명 '전적(全的) 기독교'이다. 그 증거로는 우치무라 선생과 그 밖의 무교회인의 저서가 순진한 평신도와 조선 기독교회 교역자들에게까지 좋은 영량(靈糧)이 되는 일로써 알 수 있고, 순(純)조선산 예수쟁이의 선배가 동시에 순조선산 무교회주의자인 것으로써 증명된다. 예(例) 하면 평북교회의 초석이라는 칭송을 받는 강제건(姜濟建) 선생 같은 이를 보라.

무교회인이 대립 항쟁하는 대상이 하나 있다. 그는 '무릇 진리를 거스리는 자를 향하여 선전 포고하는 일'이니, 그 대상자는 시대와 장소를 따라 변한다. 오늘날 우리 기독교도의 앞에 진리를 거역하는 구실을 맡고 대립할 자는 심히 강대한 괴물이다. 여호와를 경배하면서 가이사의 것은 가이사에게 주되 하나님의 것은 하나님 아버지께만 바치고자 하는 무리는 모조리 교회의 안에 있거나 밖에 있거나 힘을 다하여 싸워야 할 시대를 당하였다. 순교의 피를 뿌려야만 진리의 종교를 판별하게 된 세태이다. 이런 세대인 고로 구원이 교회 안에 있다, 밖에 있다 하는 논쟁에는 우리는 흥미를 잃었다. 그리스도를 위하여 박해를 감당하는 자, 그대의 무덤을 우리가 예비하고자 하거니와 또한 우리 시체가 보이거든 그대가 취심(就心)하라.

우리의 무교회(1937년 6월, 101호)

무교회주의자의 선각자로 세상이 인정할뿐더러 필경 자신으로도 매우 확신을 가진 이가 "무교회주의란 교회와의 대립 항쟁에만 그 존재 이유가 있는 것이라"고 단언하였을 때에, 우리는 "결코 그렇지 않다. 무교회주의란 그런 천박한 것이 아니요, 그런 소극적인 것이 아니라"고 선명(宣明)하는 동시에 논자의 그 무지함을 냉소하여 마지못하였다.

이러한 광경을 방관하는 비(非) '무교회자' ─교회 신도와 그 밖의─ 들도 과연 무교회주의의 본체가 어느 것인지 의아함을 불금(不禁)하였을 터이지마는, 또한 자칭 무교회주의자 또는 무교회 찬동자 중에도 우리가 주창하는 참무교회론에 놀란 이가 없지 않았을 것이다. 이러한 성심(誠心)으로 진리를 탐구하려는 이들을 위하여, 또한 우리의 소론(所論)의 책임을 다하기 위하여 순수한 무교회 신자인 일본 야마모토 타지로〔山本泰郎〕씨의 의견을 역재(譯載)하기로 한다.

"나의 무교회주의란 것은 극히 광의로, 또 정신적으로 해(解)한다. 구신약성서를 관철한 정신, 그리스도, 바울, 루터의 정신, 기독교의 정신, 과연 우주에 **방박(磅礴)한** 정기(正氣)라고 해한다. 나에게 무교회주의란 것은 진정한 기독교를 의미하는 것이요. 무교회주의자란 것은 진정한 그리스천을 의미하는 것이다. 교회의 유무, 세례의 유무 등은 하등 관계없다. 무교회주의 곧 복음, 무교회주의자 곧 신자이다. 나의 무교회주의란 이런 것이요, 이 무교회주의야말로 내가 우치무라 선생께 배운 바 최선, 최미, 최고의 것이요. 이 의미에서 '무교회주의 곧 간조·우치무라'라고 확신한다. 아니 이것이야말로 그리스도 자신의 정신이라고 확신한다. 나의 무교회주의는 결코 이 이하의 것은 아니다.

그런 광의의, 망막한 무교회주의는 무교회주의가 아니라고 말하는 이가 있을 것이다. 그러나 무교회주의란 결단코 교회를 타파하며, 교회와 대립 항쟁하는 일 같은 것을 사명으로 하는 것은 아니다. 하물며 구원은 교회의 밖에 있다고 주장하는 것 같은 소극 저열한 것이 아니다. **'구원은 그리스도에게 있다'는 것을 명백히 하는 것이 무교회주의의 사명이다.** 이 복음을 명백히 하는 결과, 자연히 할례와 교회와 성직이 무용하게 되는 것이지, 그 타도와 해소를 목적하는 것은 아니다. 그는 본말전도요, 최대의 곡해다. 무교회주의는 환언하면 그리스도의 정신이요, 세인이 생각하는 이상 훨씬 적극적이요, 고귀 심원한 정신이다. 이는 기독교라고 부르는 이외의 적당한 칭호가 없다"(〈성서강의〉 5월 호에서).

이것이 본산지의 무교회주의이요, 또한 우리의 무교회주의이다. "무교회주의란 것은 교회와의 대립 항쟁에만 그 존재 이유가 있는 것이라"는 말은 인류가 발한 언사 중에 가장 무지한 고백이요, 가장 당돌한 선언이요, 가장 무책임한 고집이다.

나는 무교회주의자이다(1941년 8월, 144호)

무교회주의의 경기가 좋아서 저마다 무교회, 무교회 하던 시대에는 우리는 '무교회 간판 취하(取下)의 의(議)'라는 글을 발표한 일이 있었다(본지 제100호). 그러나 요새 와서는 우리는 무교회주의자인 것을 다시 선명히 할 필요가 절실히 느낀다. 그것은 무교회주의의 시세가 불리하여 그 지도자로 자처하던 이들까지 '교회 밖에 구원이 없다'고 전향하듯 또는 이에 근사한 태도를 취하는 까닭이다.

2. 제2의 종교개혁

김교신은 우치무라의 무교회주의는 루터의 종교개혁 정신, 즉 오직 구원은 그리스도 안에 있으며 따라서 교회는 구원을 관리하는 기관이어서는 안 된다는 것을 분명히 하는 것이라 이해했다. 또한 그는 개신교란 한 사람 한 사람이 직접 그리스도를 만나 자기의 삶을 형성해 가는 것으로, 신앙의 주체는 단독자로서의 신자 개개인이라고 보았다. 그리고 그가 그리스도와의 일치를 증거하는 자리는 교회 안이 아니라, 나날의 평범한 삶, 즉 정치·사회라는 공공적 영역을 포함한 '일상성' 안에서라는 것이 무교회주의의 핵심적 주장이라고 이해했다. 이것은 앞에서 살펴본 대로 '복음과 예언의 공속성'이라는 그의 사상과도 맞닿아 있다. 결국 김교신은 우치무라의 무교회주의를 '복음과 예언의 공속성' 그리고 루터의 종교개혁 정신이라는 두 사상의 연원에서 오는 자연스러운 귀결이라고 본 것이다. 즉 그의 무교회주의는 기독교 신앙의 '전제'가 아니라 '결론'이었다. 그렇다면 무교회주의를 제창한 우치무라는 루터의 종교개혁을 어떻게 이해했는가, 일본 무교회와 그 현황은 어떠한가를 고찰해 보자.

3. 우치무라 간조의 루터 이해와 그 비판적 계승 양식[1]

1) 문제의 소재

1517년 10월 31일 루터는 유명한 '95개조 테제'를 제출함으로써 종교개혁의 불을 붙였다. 점화된 개혁의 불꽃은 전 독일을 뒤덮었고 얼마 되지 않아 유럽 전체를 휩쓸었다. 마침내 1521년에 황제 카를 5세는 보름스 제국의회를 열고, 루터에게 그의 주장을 철회할 것을 요구했다. 이에 대해 루터는 대답했다.

성서의 증언이나 또는 명백한 이성의 근거에 의해서 본인이 틀리다고 증명되지 않는 한, 저로서는 취소하기가 불가능합니다. 본인은

---

1   양현혜, "우치무라 간조(内村鑑三)의 루터 이해와 그 비판적 계승 양식", 〈대학과 선교〉 35(2017) 전재.

회의나 교황의 결정이 오류일 뿐만 아니라 서로가 위배된다고 생각하기 때문입니다. 본인의 양심은 하나님 앞에서 전율을 느끼며, 이러한 양심을 거스르면서 행동하는 것은 정직하지도 못하며 또한 안전하지도 못합니다. 하나님이여, 나를 도우소서! 아멘.[2]

이어서 그는 그 유명한 '나는 여기에 서 있고 다른 방도는 없다'는 말을 덧붙였다. '여기에 서 있다'는 말은 물론 공간적 의미가 아니다. 그것은 황제의 권력에도 교황의 권위에도 좌우되지 않는 '양심'이라는 법정에 서 있음을 의미했다. 그가 말하는 양심은 결코 인간의 생래적(生來的)인 양심이 아니다. 이것은 신의 말씀이라는 초월적 권위에 결부된 양심을 의미한다. 따라서 오직 한 사람으로도 만인에게 항의하고 시대의 정신에 저항하며 굳게 설 수 있는 것이었다. 신의 말씀에 근거한 양심의 권위와 항의가 밀접히 결합된 루터의 태도는 이후 '프로테스탄트적 인간'의 원형이 되었다.[3]

'프로테스탄트'라는 말은 1529년 제2회 슈파이어 제국회의에서 복음주의파 제후들과 도시의 대표들이 표명한 '프로테스타치오'(protestatio)에서 유래했음은 잘 알려진 사실이다. 이들의 경우에도 복음에 근거한 양심과 항의는 긴밀히 결합되어 있었다. '프로

---

2 토마스 M. 린제이, 이형기·차종순 공역, 《종교개혁사(1)》, 대한예수교장로회 총회출판국, 1990, 298쪽.

3 이에 대해서는 고전적 저서인 Roland Bainton, *Here I stand: A Life of Martin Luther*, New York: Mentor Book, 1950 참조.

테스타치오'는 "우리들의 양심 때문에 … 성스러운 신의 말씀에 의해 우리들의 주님이신 신에게 의무와 책임을 짊어진다"는 것을 명확히 표명하고 있었다.[4] 그들 역시 지난날 루터처럼 '우리들은 여기에 서 있다. 다른 방법은 없다'는 마지막 지점에 서 있었다. 이들의 항의를 지탱하는 부동의 기반은 신의 말씀에 결합된 양심의 권위였던 것이다. 이후 항의자들은 '프로테스탄트'라 불리게 되었고 마침내 '프로테스탄티즘'이라는 추상 개념이 도출되었던 것이다.

루터로 대표되는 '프로테스탄트적 인간'은 스스로를 자유로운 자기 책임적 인격으로 이해한다. 그는 자신의 결단으로 신의 의지에 응답하고 그것을 실현하기 위해 노력한다. 신앙에 의해서만 의롭다고 인정된다는 프로테스탄트는 교회의 보호에서 해방되어 자립적 주체로 산다. 신의 말씀에만 결합된 양심의 자유가 프로테스탄트적 인간의 본질적 표식이 된 것이다.[5] 원래 프로테스탄트의 종교개혁은 교회 제도와 전통의 요구를 향하고 있었다. 교회가 전체주의적 종교 감독자가 되고자 하는 유혹에 대해 반복해서 교회의 자기비판적 혁신을 요구한 것이다. 동시에 이 신앙적 원리는 세속적 제도나 전통에 대해서도 적용될 수 있다. 세속적 제도나 전통 역시 복음에서 도출되는 신앙적 통찰에 근거해 비판되고 혁신되지 않으면 안 된다. 따라서 국가의 권위에 대한 신앙은 원래 '프로

---

4 宮田光雄,《キリスト教思想史研究》, 東京: 創文社, 2008, 116.

5 양명수,《아무도 내게 명령할 수 없다》, 이대출판부, 2018, 9쪽.

테스탄트적 인간'의 정신 태도와 일치하지 않는다.

히틀러의 전체주의적 지배에 대해 저항한 '바르멘 선언'(1934)은 프로테스타치오의 현재적 재현이라고 말할 수 있다. 신의 말씀과 결합된 양심이 '예수 그리스도를 주'라고 하는 신앙고백의 힘을 입어 국가의 절대화에 항의했던 것이다.[6] 오늘날의 기술 관료적인 전체주의적 비인간화 체제에서 내면적 자유를 위한 프로테스탄트적 인간의 증언은 중대한 의미를 가진다. 종교개혁의 정신이 가지는 현대적 사정거리는 결코 짧지 않은 것이다.

동아시아 개신교사에서 이러한 프로테스탄트적 인간 유형을 전형적으로 대표하는 사람의 하나로 우치무라 간조를 들 수 있다. 그는 교회가 '은총의 관리 기관'이 되려는 유혹을 받자 혁신을 요구했을 뿐만 아니라, 국가가 국민에게 무조건적인 사랑과 복종을 요구할 때 이에 저항했다. 이하에서는 루터의 종교개혁 정신을 살펴보고, 우치무라가 루터의 개혁 정신을 어떻게 이해했으며, 그를 어떻게 비판적으로 계승하려고 했는지를 고찰해 보자. 나아가 우치무라의 사상이 갖는 오늘날의 종교개혁적 함의를 고찰해 보자.

---

6   자세한 것은 고재길, "독일 고백교회 저항에 대한 연구", 〈신학과 사회〉, 2016, 30쪽 참조.

2) 루터의 종교개혁 정신

프로테스탄트적 인간의 원형이 된 루터의 종교개혁 정신은 무엇이었는가. 그것은 오늘날 잘 알려진 대로 첫째, 복음은 복음적 율법이 아니라 오직 신앙으로 받아들여야 하는 은혜의 소식이라는 '신앙의인론'(信仰義認論)이었다. 루터는 '율법적 심판'의 하나님이 아니라 '은총의 하나님'을 발견하려는 그의 오랜 과제를 로마서 1장 17절에 대한 언어학적 발견을 통해 해결했다. 그것은 '하나님의 의(義)'를 신이 갖는 능동적 의, 즉 '주격적 소유격'으로서의 의가 아니라 타인에게 부여하는 수동적 의, 즉 객체적 소유격으로서 이해한 것이다.[7] 신의 사랑, 신의 구원과 마찬가지로 신의 '의' 역시 인간의 노력이나 행위에 대한 보상이 아니라 신이 값없이 부여하는 은총의 선물이다.[8] 이렇게 신의 의가 신에게서 오는 순수한 은혜라고 한다면, 그것은 인간이 자기 업적을 구원에서 전망할 때에는 얻기 어려운 객관적 확실성을 부여한다.

따라서 이제 모든 역점은 의심스러운 신의 사랑 앞에서의 참회나 자기 성화의 업적이 아니라 '신앙에 의한 의인'에 놓여진다. 여기에서 구원의 확실함에 던져지는 의문은 결정적으로 해소된다. 구원은 오직 '신앙에 의해서만'(*sola fide*) 얻어지는 것이 된다. 루

---

7   W. 뢰베니히, 박호영 역, 《마르틴 루터, 그 인간과 그의 업적》, 성지출판사, 2002, 589쪽.

8   김덕영, 《루터와 종교 개혁》, 도서출판 길, 2017, 70-73쪽.

터에 의하면 그리스도는 이 해방과 의인의 업적을 통해서 나의 주가 되어 주신다. 그리고 나를 신 앞에 새로운 존재로 불러 주신다. 이러한 로마서 1장 17절의 새로운 이해야말로 종교개혁 운동을 지탱하는 원체험이었다. 루터의 이 발견은 코페르니쿠스적 전환에 필적할 만한 것으로 중세의 붕괴를 불러일으킨 원리가 되었다.

　　루터의 종교개혁 정신 둘째는 '성서 원리'였다. 성서 원리는 몇 가지 층위를 가지는 바, 먼저 그것은 성서야말로 신의 유일한 계시의 원천이라는 것이다. 두 번째로는 성서 해석의 정당성을 판별하는 권한은 교황이나 교회 회의에 있는 것이 아니라 성서 자체에 있다는 것이다. 즉 성서는 그 내재적 의미 관련 속에서 성서 자체에 의해 해석되어야 한다는 것이다. 따라서 올바른 성서 해석을 위해 루터는 성서 언어학적 지식을 극히 중시했으나, 그러한 지식이 없는 평신도 역시 성서 해석의 권리와 능력이 있음을 명확히 승인했다.[9] 그는 평신도의 경우도 신앙이 깊고 성령으로 인도될 경우, 복음의 내용과 멀리 떨어진 성서학자보다 성서에 대한 올바른 이해에 더 깊이 도달할 수 있다고 보았다. '평신도의 성서 해석 권리'야말로 종교개혁이 수립한 성서 원리의 세 번째 특징이라고 말할 수 있다. 이렇게 하여 종래 성직자, 교회의 일정한 지도 아래에 제약되어 있었던 성서는 민중의 손에 되돌아갔다. 각자가 각자의

9　　마르틴 루터, 〈독일 크리스찬 귀족에게 보내는 글〉, 지원용 역, 《마르틴 루터의 종교 개혁 3대 논문》, 컨콜디아사, 1993, 38-41쪽.

신앙에 근거해서 성서를 해석할 능력과 자격이 부여되었다는 것은 획기적인 사건이었다.[10]

이러한 성서 원리를 바탕으로 하자 성서에 나타난 하나님의 말씀이 신앙생활에서 가장 중심이 되었다. 말씀을 통해서 신과 인간 사이의 교제가 가능해짐으로써, 신앙은 정신적, 인격적 관계로 이해되었다. 신의 말씀을 듣고 성서를 읽음으로 신과의 교제가 열린다고 한다면 자각적이고도 주체적인, 나아가 윤리적인 신앙이 문제가 된다. 교회는 권위주의적으로 구원을 관리하는 '은총의 기관'에서 그리스도의 부름을 듣고 응답하는 신도의 교제가 된다. 신과 인간의 관계가 제도적인 것에서 인격적인 것으로 전환되는 것이다. 신의 말씀은 한 사람 한 사람에게 말을 걸고 스스로 들을 수 있도록 해방시킨다. 누구도 특별히 우선시되지 않는다. 왜냐하면 만인이 이 말씀을 듣도록 초대되고, 그럼으로써 형제로서 서로 봉사하도록 명을 받기 때문이다.

여기에서 루터는 '만인 사제주의' 발견으로 옮겨 간다. 이제 신앙은 신의 말씀을 통해 가능하게 되는 인격적 책임과 체험의 사안이 된다. 여기에서 신과 인간 사이의 사제적 매개는 불필요해진다. 사제들로 구성된 성직자 계층 제도 역시 소멸한다. 사제의 매개 없이 신앙인 한 사람 한 사람이 신 앞에 서고 신으로부터 복음의 은혜를 받을 수 있는 것이다.[11] 그러나 이러한 선물이 부여되었

---

10   宮田光雄, 앞의 책, 107-109쪽.

다는 것은 역으로 그것이 과제로서 부과되었다는 뜻이기도 했다.

　　이러한 의미에서 만인 사제주의에는 두 가지 측면이 있다. 하나는 종래 성직자의 보호 및 감독과 교회적 후견 아래 있었던 미성년인 신도에게 이제 해방된 성인의 자유와 권리가 부여된다는 점이다. 역으로 평신도 자신이 선교의 책임을 감당한다고 하는 신앙적 의무도 부여받는다. 이러한 만인 사제주의 원리야말로 '평신도 종교'로서 프로테스탄티즘의 가장 중요한 원리라고 할 수 있다.

　　만인이 사제라고 한다면 기독교 윤리는 모든 인간에 대해 원칙적으로 평등하게 적용된다. 가톨릭에서 기독교 윤리는 원칙적으로 불평등하다. 즉 성직자 계급에게 타당한 윤리와 일반 신도에게 타당한 윤리로 구별된다. 성직자 계급은 신에게 가까운 존재이고 신의 은총을 더 많이 받는 만큼 윤리를 지켜야 했다. 이에 반해 일반 신도는 신과 거리가 먼 존재로서 지켜야 할 윤리도 느슨했다. 만인 사제의 원리에 의해 이러한 단계적 구별은 일소된다. 동등한 엄격함으로 만인이 기독교적 윤리를 지켜야만 하기 때문이다. 더구나 이제 특수한 성직자적 계급이 없어진 이상 이러한 엄격한 기독교적 윤리는 세속적 생활 내부에서 관철되어야만 했다. 세속적 생활의 바깥에 특수한 종교적 세계를 만들고 거기서 기독교적 생활을 영위하는 것은 용인되지 않기 때문이다. 이 세상, 즉 가정, 노동, 나아가 일상생활의 평범한 삶 안에서 신의 동역자로서 사랑의

11　　마르틴 루터, 앞의 글, 310-331쪽.

봉사에 매진하는 것, 그것은 이 세상을 신이 창조한 세상으로 재발견하는 것을 의미했다. 즉 세상을 '신앙 의인'의 결과 발생하는 성화(聖化)를 실증하는 장소로서 받아들이고, 다름 아닌 여기에서 기독교인의 자유를 발휘하는 것을 의미했다.[12]

이러한 사고방식을 가능하게 한 것이 루터의 '베루프'(beruf) 개념이었다. 베루프는 '천직'(=소명)으로도 번역되고 '직업소명관'으로도 불린다. 루터에 의하면 모든 세속적 직업이 '베루프'였다. 즉 모든 직업이 천직이며, 신에 의해 불리어졌고, 그 직업을 감당함으로서 신의 뜻을 따르는 것이 되었다. 이는 거꾸로 말하면 종교적 행동과 생활이 세속적 형식으로 완전히 포괄되었다는 의미였다. 세속의 일상생활이 다름 아닌 종교적 예배 행위와 동등한 의미를 갖게 되었다. 이제 나날의 생활에 전념하는 것, 그것 자체가 신에게 봉사하는 것, 즉 예배가 되는 것이다. 이 '일상생활=예배'라는 사상이야말로 직업소명관으로서 베루프의 본래적 내용을 형성하는 것이었다.[13] 예배로서 일상생활이 머지않아 직업 세계를 넘어 사회 정치적 영역에까지 확장될 가능성은 거기에 내포되어 있었다.

이렇게 보면 루터의 종교개혁 정신과 그에 의거한 프로테스탄트적 인간의 출현이 서양 중세의 문을 닫고 근대의 문을 열었다

---

12   宮田光雄, 앞의 책, 112쪽.

13   앞의 책, 113쪽.

는 평가는 결코 과장이 아니다. 그렇다면 우치무라는 루터와 그의 종교개혁을 어떻게 이해하고 평가했을까.

3) 우치무라의 루터 이해

우치무라는 루터에 대해 적지 않은 글을 남겼다. 1910년 10월에서 1911년 6월까지 자신의 잡지 〈성서의 연구〉에 "루터전 강화"를 썼고, 종교개혁 400주년에 해당하는 1917년에는 "루터를 변론한다"를 비롯하여 7개의 글을 남겼다. 1921년 6월에는 "이제 루터가 '나는 성서 위에 선다. 그밖에 아무것도 모른다. 하나님은 나를 지켜 주실 것이다'라고 용감한 발언을 한 지 400년을 기념함에 있어서 나는 이 작은 저서를 사랑하는 그에게 바쳐서 그에게 대한 나의 동정, 존경, 우애를 표하고자 한다"라는 머리말과 함께 《루터전 강연집》을 출판하기도 했다.[14]

우치무라는 루터를 존경하고 사랑하는 이유를 "복음의 핵심에 관해서는 이것을 그에게서 배웠습니다. 크리스천으로서 나는 루터의 친구이며 제자이자 또 그의 형제입니다. 나는 마음속 깊은 곳에서 그와 체험을 같이하는 사람입니다. 그러므로 내게는, 루터

---

14 우치무라 간조, 〈루터 생애 강연〉, 김유곤 역, 《우치무라 간조 전집》, 크리스천서적, 2002, 2권, 493쪽(이하 《전집》으로 표기).

에 관해서 얘기하는 것이 곧 나 자신에 관해서 얘기하는 것입니다. 그와 나 사이에 크고 작은 차이는 있습니다. 그렇지만 생명의 샘을 예수 그리스도의 십자가에서 찾는 점에 있어서는 완전 일치합니다. 나도 또 20세기의 오늘날 일본에서 작은 루터가 되고 싶습니다"라고 말했다.[15]

우치무라는 자신 역시 그리스도의 십자가를 '생명의 샘'으로 삼는 루터와 동일한 경험을 했으므로 루터에 대해 말하는 것은 다름 아닌 자신에 대해 말하는 것이라고 했다. 이렇게까지 우치무라가 자신과 루터를 자신 있게 동일시할 수 있었던 근거는 무엇이었을까.

그것은 그가 복음의 핵심으로 파악한 속죄신앙을 의미했다. 젊은 날 우치무라는 자기중심적 경향을 극복하고자 괴로워했었다. 고뇌하던 그에게 은사인 실리(Julius H. Seelye)는 어느 날 "우치무라, 너는 네 자신의 마음속만 보니까 안 되는 거야. 너는 네 밖을 보아야 해. 자기 성찰은 그만두고, 십자가에 달려 네 죄를 용서해 주신 예수님을 왜 바라보지 않는가. 너는 어린아이가 나무를 화분에 심어 놓고 자라는지 보려고 매일 뿌리째 뽑아 보는 그런 일을 하고 있어. 왜 하나님과 햇빛에 맡긴 채 안심하고 너의 성장을 기다리지 않는가"라고 말했다.[16]

---

15   앞의 책, 500쪽.

16   스즈키 노리히사, 김진만 역,《무교회주의자 우치무라 간조》, 소화, 1995, 37쪽.

전형적인 속죄신앙을 표현하는 이 한마디가 우치무라의 회심의 기반이 되었다. 인간존재의 변혁은 인간의 도덕적 훈련이나 행위로 가능한 것이 아니다. '십자가 위에서 너의 죄를 구속해 주시는 예수를 바라보는 것'으로 단지 가능하다는 실리의 말을 우치무라가 납득한 것은 '자기 중심성'에 대한 응시와 인간의 상대화를 철저화시킬 때 열려지는 새로운 마음의 세계였다. 역으로 말하면 그리스도 없이는 어떻게도 할 수 없는 자기 중심성으로서의 죄의 자각에 도달한 것이다.

신에게서 떨어져 나가는 자기중심성이 죄의 실재였다. 거기에서 모든 죄의 결과가 배태되어 나오는 것이었다. 이러한 죄의 실재를 극복하는 방법은 무엇일까. 그것은 우치무라가 이미 실존적으로 실험해 보았듯 인간 측의 어떠한 노력으로도 불가능하다. 오직 그리스도의 대속이라는 신 쪽에서의 행동에 의한 '용서'로만 극복된다. 여기에서 우치무라는 마침내 그리스도의 대속의 죽음을 통해 자신이 신으로부터 용서받고 의롭다고 인정받았음을 믿음으로만 구원에 이른다는 기독교의 속죄론을 받아들일 수 있었다. 즉 그는 "나는 내 죄의 모습 그대로를 가지고 아버지의 자비만을 의지하고 그 집으로 돌아와, 변명을 하지 않고 의를 내세우지 않고, 다만 하나님이 나를 위하여 세상 처음으로 예비하신 하나님 어린양의 속죄를 바라지 않을 수 없게 되었다. 아, 하나님 저는 믿지 않을 수 없게 되어서 믿는 것입니다. 예수 그리스도의 십자가를 보시고 용서할 수 없는 저의 죄를 용서해 주십시오"라고 고백

했다.[17]

이 회심 체험은 그의 생애를 지배하는 근본 사상을 형성하는 원체험이 되었다. 이제 자신에 대한 회의, 의혹, 불신을 넘어서는 방법을 알게 된 것이다. 자신을 무전제적으로 용납하고 사랑하는 궁극적 존재를 발견해 냄으로써 자기 자신을 용납할 수 있고 신뢰할 수 있고 사랑할 수 있게 되었다. 이제 우치무라는 구원을 획득하기 위한 자신의 자질에 대한 수많은 회의와 자책과 자기혐오에서 자유로워질 수 있었다. 자신을 업적이라는 '소유'가 아니라 '존재' 그 자체로 용납하는 절대자에 대한 궁극적 신뢰는 바로 자기 자신에 대한 궁극적 신뢰이기도 했다. 기독교에서 자기 사랑은 자기에게 연원을 두는 것이 아니라 하나님 때문에 자기를 사랑하는 것으로, 인간 내면에서 세상과 자기 자신을 벗어나 하나님 앞에서 생겨나는 것이다. 그러므로 이것은 무에서 생기는 생명이요, 죄인의 자기 긍정이며 비천한 자의 존엄함이다.[18] 즉 속죄 체험은 자신의 유한성을 철저히 인정하면서 동시에 초월적인 존재에 의거해 자신을 초극해 가는 자기 초월의 체험이기도 했던 것이다.

이러한 자기 초월의 체험은 또한 그의 존재에 새로운 지평을 열어 주었다. 즉 우치무라는 이제 신 이외에는 어떤 것에도 무릎을 꿇지 않고 오직 신에게만 의지하고 모든 것으로부터 자립하

---

17   우치무라 간조, 양현혜 역,《구안록》, 포이에마, 2016, 138쪽.

18   양명수,《아우구스티누스 읽기》, 세창미디어, 2023, 144쪽.

는 인간이 되는 길을 안 것이다. 복음에 의거한 자유와 독립이라는 '의뢰적 독립'으로서 존재 양식을 획득한 것이었다.[19] 이것은 달리 말하면 루터가 제시한 프로테스탄트적 인간으로서 복음에 근거한 내면적 양심의 자유를 획득한 것이다.

우치무라는 25세 이래 그의 삶과 사상의 원체험이 된 이 속죄 신앙이 바로 루터가 재발견한 '신앙의인론'으로서 복음의 정수라고 여겼다. 그는 "루터 이외의 종교가는 … 신앙을 보완함에 다소 도덕으로써 했다. 그러나 … 사람의 구원은 행위에 있지 않고 믿음으로써만이라고. 그는 이 진리를 발견하여 참자유와 평화와 환희에 들어갔다. … 죄인은 신앙으로써, 죄 있는 그대로, 선함이 없고 의로움도 없이, 사랑도 없고, 더러워진 그대로, 흠 있는 그대로 하나님의 사랑에 들어갈 수가 있는 것이다. 이것은 참으로 절대적인 복음이다. 이 복음에 접하면 어떤 죄인이라도 '일어서서 내 아버지께 간다'고, 모든 두려움을 떠나 아버지께로 달려가는 것이다. 그런데 루터는 철저히 이 복음을 깨닫고 그 고마움을 체득했던 것이다"라고 말했다.[20] 그는 바울이 논한 '복음이 주는 자유'를 후세 시대는 망각하고 '율법교'로 돌아갔으나 루터가 재발견하여 기독교를 '율법의 노예의 멍에'로부터 재해방시켰다고 보았던 것이다.

19   土肥昭男,《內村鑑三》, 日本基督教團出版局, 1962, 6쪽.
20   우치무라 간조,〈루터 논총〉,《전집》2권, 545쪽.

또한 우치무라는 "나, 여기 섰습니다. 다른 방도가 없습니다. 주여, 나를 도우소서, 아멘"이라고 하며, 거대한 교회 권력과 황제의 권력에 저항한 루터의 모습에 주목했다. 그는 '신 앞에 선 양심'에 입각해 권력으로부터 자립한 개인의 존재 양식, 즉 프로테스탄트적 인간의 출현을 루터에게서 보았다. 그리고 이러한 프로테스탄트적 인간들이야말로 서구 근대의 문을 연 주역이라고 보았다.[21] 따라서 우치무라에게 루터의 종교개혁은 단순한 종교 문제가 아니라 세계사적 전환점이 된 사건이었다.[22] 이러한 평가에 근거해 우치무라는 스스로를 '루터의 친구이자 제자이며 또 그의 형제', '그를 계승하는 사람'이라고 인식했던 것이다.[23]

이렇게 우치무라는 루터를 높게 평가했지만 루터의 역사적 한계 역시 간과하지 않았다. 먼저 교회 제도의 관점에서 루터가 종교개혁 이후에도 성직 제도 및 성례전을 유지함으로써 그의 종교개혁은 로마 가톨릭교회와 완전히 단절하지 못하고 제도와 전통을 어느 정도 보존했다고 보았다. 왜냐하면 세례와 성찬이라는 두 성례전을 유지하여 그것에 참여하는 것이 구원에 필요하다고 보는 한, 또 이 성례전을 정식으로 임직받은 성직자만 집행할 수 있는 한, 구원은 당연히 교회를 매개로 얻어지는 것이 되기 때문이다. 더욱이 성직 제도를 유지하는 것은 사제라는 성직을 일반인에

---

21   박흥식, 《미완의 개혁자, 마르틴 루터》, 21세기북스, 2017, 9-11쪽.

22   우치무라 간조, 〈루터 논총〉, 《전집》 2권, 583쪽.

23   우치무라 간조, 〈루터 생애 강연〉, 《전집》 2권, 500쪽.

게 개방한다고 한 루터 자신의 '만인 사제주의'를 결국 폐기하는 것과 다름없는 것이기 때문이었다.[24]

　우치무라는 이 두 점에 주목하여 루터의 종교개혁은 **미완성의** 운동으로 끝났다고 보았다. 그리고 이와 같은 한계를 가진 종교개혁에 근본을 둔 프로테스탄트 여러 교파는 기독교의 진정한 중심으로 복귀하지 못하고 성서나 교의 등의 도그마를 잔존시킴으로써 로마 교회로 회귀해 버렸다고 생각했다. 여기서 우치무라는 현재의 기독교에는 제2의 종교개혁이 필요하다고 생각했다.

　　세계는 종교개혁을 다시 할 것을 요구한다. 16세기의 종교개혁은 저지된 운동으로 끝났다. 프로테스탄트주의는 제도화되고 폐기되었던 로마 가톨릭주의로 되돌아갔다. 우리들은 프로테스탄트주의를 이론적 귀결까지 가져가는 재개혁을 요구한다. 새로운 프로테스탄트주의는 완전히 자유로이 해서 그 내부에 교회주의의 흔적을 근절하는 것이 되어야 한다. 제도가 아니라 친교이며, 조직 혹은 단체가 아니라 영혼의 자유로운 교류여야 한다. 실제로 말하면, 이것은 신의 아들 예수 그리스도가 아닌 누구에게도 감독 또는 목사라고 부르지 않고 교회를 필요로 하지 않는 기독교여야 한다.[25]

24　양현혜, 《윤치호와 김교신》, 한울, 2009, 128쪽.

25　內村鑑三, 〈宗教改革し直しの必要〉, 《內村鑑三全集》 31권, 東京: 岩波書店, 1980-1984(이하 《全集》으로 표기), 133쪽.

우치무라가 말하는 '제2의 종교개혁'이란 교회 제도에서 인간의 율법적 행위에 의한 '의인'(義認)의 추구를 일체 배제하고, 오직 하나님의 은혜에 의한 '신앙만의 신앙'을 관철하는 것, '프로테스탄트주의를 논리적 귀결까지' 철저화한 '만인 사제주의'를 관철하는 것이었다.

두 번째로, 우치무라는 종교개혁을 진행하던 루터가 로마 교회에 저항하기 위해 독일 개신교 제후를 의지하여 이후 개신교와 국가권력의 관계 정립에 치명적인 해악을 끼쳤다고 보았다. 즉 "루터는 문 앞의 이리를 쫓기 위해서 뒷문의 호랑이를 불러들인 격이다. 그리하여 이리가 사라진 후에 호랑이가 맹위를 떨쳐 가족을 위협했다. 루터가 정권을 이용하여 종교개혁을 한 결과 황제가 교황을 대신했다. 교황은 마땅히 쓰러뜨려야 했다. 그러나 황제를 일으켜 세워서는 안 되는 것이었다. 루터의 종교개혁은 절반은 성공이고 절반은 실패였다. 이 세상 왕과 귀족을 종교 사업에 관여시킴으로써 루터는 400년 후인 오늘날까지 씻을 수 없는 큰 해악을 남겼다"는 것이었다.[26] 루터는 로마 권력으로부터 자립하여 프로테스탄트적 인간의 원형을 제시했으나, 그것은 국가권력으로부터의 자립에까지는 이르지 못했다는 것이었다.

마지막으로, 우치무라는 루터의 종교개혁은 '성서 우상숭

---

[26] 우치무라 간조, 〈루터가 남긴 해독〉, 《전집》 2권, 559-560쪽. 이러한 우치무라의 견해는 오늘날에도 루터의 한계로서 지적되는 점이다. 박홍식, 《미완의 개혁가, 마르틴 루터》, 238-243쪽.

배'와 그에 근거하여 성서 해석의 독점권을 주장하는 종교적 불관용의 해독을 남겼다고 보았다. 즉 "루터는 무오류적 교회를 쓰러뜨리기 위해서 무오류적 성서로써 이에 맞섰던 것이다. 그러면 성서는 과연 오류가 없는가. … 비교적 진리(=성서)가 절대적 진리(=하나님)의 대용이 될 수 없다. '경배할 자는 하나뿐이다. 오로지 하나님뿐', 그와 같이 '절대적 진리는 하나뿐이다. 오로지 하나님뿐'이다. 성서가 존귀하기는 하지만 하나님은 아니다. 성서를 절대적 진리로 보다가는 우상숭배의 일종인 성서숭배(Bibliolatry)가 일어나게 되는 것이다. … 그런데 루터에 의해서 이 우상숭배가 시작된 것이다. 모든 우상숭배가 많은 무서운 해독을 가져오듯 성서 숭배도 많은 무서운 해독을 뿜어 냈던 것이다"라고 했다.[27] 우치무라는 성서가 신과 인간의 관계에 대해 말하고 있는 한 그것은 진리이나, 성서의 각 부분은 오류를 피할 수 없는 인간의 지성에 의해 쓰여졌다고 보았다. 그에게 성서의 경전성은 그 무오류성에 있는 것이 아니었다. 성서의 경전성은 오직 살아 있는 신을 증거하는 성서의 자기 증언 능력에 있다고 보았다. 그에게 성서는 성서의 자기 증언 능력을 신뢰하면서 진리를 찾아가야 하는 책이었다. 따라서 누구도 자기만의 성서 해석이 유일하게 정당하다는 독점적 권위를 주장할 수 없었다. 모든 해석은 진리를 찾아가는 개방성 앞에 열려 있어야 했다.

27   內村鑑三, 앞의 글, 560–565쪽.

그럼에도 루터가 성서 해석의 독점적 권위를 주장하며 재세례파를 박해한 것이나 종교개혁 좌파의 급진적 농민 운동을 박해한 것, 칼뱅이 제네바에서 세르베투스(Michael Servetus, Villanovanus)를 이단이라며 처형한 것 등은 모두 성서 우상숭배와 독점적 해석권 주장에서 오는 종교적 불관용이라고 보았다.

이상과 같은 한계를 지적한 후 결론적으로 우치무라는 루터의 종교개혁은 '미완의 개혁'이며 오늘날 기독교는 '제2의 종교개혁'을 요구하고 있다고 보았다.[28] 이러한 우치무라의 루터와 종교개혁에 대한 이해를 오늘날의 방대한 루터 연구 성과에 근거해 살펴보면 한계가 지적될 수도 있다. 그러나 중세 가톨릭적 제도 잔존과 세속 권력과의 관계에 대한 우치무라의 비판은 여전히 타당한 문제 제기라고 할 수 있다. 그렇다면 우치무라는 루터의 종교개혁을 어떻게 재개혁하고자 했을까.

4) 우치무라의 비판적 계승 양식

(1) 개인의 내면성에 의거한 종교적 제도로부터의 자립

우치무라는 복음의 핵심인 속죄 신앙은 다른 사람이 대신해

---

28   앞의 글, 560-565쪽.

주거나 제도가 대신해 줄 수 없다고 보았다. 그것은 오직 신과 인간의 개인적인 내면적 문제였다. 또한 속죄론의 교리를 지성으로 승인하는 것도 아무 의미가 없다고 보았다. 속죄는 자신의 삶으로 경험하고 체험됨으로써 비로소 '사실'이 될 수 있었다. 그러한 체험이 없는 단순한 교리나 사상, 신앙 개조로서의 승인은 무의미했다. 왜냐하면 "원래 종교란 성당이나 교회의 일이 아니다. 영혼의 일이다. 하나님과 사람에 대한 마음의 태도이다. 하나님을 사랑할 수 있는가, 하나님을 사랑하는 필연적 결과로서 사람을 사랑할 수 있는가? 이 문제가 완전히 해결된 다음에 그 수단 방법이 문제가 되는 것"이기 때문이었다.[29] 우치무라에게 있어서 기독교인이 된다는 것은 '주체의 실험'으로 승인된 속죄 신앙을 통해 복음이 주는 자유로 해방되어, 이웃에게 사랑의 봉사를 할 수 있는 새로운 존재가 된다는 의미였다.

우치무라의 에클레시아관은 이러한 신앙의 개인적 내면성과 깊은 관련이 있다. 우치무라는 에클레시아(ecclesia)와 교회(church)를 구분한다. 어원적으로 보면 에클레시아는 보통 사람들의 모임을 의미한다. 이에 반해 교회는 성직자, 예전, 신조 그리고 어떠한 식으로든지 교회 조직에 속하는 것이 구원을 얻는 데 불가결하다고 하는 배타성 요구를 가지고 자기의 역사적 연속성을 보증하려고 하는 종교 시설이다. 우치무라에 의하면 그것은 결코 그

---

29   우치무라 간조, 〈교회 건설의 문제〉, 《전집》 8권, 510쪽.

리스도의 교회, 즉 신약성서에서 말하는 에클레시아가 아니다. 그것을 대신할 진정한 교회를 우치무라는 만들고자 했다. 그렇다면 이 진정한 교회의 고유성은 무엇인가. 그것은 2인 혹은 3인이 그리스도의 이름 아래 모이고 그 한가운데에 그리스도가 계시는 영적 단체를 의미했다.[30] 그리고 그것은 그리스도와 나누는 살아 있는 친교를 통해 생활에서 그리스도와 결합된 사람들이 그리스도에 의해 부름을 받은 모임이다. 그리스도와 직결되고 그리스도와 생활에서 결합된 사람들의 자발적인 연대를 우치무라는 에클레시아로 보았던 것이다. 이렇게 그 수장을 그리스도로 한 에클레시아는 구성원 각자의 자유와 독립 그리고 평등에 대한 신뢰에 근거를 둔 정신적 공동체였다. 따라서 에클레시아는 조직화나 제도화가 불가능한 단체였다. 여기에서 우치무라는 마태복음 16장 18절의 예수의 말씀을 "내 에클레시아를 가정으로 만든다"라고 번역하고, 다음과 같이 주석했다. "규칙에 의하지 않고, 법률에 의하지 않고 … 사랑의 신앙을 기초로 해서 가정에 유사한 신앙인의 형제적 단체를 만들려고 한다"라고.[31]

　　이러한 에클레시아관에 서서 우치무라는 교회의 제도주의와 성례전주의를 거부했다. 그는 기독교인은 중개자 없이 그리스도와 직접적인 살아 있는 관계를 사는 사람이라 생각했기 때문에

30　　內村鑑三, 〈信仰のすすめ〉, 《全集》 9, 161.

31　　內村鑑三, 〈思ふがまま〉, 《全集》 9, 163.

평신도와 성직자를 구별하는 교회의 계급주의에 반대했다. 그리고 신의 생명에 참가하는 신앙을 고정된 제도나 형식에 가두려고 하고, 일정한 교파적 신조와 관행이 구원을 독점한다고 주장하는 교파주의나 그에 부수되는 종교적 배타주의와 불관용주의에도 반대했다.

우치무라는 세례, 성만찬 등의 성례전에 대해서도 특별한 태도를 보였다. 그는 세례는 사람의 죄를 정화시키는 마술적 의식이 아니며 교회에 들어가는 입문식도 아니라고 보았다. 그것은 그리스도 안에서 완전히 죽고 다시 태어난다는 의미로, 완전한 그리스도인으로서 산다는 상징이라고 보았다. 이러한 의미에서 그는 신앙의 중요한 상징으로서 세례를 인정하고 원하는 사람에게는 시행했다. 그러나 그것을 구원에 불가결한 요소라고 주장하는 성례전주의에 대해서는 '의식은 사람의 영혼을 구원할 힘이 없다'며 단호히 반대했다.[32]

이러한 태도는 성만찬에 대해서도 동일했다. 성만찬은 단지 유대교의 유월절 대신 그리스도의 수난을 기념하는 절기만이 아니었다. 그것은 주의 몸과 피가 되는 성스러운 만찬이기도 했다. 기독교인들은 매일매일 영적 생활을 보양하기 위해서 예수 그리스도의 생명을 받지 않으면 안 된다. 이것은 다름 아니라 신앙을 가지고 성서를 읽고 하나님의 말씀을 듣는다는 의미이다. 성만찬

---

32   양현혜,《우치무라 간조―신 뒤에 숨지 않은 기독교인》, 이대출판부, 2017, 371쪽.

은 기독교인들이 예수 그리스도를 단순히 표면적으로 믿는 것이 아니라, 그리스도가 자신의 살과 피가 될 정도로 진실로 믿어야 함을 말하는 상징이다. 나아가 이 그리스도 신앙에 의해서 기독교인들이 한 형제자매 됨을 상징한다. 그것이 하나의 상징인 이상, 그 정신을 이해하고 그것을 생활 안에서 실현하는 것으로 이미 충분하다. 때문에 성만찬을 교회의 외적 표현이라고 본다면 제도주의화되고 나아가 개인의 신앙적 결단에서 완전히 분리되어 오해된다는 것이다. 이 경우, 성만찬은 쉽게 일종의 율법이 되고 구원의 조건으로 변질되기 때문이다.[33]

이렇게 볼 때 그가 비판하는 것은 성례전 그 자체가 아니라 그것을 신앙의 본질적 요소로 보고 구원의 불가결 요소로 보는 율법주의와 형식주의의 성례전주의였다. 우치무라에게 사실 성례전 문제는 거의 의미가 없었다. 오직 그리스도의 생명에 참여하여 자신의 일상의 삶에서 신앙을 증명하는 것에 집중하는 것이 그들의 최대 관심이었다.

우치무라는 성직자, 성례전, 조직이라는 매개 없이 성서 강해를 중심에 둔 평신도의 성서 공부 형식으로 운영되는 자신의 집회를 '무교회'라 명명했다. 그가 무교회라는 용어를 고유명사로 처음 사용한 곳은 1901년 3월에 발간한 잡지 〈무교회〉였다. '무교

---

33   양현혜, "일본 무교회 운동과 그 신학", 〈日本思想〉, 한국 일본사상사학회, 2011. 12.,
      147쪽.

회'의 '무'(無)는 결코 '없게 한다'거나 '무시한다'는 의미의 소극적 개념이 아니라 인간의 힘에 의한 교회를 지양한다는 적극적인 역설을 포함했다.[34] 그가 자신의 집회를 '성서연구회'라고 명명한 것은 극히 시사적이다. 그것은 그의 집회가 또 다른 교회가 될 것을 우려했기 때문이지만, 더 근본적인 이유는 그것이 원시 기독교의 신앙적 현실로 되돌아가 그리스도와 살아 있는 만남을 가지는 유일한 방법이라고 간주되었기 때문이었다.[35]

우치무라는 성서를 통해 신의 뜻을 이해하고 신과 대화하는 일대일 관계에 들어갈 수 있다고 보았다. 따라서 그는 신의 살아 있는 말씀으로서 성서의 권위를 대단히 중시했다. 그럼에도 그것은 기본적으로 근본주의나 편협한 성서주의자와는 다르다. 그의 성서 연구 방법은 진보적이었으며, 역사 문헌학적 연구나 급진적인 학문적 비판 성과도 받아들였다. 예를 들어 우치무라는 사도행전은 역사이고 따라서 그 기사를 영구불변한 것으로 보면 안 된다고 보았다. "성서는 하나로서 영구불변하지만, 성령이 신자를 통해서 일하시는 방법은 시간과 장소에 따라 다르다. … 사실과 진리를 혼동하는 자가 세상에 많은 것은 슬픈 일이다. 우리들은 이 두 개를 엄밀하게 구분해서 처음부터 성서 해석에서 오류를 없게 하고, 또 신앙생활에서 실수가 없도록 해야 한다."[36]

34   양현혜, 《우치무라 간조—신 뒤에 숨지 않은 기독교인》, 217-218쪽.

35   宮田光雄, 《宗教改革の 精神》, 創文社, 1982, 61.

36   內村鑑三, 〈ペンテコステの出來事〉, 《全集》 25, 354.

성서비평에 대한 이러한 태도는 그리스도의 십자가에 대한 확신에 근거하고 있다. "신앙이 신앙으로서 그 권위를 갖는 동안은 성서의 비평, 해부에 의해서 그 기초가 동요할 리 없다"는 것이다.[37] 그는 오히려 살아 있는 신앙이 되지 못한 종교를 동요시키고 파괴하는 것을 신은 원한다고 보았다. 성서의 자기 증언 능력을 신뢰하면서, 성서를 자유로운 입장에서 학문적으로 분석했던 것이다.

한편 우치무라는 성서 독해에서 이러한 객관성과 더불어 주체성을 요구했다. 성서를 통해 기독교인은 신 앞에 서서 일상의 지침을 얻으며 그것을 실천할 힘을 얻는다. 따라서 성서의 진리에 자신의 삶 전체를 투여할 주체적, 실존적 결단이 요구된다. 그러한 의미에서 성서는 '이해하는 책'이 아니라 '살아 내는 책'이었다. 우치무라는 성서 해석에서 '주체성과 객관성의 분리될 수 없는 통일성'을 요구했던 것이다.

이렇게 볼 때 우치무라의 무교회 운동은 오직 '신앙의인론' 과 '성서 원리' 그리고 '만인 사제주의'라는 종교개혁 정신을 철저화하는 '제2의 종교개혁' 사유 실험, 실천 실험이었다고 할 수 있다. 우치무라는 이러한 자신의 실험을 그의 생애 마지막에는 무교회로부터의 독립으로 마무리하고자 했다.

그는 무교회가 기성 교회와 그 예전을 부정하면서 부정 그 자체를 고정적인 형식으로 절대화하고 자기 자신을 순수한 교회

---

37   內村鑑三, 〈神學瑣談〉, 《全集》 15, 164.

    공적 신앙의 윤리: 국가권력과 로마서 13장

로서 정당화한다면, 스스로도 교회주의의 정통성 주장과 같은 오류에 빠지지 않을 수 없다고 보았다. 제도, 성직자, 예전 등의 매개를 거부한 '무교회'도 '기성 교회'도 모두 정신적 좌표를 추구하는 도상에 있는 조직인 것이다. 그리고 일상의 삶 속에서 그리스도와의 일치를 증거해야 함은 무교회만의 고유한 주장이 아니라 기독교 자체의 본래적 주장이기도 했다. 따라서 그는 신앙을 위해 교회 조직에서 어떠한 매개를 선택할 것인가는 각자의 취향이며 선택이라고 보았다.

즉 "무교회주의는 나의 신앙이다. 내가 무교회 신자인 것은 혹자가 감리교회 신자이고 혹자는 침례교회 신자이고 혹은 성공회 신자이고 또 어떤 사람은 회중교회 신자인 것과 마찬가지다. 이것은 나의 편의에 따라, 나의 성질에 맞게 나의 신앙을 도와주는 주의이기 때문이다. 나는 모든 사람이 나와 같이 무교회 신자이지 않으면 안 된다고 믿지 않는다. **나의 무교회주의가 나를 구원한다고도 생각하지 않는다. 교회 문제는 기독교의 근본 문제라고 나는 믿지 않는다**(강조는 필자). 나는 사람들에게 내가 무교회 신자임을 허락해 주기를 원하는 것처럼 다른 사람이 원하는 교회에 다니는 것을 허락한다. 나는 다른 사람이 내가 무교회 신자라는 것을 공격하기 전에는 다른 사람에 대해서도 공격하지 않는다. 나는 '무교회 신자'라고 수차례 명언했다. 그러나 지금까지 한 번도 다른 사람을 향해서 '너도 나처럼 무교회 신자가 되어라'라고 권고한 적은 없다. … 교회는 어떤 교회에도 장점과 아름다운 점을 갖고 있음을 알고 있다. 따라서 그 장점에 따라 교회를 돕고자 한다. 그리고 교회에게 나의 무교회주의를 주장하지 않는다. 나는 교회의 신앙과 나의 신앙 사이에 존재하는 공통의 신앙에 근거하여 말한다. 따라서 나는 예를 들어 로마 가톨릭교회라고 하더라도 그 사업을 도와야 할 것이 있으면 돕는다. 그리고 실제로 도운 적도 있다"라고 하며 자신의 무교회를 상대화했다.[38] 그에게는 '무교회'조차도 신앙적 '취향'일 뿐 결코 구원을 독점하는 절대적 진리일 수 없었다. 신앙의인론에 철저하고자 했던 그에게는 도취되지 않는 깨어 있는 정신이 있었던 것이다.

그러나 우치무라의 제자 중에는 무교회를 구원에 이르는 '사활의 문제'로 절대화하는 츠카모토[塚元虎二] 같은 인물도 있었다.[39] 우치무라는 츠카모토가 스스로를 절대화하는 태도를 비판하고, 무교회 운동이 바리새주의적인 분파가 되는 것에 대해 경고하지 않을 수 없었다. 그는 죽기 전에 자신의 입장을 명백히 하는 "무교회주의의 부정"이라는 유훈을 남겼다.

우치무라는 먼저 그가 무교회주의를 주장했던 30년 전은 목사와 선교사들이 지금보다 훨씬 강했던 때였다고 한다. 당시 무교회주의를 주장하여 교회를 비판하는 것은 조롱받고 배척당하고 신자들 전체로부터 소외되는 일이었다. 그러나 나의 무교회주의

---

38   內村鑑三,〈積極的無敎會主義〉,《全集》31, 283-84.

39   塚本虎二,《內村先生と私》, 伊藤節書房, 1961, 26.

    공적 신앙의 윤리: 국가권력과 로마서 13장

는 '나의 신앙의 귀결로, 본질은 아니다'라고 하며 그는 이어서 말했다.

> **십자가가 제1주의로, 무교회주의는 제2 또는 제3주의였다.** … 나는 거만하고 무례한 미국 선교사들을 미워했으나 지금까지 한 번도 교회 그 자체를 미워한 적은 없다. … **교회는 부패해도 성령은 아직 거기서 완전히 떠나지는 않으셨다.** 이러한 긍정적인 말을 하는 것은 교회와 화해를 추구해서가 아니다. 내가 오늘날 일반적으로 불려지는 **소위 말하는 무교회주의의 신자가 아니라는 입장**을 분명히 하기 위해서이다. 나에게 오늘날의 약한 교회를 공격할 만한 용기는 없다. 나는 남은 여생에 더 한층 드높게 십자가의 복음을 전하고자 한다. 그리고 이 복음이 교회를 파괴할 것은 파괴하고, 일으켜 세울 것은 세울 것이다. 나는 교회 문제에는 무관심할 정도의 무교회주의자이다. 교회란 교회, 주의란 주의는 깡그리 배척하는 무교회주의이려고 한다(강조는 필자).[40]

그는 복음이 제1주의이고 무교회는 교회와 마찬가지로 부차적인 문제임을 분명히 했다. 진정한 기독교인이라면, 무교회를 포함한 모든 교회 제도로부터 독립하여 일상의 삶에서 그리스도와의 일치를 증거하는 존재로 스스로 서야 함을 재천명했던 것이다.

---

40   內村祐之編,《內村鑑三追憶文集》, 聖書研究社, 1931, 1-3.

또한 600-800명이 모이는, 당시 일본에서 성서 연구를 위해 모인 가장 커다란 집회의 하나였던 그의 집회는 유언대로 해산되고 잡지는 폐간되었다. 그는 자신의 후계자를 지정하지 않고 신으로부터 받았던 모든 것을 신에게 돌려 드리고 세상을 떠났다. 우치무라는 이렇게 후계자 문제에 마침표를 찍었다. 후계자 문제 자체가 일어나지 않는 형식으로 이 문제를 마무리했던 것이다.[41] 이후 무교회 운동의 리더는 우치무라의 모범에 따라, 후계자를 지명하지 않고 자신의 집회를 해산하고 잡지를 폐간하고 세상을 떠난다.

자신의 모든 것을 하나님께 돌려 드리고 무교회로부터도 독립함으로써 우치무라는 기독교의 핵심적 가치, 즉 하나님 앞에서 모든 신자가 평등하다는 것을 재확인했다. 그리고 자신이 그렇게 커다란 대가를 지불하고 신앙과 진리를 획득한 것처럼 기독교인은 모두가 각자 자력으로 신앙과 진리를 발견하지 않으면 안 된다는 것을 재확인해 주었다.[42] 이렇게 무교회를 상대화시킴으로써 종교개혁의 정신을 그 논리적 귀결까지 관철시키고자 했던 것이다. 따라서 그는 이렇게도 말할 수 있었다. "나에게 교회 없고 그러나 그리스도 있고, 따라서 그리스도가 있기 때문에 나에게도 역시 교회가 있고, 그리스도는 나의 교회가 된다."[43] 그에게는 '교회 바깥에 구원 없다'나 '무교회에 구원이 있다'는 원칙은 타당하지 않

---

41 カルロ・カルタロラ,《內村鑑三と無敎會》, 新敎出版社, 1978, 204-209.

42 양현혜,《우치무라 간조―신 뒤에 숨지 않은 기독교인》, 343쪽.

43 內村鑑三,〈私が敎會〉,《全集》15, 383.

았다. 오직 그는 '그리스도 바깥에 구원 없다'는 신앙적 현실 안에 늘 머물러 있고자 했다.

마지막으로 '그리스도 바깥에 구원 없다'는 그의 신앙의인론의 관철이 어떻게 타자의 신앙에 대한 존중으로 이어지는가를 고찰해 보자. 이미 살펴본 바대로 그는 교회를 파괴하려고 하지 않았다. 교회에 대한 태도를 그는 이렇게 정리했다.

> 나는 스스로 무교회 신자이다. 그러나 모든 교회에 대해 깊은 존경을 갖는다. 신교(新敎)의 모든 교회에 대해서뿐 아니라 그리스정교회에 대해서, 가톨릭에 대해서 나는 깊은 성실한 존경을 표한다. 나는 나의 무교회주의에 어떤 진리가 있는 것을 안다. 또 모든 교회에 어떤 다른 진리가 있는 것도 안다. **진리는 한 사람 혹은 한 단체가 독점할 수 있는 것이 아니다. 나도 또 나의 유한하고 미약함을 알기 때문에 나의 신앙을 확신함과 동시에, 또 모든 다른 신앙에 대해서 깊은 존경을 표한다.** 그렇기 때문에 나는 교회를 헐려고 하지 않는다. 되도록 이를 세우려고 한다. 이와 싸우려고 하지 않는다. 되도록 이와 협력하기를 바란다. 나는 내가 가진 것(하나님이 내게 주신)을 교회와 나누기를 원한다(강조는 필자).[44]

그는 기독교 교파는 모두 그리스도라는 진리의 '하나의 표

---

[44]　우치무라 간조, 〈교회에 대한 나의 태도〉, 《전집》 8권, 524쪽.

면'에 불과하다고 보았다. 따라서 각 교파는 자신의 한계를 자각하고 그리스도의 복음이라는 '진리의 깊은 곳에서 서로 일치하고 화합'해야 한다고 보았다. '오직 신앙만으로'에 근거한 자신의 유한성에 대한 자각과 진리의 독점에 대한 부정은 타자의 신앙 존중과 기독교 교파 간의 에큐메니컬적 연대로 귀결되었던 것이다. 이는 종교개혁 정신을 관철하고자 하는 그의 무교회의 필연적인 귀결이기도 했다.

한편 그의 진리 독점에 대한 부정과 타자의 신앙의 자유에 대한 존중은 기독교 외 타 종교에도 확대되고 있었다. 그는 다른 종교를 가진 신자를 존경하고 그들의 신앙에서 의미 있는 부분을 지지하는 관용을 가지고 있었다. 그가 가장 중요시한 것은 '성실'로, 스스로 고백하는 종교상의 신념을 실천하고 있는가 아닌가였다. 그는 성실한 신앙을 가진 사람은 모두 존경받아야 마땅하나 그러한 사람이 세계 인구에서 차지하는 비율은 극히 적다고 생각했다. 우치무라는 〈성서의 연구〉에 종종 법연(法然), 친구(親鸞) 등 불교 성인의 시를 실었다. 기독교에 대해서도 사도 전승의 장점을 인정하여, 만일 그가 어딘가의 교회에 소속된다고 한다면 로마 가톨릭을 생각할 것이라고도 말했다. 그리스도로부터 임명받은 사도에서 점차 개인을 통해 성직 서임된다는 정신적 전통의 이상에 가장 가까운 형태를 취하고 있다고 생각했기 때문이다.

우치무라는 내면의 자유를 존중했기 때문에 타인의 신앙을 바꾸고자 하지 않았다. 그는 "내가 견딜 수 없는 것"이라는 글에서 자신의 방식을 논했다. 많은 크리스천은 다른 그룹에서 멤버를 뺏어 오는 것을 미덕이라고 하지만, 그런 행위는 '정치적 제국주의자'의 행위와 다름없다. 불교나 천리교(天理敎)를 믿는 것은 나쁜 것이 아니다. 나쁜 것은 질투, 도둑질, 살인, 분쟁, 비난이다. 이러한 악덕으로부터 해방되도록 도와주면 충분한 것을, 악덕은 방치한 채 타인의 종교만 개종시키려 하는 것은 잘못이다. 나는 내 신앙의 기초에 대해 질문하는 사람에게 대답하는 것으로 전도한다. 내 신앙을 나눌 수 있는 사람과 신앙에 대해 토론한다. 때때로 공적인 장소에서 내 신앙에 대해 이야기할 때도 있다. "미약하지만 진리 발전에 공언하기 위해서이다. … 나는 그 채용을 강제하고 다른 사람을 압박해서는 안 된다고 생각한다. … 그것을 하나님과 시간에 맡겨 두면 그것으로 충분한 것이다." 나아가 나에게 와서 동료가 되고 싶다고 말하면 기꺼이 받아들이나, "내가 권면하는 것은 나와 같이 되라는 것이 아니라 오히려 나와 같이 되지 말라는 것이다"라고 했다.[45] 그는 기독교 신앙에 입각해 살기를 원하는 사람에 대해서는 엄격하게, 다른 신앙을 가진 사람들에게는 관대했던 것이다. 이러한 그의 태도는 자기주장의 배타적 권위를 주장하며 스스로를 절대화시키는 오늘날 수많은 개신교인들과는 많이 다르다.

[45]　內村鑑三,〈予の耐えられない事〉,《全集》16, 402-404.

(2) '프로테스탄트적 인간'의 관철

우치무라의 무교회가 조직론에서 개인의 내면성에 근거한 조직 거부라는 소극적 형태를 띤다면, 그 적극적인 면은 일상성 속에서의 주체적 실천에서 찾아볼 수 있다. 그는 기독교인의 생활 그 자체를 부단한 예배 행위로 보았고 모든 활동이 그리스도에 대한 봉헌이라고 생각했다. 따라서 예배 행위와 일상생활 간에 구분이 없다. 기독교인은 전 생활을 통해 그리스도의 증인이 되어야 한다고 생각하기 때문이다. 우치무라의 강렬한 신앙적 실천성에서 주목할 것은, 그가 삶의 영역에서 특별히 사회적, 정치적 영역을 신앙적 책임의 영역으로 적극 받아들였다는 점이다. 기독교 신앙을 인간의 전 삶의 영역 안에서 관철시키려 했을 때, 인간의 삶에서 특별히 종교적인 영역과 비종교적인 영역을 나눌 수 없다. 왜냐하면 사회 정치적인 공적 영역을 포괄하는 모든 일상성이 종교적인 영역이고, 바로 그 안에서 신앙적 실천이 이루어져야 했기 때문이다. 따라서 우치무라는 성서의 말씀이 인류 역사의 지향점과 일치한다는 확신 아래 성서의 말씀에 현실 역사를 조응시켜 현실을 분석하고 대응하는 예언자적 실천을 대단히 중시했다.[46] 그는 기독교의 복음이 예언과 분리될 수 없는 상호 공속적 관계에 있다고 보았다. 즉 인간을 해방하여 참주체로 세우는 기독교의 복음은, 피조

46　土肥昭夫, 앞의 책, 193-194쪽.

물이면서 마치 창조주인 것처럼 인간을 억압하려는 모든 의식이나 제도에 비판, 항거하며 신적 공의의 공동체를 대망하는 예언과 늘 어깨를 나란히 한다는 것이었다.

따라서 그는 정치·사회적인 공적 영역에서 예언자적 비판과 대안을 제시하는 것은 기독교 신앙의 양보할 수 없는 신앙적 실천이라고 보았다. 〈교육칙어〉에 들어 있는 천황의 서명에 경례하기를 거부함으로써 '국적'이라며 박해를 받은 불경 사건에서 보았듯이, 자기를 절대화하는 천황제 국가권력의 우상성에 대한 저항이나, 러일전쟁 때 일본의 여론에 저항하며 비전(非戰)을 주장한 점 등은 이러한 신앙 실천 행위였다.[47] 복음과 예언의 공속성을 주장하는 그의 태도는 교회 제도에 대해서뿐 아니라 국가권력에 대해서도 복음의 자유에 근거하여 '진리'를 증언하는 신앙 고백이었다. 즉 루터의 종교개혁에서 미완으로 끝난 정치권력으로부터의 자립을 통해, 일상성의 모든 영역에서 프로테스탄트적 인간상을 관철하고자 했던 것이다.

5) 결론을 대신하여

이상으로 우치무라의 루터 이해와 그 비판적 계승 양식을 살

---

47   이에 대해서는 양현혜, 《우치무라 간조―신 뒤에 숨지 않은 기독교인》참조.

펴보았다. 그는 루터가 기독교를 율법적 이해에서 해방시킴으로 써 복음을 재발견하게 했으며, 복음의 자유에 근거해 진리를 증언 하는 '프로테스탄트적 인간'상을 주조함으로써 서구 근대의 문을 열었음을 높이 평가했다. 그러나 한편에서 루터의 종교개혁이 구 원에 불가피한 전제로서 성만찬과 세례를 온존시킴으로써 '오직 은총으로' 주어지는 구원의 신적 주도권을 훼손시켰을 뿐만 아니 라, '만인 사제주의'를 관철하지 못했음을 비판했다. 또한 내면적 자유에 대한 존중에서 비롯되는 종교적 관용과 국가권력으로부 터의 자립을 관철시키지 못했음도 비판했다. 이 점에서 그는 루터 의 종교개혁을 '미완의 개혁'이라고 보고 그 비판적 계승을 추구했 다. 즉 개인의 내면성에 근거한 조직 거부와 정치적 영역을 포괄하 는 일상성에서 '프로테스탄트적 인간'의 관철이라는 두 축을 중심 으로 하는 '무교회'를 통해, 루터의 종교개혁 정신을 그 논리적 귀 결까지 철저화하는 사유와 실천의 실험을 도모했던 것이다.

이러한 우치무라의 실험은 두 가지 점에서 루터의 종교개혁 의 한계를 보완했다고 할 수 있다. 첫째, 루터의 종교개혁은 복음 에 근거한 개인의 내면의 자유를 발견했으나, 그것은 1555년 아우 크스부르크 평화 협약에서 '가톨릭파와 루터파에게만 동등권을 허락하기로 규정'한 것에서도 알 수 있는 바, 개인의 신앙적 양심 의 자유와는 거리가 멀었다.[48] 기독교 각 교파 상호간의, 나아가 종 교 상호간의 종교적 관용을 어떻게 이루어갈 것인가는 오늘날까 지도 사상적 과제로 남게 되었다. 이 점에서 개인의 내면적 양심의 자유에 대한 존중에 근거한 우치무라의 종교적 관용의 주장은 루터의 종교개혁의 한계를 보완하고 있다고 볼 수 있다.

둘째, 우치무라가 정치적 영역을 포괄하는 일상의 모든 영역에서 프로테스탄트적 인간상을 관철한 것은 루터의 종교개혁 이래 문제되어 왔었던 국가권력과 기독교인의 관계 설정에 대해 커다란 시사점을 제공한다. 복음의 자유에 근거한 깨어 있는 양심으로서 정치적·공적 영역에서도 예언자적 비판과 대안을 제시하는 것이 기독교인의 신앙적 의무라고 하는 우치무라의 주장은 국가권력으로부터의 자립이라는 문제를 해결하는 하나의 모델을 제시한다.

마지막으로 우치무라의 사유 실험이 오늘날 종교개혁을 생각하는 우리에게 주는 통찰력을 생각해 보자. 첫째, 그의 사상은 자유와 해방이 인간 동료에 대한 책임과 연결되어 있다는 '프로테스탄트적 이해'와 일치한다. 루터의 유명한 《기독교인의 자유》의 2 명제에 따르면, 기독교인은 '모든 것에 대한 자유로운 주인으로서 누구에게도 종속되지 않는다'. 그러나 동시에 또한 기독교인은 '모두에게 봉사하는 종으로서 모든 사람에게 종속한다'는 것이다.[49] 프로테스탄트적 인간에게 자유와 책임은 동전의 양면과 같은 상즉(相卽) 관계에 있다. 따라서 프로테스탄트적 인간에게 중요

48   토마스 M. 린제이, 앞의 책, 404쪽. 개인의 종교의 자유는 1648년 베스트팔렌 조약을 기다려야 했다.

49   마르틴 루터, 〈독일 크리스찬 귀족에게 보내는 글〉 참조.

한 것은 개인 윤리만이 아니다. 인간 동료에 대한 책임과 연관된 모든 사회 정치적, 공적 영역에서 '사랑의 봉사'를 실천하는 기독교 사회 윤리가 특히 중요하다.

그렇다면 사회 윤리를 실천할 주체는 누구인가. 그것은 프로테스탄트적 인간으로서의 '신도'이다. 신도란 누구인가. 신도란 자신이 무엇에 근거해 살고 또 어디를 향해 여행하고 있는가를 아는 자를 말한다. 동시에 신도는 사회와 교회 사이에서 진실한 대화와 실천을 만들어 내며 자기 신앙을 증거하는 경계선에 서 있는 자이다. 그들의 주요한 과제는 교회가 내부자의 경건에 탐닉하는 것이 아니라 신앙적(=사회적) 집단의 기능에 머무르도록 깨어 있는 것이다. 이들을 통해 교회는 일요일 예배 밖에서도 존재할 수 있고 교회의 현실성을 담보할 수 있다. 따라서 신도를 이 특수한 위치에서 끌어내어 교회에 충실한 협력자(=동역자)로서 길들이는 것은 치명적이다. 이것은 교회의 게토화에 이르는 길이기 때문이다. 이제 교회에서 신도보다 더 중심적 지위는 없다. 교역자는 신도와 함께 일해야 한다. 교회의 역할은 사회에서 사랑의 봉사라는 '사도적 선교'의 사명을 감당하는 자립적 주체로 신도를 얼마나 성장시키는가로 검증받아야 한다. 이제 교회는 '에클레시아'의 형태와 동시에 사회 속에서 신도를 통해 활성화되는 기독교적 세포를 통해 형성되는 '디아스포라'로서도 존재한다고 할 수 있다.[50] 이러한 점에

50   宮田光雄, 앞의 책, 90쪽.

서 우치무라의 무교회가 평신도로서 일상의 삶에서 주체적인 신앙 실천을 신앙생활의 가장 중요한 핵심으로 주장한 점도 평신도 종교로서 개신교의 '만인 사제주의'를 적극적으로 현실화한 형태라고 평가할 수 있을 것이다.

또한 우치무라의 교회론에도 중요한 시사점이 있다. 그것은 지상의 모든 교회가 현실태가 아니라 잠재태에 불과하다는 지적이다. 루터의 종교개혁에서 나타난 바, 지상의 모든 교회는 그리스도를 머리로 하는 '천상의 교회'를 지향하는 도상의 조직으로서 존재한다. 그렇기 때문에 교회는 숙명적으로 끝없는 비판적 자기 쇄신에 열려 있어야만 한다. 오늘날 교회를 고정된 불멸의 신성한 실체로 보는 '비개신교적' 개신교가 너무 많은 현실에서 격세지감이 없지 않다.

1962년의 제2차 바티칸 공의회 이래 개신교는 가톨릭에게 커다란 도전을 받고 있다. 바티칸 공의회는 성서를 높이 평가하는 개혁, 평신도 원리를 전면적으로 부각시키는 개혁, 세속 사회에 대한 적극적 대응으로서의 개혁을 표방했다. 이 점에서 '프로테스탄트적 원리'는 이제 개신교만의 전유물일 수 없다. 유명한 가톨릭 신학자 한스 큉(Hans Küng)은 "루터가 주장한 정당한 요구의 많은 부분은 이번 제2차 바티칸 공의회에 의해 실현되었다고 생각된다"고 하며, 루터가 오늘날 가톨릭교회 안에서 태어났다면 과연 종교개혁을 했겠는가 물었다. 아울러 그는 "개신교는 이제는 더 자기 비판적인 이해와 개혁을 가지고 우리들에게 효과적으로 맞서야 되지 않겠는가"라며 개신교의 자기 개혁을 촉구했다.[51] 과연 그 대답을 오늘날 개신교는 가지고 있는가.

카를 바르트는 바티칸 공의회와 관련해, '에큐메니컬적 교회 일치'를 위한 교회 혁신은 '타자의 회심'이 아니라 '자기 회심'으로부터 시작되어야 한다고 강조했다.[52] 이제 세계 교회의 진보는 교회 자체의 구조와 사회적 실천의 전환이라는 두 가지 문제와 불가분의 관계에 있다. 따라서 에큐메니컬적 문제는 먼저 교회 개혁의 문제가 되는 것이다. 즉 자기 교회에 대한 비판적 개혁의 작업이다. 이러한 점에서 자기 교회에 대한 비판적 혁신을 논하며 진리를 추구하는 모든 종교에 대한 존중을 말하는 우치무라의 '종교적 관용' 역시 오늘 우리에게 시사하는 바가 크다 하겠다.

<hr>

51   宮田光雄,《キリスト教思想史研究》, 124.

52   宮田光雄, 앞의 책, 44쪽.

4. 일본 무교회와 그 현황[53]

1) 우치무라의 무교회주의

우치무라의 무교회주의란 무엇인가. 결론부터 이야기하자면 무교회주의의 핵심적인 주장은 구원은 그리스도에게 있다는 것 그리고 일상의 삶에서 그리스도와의 결합을 증거하고자 하는 '일상성의 신앙'이 신앙생활의 본질이라는 것이다. 이러한 무교회주의는 우치무라의 기독교 이해의 본질이라기보다는 그 신앙의 귀결이었다. 따라서 그에게 교회 소속 여부나 성례전 여부의 문제는 거의 의미가 없었다. 오직 그리스도의 생명에 참여하여 자신의 일상의 삶에서 산 신앙을 증명하는 것에 집중하고자 하는 것이 그의 최대의 관심이었다. 이를 두고 그는 이렇게 말했다. "나에게

53   양현혜, "일본 무교회운동과 그 신학." 〈일본사상〉 21 (2011) 가필 수정, 전재.

교회 없고 그러나 그리스도 있고, 따라서 그리스도가 있기 때문에 나에게도 역시 교회가 있고, 그리스도는 나의 교회가 된다."[54] 그에게는 '교회 바깥에 구원 없다'는 원칙은 타당하지 않았다. 그러나 그는 늘 '그리스도 바깥에 구원 없다'는 신앙적 현실 안에 머물러 있었다.

이러한 우치무라의 교회관은 다음과 같이 요약될 수 있을 것이다. 그는 구원을 관리하는 기관으로서 교회를 철저히 거부했다. 반면 '일상성의 신앙'을 통해 그리스도와의 결합을 증거하려는 사람들의 사랑과 자유의 친교로서의 교회는 환영했다. 그리고 사랑과 자유의 친교를 조직화하려는 모든 인간적인 노력에 저항하고자 했다. 그는 '결정(結晶)하는 교회를 파괴함으로써 참된 교회를 건설하며 전진하자'고 하며 무교회를 포함한 모든 교회의 끝없는 자기 쇄신을 촉구했다.[55]

그렇다면 우치무라는 자신의 무교회와 기성 교회의 관계는 어떻다고 생각했는가. 우치무라는 전통적인 교회를 파괴하려고 하지 않았다. 그는 재래의 교회의 자유와 평화를 방해해서는 안 되며, 또한 무교회주의를 교회 안에서 주장해서는 안 된다고 충고했다. 무교회 운동은 재래의 교회와 정면에서 경쟁하고 대립하려고 하는 반체제가 아니었기 때문이다. 오히려 무교회는 인간의 구

54　內村鑑三, 〈私が敎會〉, 《全集》 15, 383.

55　內村鑑三, 〈無敎會主義の前進〉, 《全集》 14, 489.

원이 인간적인 것에 의거하지 않고, 오직 그리스도에 대한 신앙에 의한다는 신앙적 귀결로서 생겨난 것이었다. 그런데 무교회가 기성 교회와 그 예전을 부정하면서 부정 그 자체를 고정적인 형식으로 절대화하고, 자기 자신을 순수한 교회로서 정당화한다면 스스로도 교회주의의 정통성 주장과 같은 오류에 빠지지 않을 수 없는 것이다. 따라서 우치무라는 신에게만 의지하고 인간적인 모든 것으로부터 독립하는 신앙이야말로 제1차적인 것이었고 무교회주의는 제2차, 제3차의 것이라고 했다. 그는 "교회는 부패해도 … 나는 그 안에 머무르고 계시는 성령 때문에 교회를 존경하지 않을 수 없다"고 하면서, 교회를 성령이 머무는 곳으로 인정할 수 있었던 것이다.[56]

우치무라의 사후, 무교회와 기성 교회의 관계를 특히 고민한 사람은 제3세대의 대표적 리더의 한 사람인 세키네[關根正雄]였다. 그는 무교회의 과제로 다음 세 가지를 들고 있다. 첫째, 무교회가 살아 있는 개인들의 진정한 연대의 공동체가 되려면 끝없는 자기 부정을 통한 자기 건설 작업을 필요로 한다. 또한 무교회는 선생-제자 관계의 조직화를 피하려고 노력해야 한다. 이 관계는 신앙을 매개로 한 개인들의 자발적인 모임에 한해서만 유용한 것이어야 한다. 왜냐하면 개인이 늘 자유롭게, 자발적으로, 직접적으로 그리스도에게 참여하기 위해서는 가장 단순한 형식에 머물러야 하기

---

56   宮田光雄, 앞의 책, 58쪽.

때문이다. 세키네는 교회가 그 세속적 구조를 파괴하면 할수록 진정한 교회에 가까워진다고 보았다. 그리고 교회가 자기 부정을 하면 할수록 자기를 교회로서 긍정해 갈 수 있다는 이 역설적인 변증법은 무교회에도 적용되어야 한다고 보았다.[57] 무교회를 역사적 실체의 하나로서 정당화할 수는 있어도 자기 비평을 게을리 할 수는 없다. 왜냐하면 자기 정당화가 자기만족이 된다면 무교회는 조직적 교회의 오류를 계승하게 되기 때문이다. 따라서 끊임없는 성실한 자기 비판이 요구되는 것이다.

두 번째로 세키네는 무교회 운동은 조직으로부터 해방되고, 그럼으로써 사회에 대해 문을 열고 이 세상의 짐을 스스로 짊어지려고 하는 교회, 즉 '세상을 위한 교회'가 되어야 한다고 주장한다. 무교회인들은 사랑의 봉사를 통해 세상을 극복하기 위해 이 세상에 파견되는 자들로서 각자가 처한 자리에서 그리스도의 증인이 되고 에클레시아를 건설해야 한다는 것이다. 또한 무교회는 자신과 동일하게 '세상을 위한 교회'를 지향하는 기성 교회들의 모든 움직임과 연대할 때 교회로서의 존재 이유를 다 할 수 있다고 보았다. 그리고 이러한 '전투적 교회'야말로 늘 무교회 운동의 본질적인 표식이어야 한다는 것이다.

세 번째로 세키네는 기성 교회와 그 신학과 끊임없이 접촉함으로써 교회와 생산적인 대화를 나누고 연대하는 것을 무교회의

57　カルロ・カルタロラ,《內村鑑三と無敎會》, 東京: 新敎出版社, 1978, 94.

제3의 과제로서 들고 있다. 경험하지도 않은 것을 추상적으로 거부하는 것은 무의미하고 율법주의적인 것이다. 무교회가 교회의 제반 형식을 알고 그 형식화를 알아차리고 부정할 때 무교회와 교회는 상호 생산적인 관계를 가지게 된다는 것이다. 세키네는 이러한 세 가지 과제를 염두에 둔 끊임없는 자기 부정을 통해 무교회가 보이지 않는 정신적 교회라고 하는 목표를 향해 전진할 수 있을 것이라 한다.[58]

2) 무교회의 구체적 운영 방식과 현황

무교회 집회는 안수받은 목사를 두지 않는다. 집회는 '만인사제주의'에 근거하여 완전히 평신도에 의해 지도된다. 리더는 많은 경우 세속 직업을 가지고 있다. 그들은 매 주일 혹은 그 이외의 자유 시간을 복음전도에 쓰고, 소수의 예외를 제외하면 선교 활동에 전문으로 종사하지는 않는다. 그들은 매 일요일마다 행하는 성서 강해와 또 월간 전도 잡지를 통해서 집회를 지도한다. 이렇게 해서 사람들이 인격적인 신앙적 결단에 이르게 하고 사회에서 신앙에 입각한 책임 있는 태도를 결정하도록 만들려는 것이다. 집회를 가지는 장소는 많은 경우 임대한 집회장, 개인 집, 대학 내지 공

---

58   앞의 책, 95쪽.

장 등이다. 집회에는 우치무라의 집회를 모델로 하여 관행화된 일정한 형식이 있다. 그러나 거기에 기독교인이라면 필수적으로 소속하지 않으면 안 된다고 규정된 제도는 없다. 역으로 무교회 집회에 참가하는 것, 그것만으로 이미 참기독교인이 된다는 의미도 아니다. 우치무라와 그의 후계자들은 이러한 집회를 통해 교회도 조직도 예전도 없이, 신앙생활과 교제를 지속해 갔다.

또한 무교회 운동의 리더는 우치무라의 모범에 따라 후계자를 지명하지 않고 자신의 집회를 해산하고 잡지를 폐간하고 세상을 떠난다. 리더가 떠난 그룹의 남은 멤버들은 이제 둘 혹은 세 사람이 하나님의 부르심에 의거해 그들 자신의 집회를 새롭게 시작하든지, 아니면 다른 집회를 찾아가게 된다. 새롭게 시작되는 집회는 결코 이전의 집회의 연속이어서는 안 되는 것이다.[59] 종교사회학적으로 보면, 이러한 무교회 집회는 조직으로서의 교회를 유지하려는 노력을 최소한으로 하는 가볍고 단순한 소규모 조직 양식을 취하고 있다.

무교회는 전국적인 사무국이 없고, 고유의 건물, 재산 내지 기금을 가지지 않는다. 그들 간의 공통적 유대라고 한다면 1년에 한 번 우치무라가 사망한 날에 열리는 '무교회 전국 집회'이다. 그러나 그것은 결코 대의원에 의한 의회도 아니고, 또 공적인 성격의 것도 아니다. 무교회는 당연히 아무런 통계도 없다. 그러나 무교회

---

59   양현혜,《우치무라 간조—신 뒤에 숨지 않은 기독교인》, 343쪽.

운동의 회원은 10만 명 정도로, 일본 개신교인 전체의 5분의 1을 점한다고 추정된다.[60]

현재 5, 6세대에 이른 무교회인들은 우치무라의 '일상성의 신앙'을 충실히 계승하고 있다. 특히 사회, 정치, 국제 관계라는 공적 영역에서도 예언과 복음의 공속성에 입각한 예언자적 애국을 계승하고자 한다. 무교회 제2세대에서 그의 예언자적 애국을 적극적으로 계승한 사람은 야나이하라[矢內原忠雄]과 남바라[南原忠] 등이었다. 그들은 일본의 파시즘에 적극적으로 저항했고, 패전 후 동경대학교 총장이 되어 일본의 전후 민주주의 개혁에 크게 공헌했다. 현재 무교회 5, 6세대에서도 이 전통은 충실히 지켜지고 있다. 이들은 우치무라의 비전평화주의 관점에서 인간의 존엄, 인권의 존엄, 특히 제9조에서 전쟁의 완전 방기(放棄)를 강조하고 있는 평화헌법을 지지하고 있다. 무교회인들은 "일본 국민은 정의와 질서를 강조하는 국제 평화를 성실히 희구하고 국권이 발동하는 전쟁과 무력에 의한 위협 또는 무력의 사용은 국제 분쟁을 해결하는 수단으로서는 영구히 방기한다. 전항의 목적을 달성하기 위해 육공군 그 외의 전력은 보유하지 않는다. 국가의 교전권은 인정하지 않는다"라는 내용의 '평화헌법 9조'를 신으로부터 일본에 내려진 특별한 축복으로 받아들이고, 이에 대한 어떠한 개정 움직임에도 반대하고 있다. 또한 근대 일본의 침략 전쟁에서 사망한 군인들의

[60]　宮田光雄, 앞의 책, 64쪽.

죽음을 '위업'으로 찬양하고 그들을 국가의 신으로 제사 지내려고 하는 '야스쿠니 법안'에 대해서도 단호히 반대하고 있다. 그들은 일본인이 자국에 대해서 책임질 뿐만 아니라 동시에 국제 사회에서 존경받길 원한다면 타국의 여러 권리를 승인하는 보편적인 정치 도덕을 일본이 배워야 한다고 여긴다.[61]

오늘날 평화헌법 9조를 폐지하여 일본이 전쟁을 할 수 있는 '정상적인 국가'가 되어야 한다는 일본의 우경화가 날로 심화되고 있다. 한편, 한중일을 둘러싼 동아시아가 '신냉전 체제'로 개편되어 가고 있다는 우려도 확산되고 있다. 이러한 때 평화헌법 9조 개정과 야스쿠니 법안 통과에 저항하는 무교회인들의 신앙적 실천은 '참다운 기독교는 평화를 이루는 소식'이 되어야 한다는 우치무라의 비전주의를 계승하는 귀중한 신앙적 증언이라고 하겠다.

61　カルロ・カルタロラ, 앞의 책, 287-290쪽.

4장

기독교와 국가권력

1. 김교신과 국가권력

김교신이 기독교와 국가권력의 관계에 대해 논한 글은 찾기 어렵다. 식민지민이 조선총독부 권력을 비판하는 것이 허용되지 않던 시절이었다. 그뿐만 아니라 출판법의 검열을 받아야 하는 〈성서조선〉에 이러한 주제로 공공연히 글을 쓰는 것은 있을 수 없는 일이었다. 그럼에도 '복음과 예언의 공속성'에 근거해 공적 영역에 대한 사회 평론을 검열의 틈새를 이용해 게재하고자 했던, 그의 글의 숨은 행간에서 기독교와 국가권력의 관계에 대한 그의 생각을 엿볼 수 있다. 대표적인 것으로 1934년 1월의 일기 한 부분과 "아모스서의 대지(大旨)", "무교회 간판 취하(取下)의 의(議)", "예언자의 소리"를 들 수 있다.

일기(1934년 1월 1일, 60호)

역사는 지울 수 없다. 허무한 것을 만들어 가지고 한 민족, 한 국가
가 왕성한 예도 없지 않다. 그러나 그것은 적어도 진(眞)은 아니다.
참이 아닌 역사에 취한 백성은 깨는 날에 그 멸망이 심하다. 범사가
다 그렇지만 특히 역사에 관하여서는, 성서적 입장에 서지 못하는
역사는 그 대소를 물론하고 만주 광야에 기복(起伏)하는 마적단의
역사에 불과하다는 것이 더욱 느껴진다.

아모스서의 대지(大旨)〔1936년 12월, 95호〕

… 인도에 어그러진 죄악이니 국가나 개인이나 명백한 도의에 위반
하고는 여호와의 진노를 피할 수 없다는 것이 아모스의 예언이요,
또 역사는 저의 예언대로 실현하고야 말았다. 개인의 도덕은 엄격
하게 하면서도 국가나 민족의 죄악에는 전혀 무감각하거나 또는 오
히려 이를 선화미장(善化美粧)하여 찬양하려는 것이 인간의 생각인
데 반하여, 개인과 국가의 도덕적 표준에 차이를 허용치 않을 뿐 아
니라 도리어 민족적이나 국가적 범죄를 한층 엄혹하게 상세하게 심
판하여 세계 역사상에 명쾌하게 제시하는 것이 성서의 교훈이요 또
한 역사에 응하여 나타나는 사실이다.

무교회 간판 취하(取下)의 의(議, 1937년 5월, 100호)

… 무교회인이 대립 항쟁하는 대상이 하나 있다. 그는 '무릇 진리를 거스리는 자를 향하여 선전 포고하는 일'이니, 그 대상자는 시대와 장소를 따라 변한다. 오늘날 우리 기독교도의 앞에 진리를 거역하는 구실을 맡고 대립할 자는 심히 강대한 괴물이다. 여호와를 경배하면서 가이사의 것은 가이사에게 주되 하나님의 것은 하나님 아버지께만 바치고자 하는 무리는 모조리 교회의 안에 있거나 밖에 있거나 힘을 다하여 싸워야 할 시대를 당하였다. 순교의 피를 뿌려야만 진리의 종교를 판별하게 된 세태이다. 이런 세대인 고로 구원이 교회 안에 있다, 밖에 있다 하는 논쟁에는 우리는 흥미를 잃었다. 그리스도를 위하여 박해를 감당하는 자, 그대의 무덤을 우리가 예비하고자 하거니와 또한 우리 시체가 보이거든 그대가 취심(就心)하라.

예언자의 소리(1937년 9월, 104호)

이스라엘의 마지막 예언자 세례 요한은 광야에서 외치기를, "이 독사의 족속들아! 닥쳐올 그 징벌을 피하라고 누가 일러주더냐? 너희는 회개했다는 증거를 행실로써 보여라 … 도끼가 이미 나무뿌리에 닿았으니 좋은 열매를 맺지 않은 나무는 다 찍혀 불 속에 던져질 것이다"고 재촉하기까지 시대가 변하고 인물이 달라져도 이스라엘 예언자들의 일관되고 변하지 않는 슬로건이 있었으니 그는 바로 **'도덕 생활에 귀환하라'**는 것이었다.

마지막 예언서인 말라기서의 한 가정의 구원은 부부의 경건한 생애와 부자(父子)의 효도에서부터 시작한다고 했으며, 사회와 국가의 중흥은 당시의 지도자 계급이었던 제사장들의 성결한 생활에 달린 것이라고 경고한 것 역시 마찬가지다. 개인과 가정의 구원, 사회와 국가의 융성은 모두 건전한 도덕 생활의 기초 위에 서지 않으면 안 된다는 그것이다. 건실한 도덕적 생활로 돌아오기만 하면 난마(亂麻)와 같이 된 당시의 유대 민족이라도 갱생이 땅 짚고 헤엄치기보다 쉬운 일이라는 것이 저들의 확신이오, 기독교의 항구 불변한 원칙인 것이다.

그리고 도덕이란 무엇인가. 한 가지 두 가지의 과오나 실책의 문제가 아니다. 생활의 근본 방침에 있어서 하나님께 대한 태도, 곧 신앙이 도덕이다. 하나님을 경외하고 이웃을 자기처럼 사랑하는 것이 도덕의 시작이요 신앙의 완결이다. 하나님과의 바른 관계, 이것이 도덕의 총화요 갱생 융성의 원동력이라고는 예로부터의 예언자가 번갈아서 외치는 소리이다.

"의는 나라를 융성케 하고 죄는 백성을 욕되게 한다"(잠 14:34)는 것이 기독교의 국가 도덕이다. 이스라엘 역사는 이 자명한 공리의 실험적 기록이어니와 세계 역사, 이방의 모든 역사도 이 철칙에서 예외일 수는 없다. 그러나 가장 가까이 있는 것을 가장 마지막에야 발견하는 것이 인류의 과학 발달사였던 것처럼 가장 명백한 진리를 최후까지 더듬고 의아해하는 것이 영리한 인간의 지고 나온 운명인 듯하다.

옛날은 말할 것도 없이 근대에 이르러 19세기 초두에 '독일 국민에게 고함'이라는 피히테의 강연이 베를린에서 들릴 때에 이 지상에서 건실한 국가가 생길 것 같았다. 과연 독일의 융성과 번창은 일취월장했다. 그러나 개인의 경우와 마찬가지로 국가도 상당한 정도로 부강해진 다음에는 그 공로의 전부를 자기의 힘으로 돌린다. '힘은 정의'라는 철학이 니체를 기다리지 않아도 발생한다. 이 새로운 원칙을 실제 역사에서 증험(證驗)한 것이 세계대전이었다. 인류는 실로 막대한 수업료를 내고서야 '힘은 정의가 아니다'의 증명을 배웠다. 그만하면 인류는 도덕으로써 정의로써 영광과 융성의 반석을 삼고 다시 동요함이 없을 줄 알았더니 오늘날의 세태는 실험 끝의 법칙을 전보다 더한 수업료로써 다시 한번 시험하지 않고는 마지못할 형세이다. 이때에 우리는 예언자의 소리에 경청하면서 세계사의 변전(變轉)을 주시하고자 한다.

2. 공의, 역사의 철칙

김교신은 한 국가가 지향해야 할 가치가 무엇인가에 대해서 분명한 철학이 있었다. 그는 근대 세계가 국가주의의 이념에 갇혀서 개인의 도덕과 국가의 도덕을 구별하여 국가라는 집단적 이기주의를 긍정하고 옹호하는 것에 반대했다. 그에게 국가는 인류 역사에서 도덕과 정의를 실현해 가야 하는 집단적 단위였다. 이것이 국가가 신의 세계의 역사에서 수행해야 할 과제이자 임무였다. 이러한 과제를 수행하지 못하고 '힘이 곧 정의'라는 가치관에 서서 영토를 넓히고 세력을 자랑하기에 급급한 국가는 그에게 '만주의 마적단'에 불과한 것이었다. 만일 국가가 이러한 마적단의 길을 걷는다면 그것은 '신적 공의'에 대항하는 거대한 괴물이다. 그는 기독교인은 이미 신적 위임에서 벗어나 거대한 괴물로 변해 버린 국가에 대해 도덕과 정의를 바로 세우기 위해 예언자적 비판과 대안을 제시하며 순교를 마다하지 않고 저항해야 한다고 보았다.

김교신이 소천한 이후 한국 사회는 해방과 분단, 전쟁 그리고 독재를 겪으며 수많은 사람들의 피와 땀으로 민주화와 번영을 이루어 왔다. 그러나 절차적 민주주의가 수립되었다고 자부하던 한국 사회가 이념, 지역, 젠더, 세대 간의 갈등으로 거의 ‘내전 직전’의 상태라고 할 정도의 혐오와 적대감으로 몸살을 앓고 있다. 이러할 때에 김교신이 말한 대로 ‘정의와 도덕’에 근거한 대한민국이 되기 위해 개신교가 제공할 수 있는 성서적 혹은 사상적 지침은 무엇일까. 다음으로는 기독교와 국가권력의 관계를 물을 때 등장하는 필수적인 주제인 로마서 13장 1절 이하와 정교분리 원칙에 대해 생각해 보자.

3. 한국 개신교에 나타난 로마서 13장과 국가권력과의 관계

1) 문제 제기

구한말에 전래된 한국 개신교는 근현대 한국사와 불가분의 관계를 맺고 전개되어 왔다. 식민지 시대와 군부 독재 시대를 거치면서 한국 개신교에 있어서 국가권력에 대해 기독교가 어떠한 태도를 취해야 하는가의 문제, 즉 국가권력과 기독교의 관계는 역사 인식 및 정치 윤리에 있어서 가장 핵심적인 문제가 되었다. 국가권력과 기독교의 관계에 대한 성서의 텍스트로는 '카이사르의 것은 카이사르에게, 하느님의 것은 하느님에게'(마 22:21), 즉 '카이사르의 것'과 '하느님의 것'을 구별할 것을 명한 그리스도의 말씀이 근원적인 영향을 미친 것은 말할 필요도 없다. 또한 '하느님에 의해 세워진' 권위에 대한 복종을 논하는 바울의 로마서 13장 1절 이하의 구절, '사람에게 복종하기보다도 하나님에게 복종하라'를 요구하는 베드로의 언급(행 5:29), 나아가 악마화한 국가를 '바다 밑에서 올라오는 용'으로 보는 묵시록의 이미지(계 13:1 이하) 등도 중요한 전거로 거론된다.[1]

국가와 기독교의 관계를 논하는 이들 텍스트 가운데 단연 압도적인 영향을 미친 것은 바울의 로마서 13장이었다. 저명한 사학자 레오폴드 폰 랑케(Leopold von Ranke, 1795-1886)가 로마서의 이 텍스트를 "세계사에서 사도 바울이 쓴 가장 중요한 문장"이라고 지적한 것처럼, 권력의 정당성의 근거를 문제시하고 하나님과 권력이라는 이원적인 충성의 상극 사이에서 권력에 대한 복종의 한계 또는 저항권의 가부를 규정하는 과제를 부각해 왔기 때문이다.[2]

또한 영향사라는 관점에서도 로마서 13장은 다른 텍스트와 비교할 수 없이 압도적이다. 유럽 정신사에서 로마서 13장은 오랫동안 국가 형이상학의 성서적 전거로서, 민중의 무조건 복종을 요구하는 규범적 근거로서 일면적으로 해석되었다. 이 텍스트로부터 한편으로는 하나님이 세운 '정치적 관직의 특별한 존엄성'이, 한편으로는 그리스도인의 '무제한·불가침의 복종 의무'가 도출되고, 나아가 '생각될 수 있는 모든 형태의 정치적 저항'이 근본적으

---

1 이 텍스트들은 물론 여러 다른 정황을 배경으로 기술되었다. 따라서 서로 강조점을 달리하는 의도를 포함한 발언들이다. 그러나 이들 모두의 공통점은 분명하다. 국가에 대해 기독교인의 무조건적 복종을 요구하지 않은 것, 국가에 대한 교회의 무한한 충성은 있을 수 없다는 것이다.

2 미야타 미츠오, 양현혜 역, 《국가와 종교—유럽 정신사에서의 로마서 13장》, 삼인, 2008, 22쪽.

로 배제되고 있다는 보수적인 해석이 끊이지 않았다.

　신약성서 학자 오스카 쿨만(Oscar Cullmann, 1902-1999)은 이 텍스트만큼 성서의 '짧은 문장으로 많이 남용된' 예가 없다고 예리하게 지적했다. 그는 "기독교인들이 예수의 복음을 따르려는 충성심에서 국가의 전체성에 관한 요구에 반대하자마자, 국가의 대표들이 신약성서를 안다며 바울의 말을 인용하는 것이 상례였다. 이 구절은 그리스도인에게 전체주의 국가의 모든 범행을 받아들이고 협력하라고 명령"하는 것으로 오용되었다고 한다.[3] 즉 로마서 13장 1절 이하의 해석사를 살펴보면, 텍스트의 기본 성격을 바울의 윤리적 권고 또는 경고로서 보는 것이 아니라, 국가에 신학적인 '근거를 부여'하려 하는 것으로 종종 강조점이 뒤바뀌어 왔으며, 여기에 해석의 논쟁을 불러일으키는 가장 큰 요인이 숨어 있다는 것이다.

　종래 우리나라 신학계에서 로마서 13장 1절 이하에 대한 연구는 주로 본문에 대한 성서학적 주석이나 석의에 집중되었고 혹은 루터나 어거스틴의 국가론을 분석하는 관점에서 진행되었다.[4] 물론 로마서 13장에 대한 성서학적 본문 연구는 중요하다. 그러나 이 문제적 텍스트가 가지는 위상과 역할을 제대로 알기 위해서는 성서학적 연구뿐만 아니라, 한국 개신교 교인들에게 이 본문이 실

3　Oscar Cullmann, *Der Staat im Neuen Testament, 2.* durchgesehene und erganzte Au-flarge. Tubingen: J. C. B. Mohr(Paul Siebeck), 1961, S. 41.

　공적 신앙의 윤리: 국가권력과 로마서 13장

제로 어떻게 이해되고 해석되어 왔는지 해석사적 접근 연구 역시 필요하다. 이러한 문제의식 속에서, 이 글은 한국 개신교가 식민지 시대와 이어지는 해방 정국 그리고 박정희 정권 시절에 로마서 13장을 각각 어떻게 이해해 왔으며, 그 결과 국가권력과의 관계를 어떻게 설정해 왔는지 분석하고자 한다. 즉 로마서 13장을 어떠한 사람들이 어떠한 이해관계 속에서 사용하고, 그 결과 무엇이 생겨났는지 검토함으로써, 로마서 13장이 특정한 역사적 상황과 결합되어 어떠한 기능과 역할을 수행하는지를 규명하고자 한다.

2) 식민지 시대 한국 개신교사에 나타난 로마서 13장

일본 제국주의의 지배 아래 신음하는 식민지 시대 한국 개신교에 있어서 국가권력과 기독교의 관계는 초미의 관심사였다. 이를 둘러싸고 로마서 13장 1절 이하의 텍스트는 다양한 주체들의

---

4 박용규, "로마서 13장 1-7절과 바울의 가르침에 대한 교부들의 해석", 〈신학지남〉 60-2(1993), 104-134쪽; 최영실, "제국의 권력과 그리스도인—롬 13:1-7의 사회사적 편집사적 연구를 중심으로", 〈신약논단〉 16-1(2009), 135-172쪽; 이승문, "로마교회의 납세 문제와 바울이 로마의 크리스천들에게 납세를 권면한 이유", 〈대학과 선교〉 27(2014), 39-74쪽; 신치재, "바울과 아우구스티누스의 법·국가 사상 비교—특히 로마서 13장 1-7절과 신국론을 중심으로", 〈중앙법학〉 17-1(2015), 311-336쪽; 권진호, "국가에 대한 그리스도인의 태도에 관한 루터 사상", 〈신학과 현장〉 25(2015), 165-188쪽; 루츠 폴, 손규태 역, 《그리스도인과 국가: 로마서 13장 연구》, 한국신학연구소, 1989 등 적지 않은 로마서 주석서들이 있다.

다양한 이해관계를 반영하며 인용되었다.

로마서 13장 1절 이하가 한국 개신교사 전면에 나타난 것은 한민족의 근대적 주체성과 정체성의 시원이라 평가되는 3·1운동 때였다. 빼앗긴 국가를 일본의 식민지 지배로부터 되찾고자 3·1 독립운동이 1919년 전개되었다. 자신들의 편에 있는 신의 정의를 확신하며 독립을 외치는 조선 개신교인들에게 일본 개신교인 시라토리[白鳥健]는 "조선의 교우에게"라는 글을 써서 자신의 입장을 밝혔다.[5] 그는 기독교인은 무엇보다도 '신의 나라의 시민'이기 때문에 세상의 것은 무가치하지만, 현실 제국의 신민으로서는 하나님께서 주시지 않은 권세는 하나도 없고 세상의 모든 권위는 다 하나님께서 세워 주신 것임으로, 일본 제국이라는 현세의 권력에 복종해야 한다고 역설했다. 그는 로마서 13장 1절 이하는 '신의 나라의 충신인 동시에 로마 제국의 애국자로서 어디까지나 민중의 지도에 잘못함이 없었던' 바울의 애국 선언서라고 주장했다. 그리고 현존의 권력에 복종함으로써 '신의 나라의 시민'과 '제국의 신민'은 모순 없이 양립된다고 조선 개신교인들에게 강변했다. 그는 신이 세운 정치적 관직의 특별한 존엄성으로부터 기독교인의 무제한 복종 의무를 도출함으로써, 생각될 수 있는 모든 형태의 정치적 저항이 근본적으로 배제된다는 지배자 측의 이해관계를 충실

---

5 白鳥健, "朝鮮の教友に", 小川圭治·池明觀 編, 《日本キリスト教關係史料: 1876-1922》, 東京: 新教出版社, 1984, 512.

히 대변하였다.

한편 민족 대표 가운데 한 사람으로 3·1운동에 참여하였다가 투옥된 길선주는 을사늑약 때 로마서 13장 1절 이하에 근거해 의병 투쟁을 저지한 과거의 일까지 심문받게 되었다. 그는 을사늑약 체결에 반대하여 전국 각지에서 일어나는 의병 투쟁에 합류하려는 신자들을 만류하며, 로마서 13장 1-2절을 인용했었다. '모든 권세는 하나님으로부터 온 것'이라고 설득하며 그들의 의병 투쟁을 저지했던 것이다. 당시 이러한 그의 행동을 두고 한 선교사는 "교회가 그를 도왔기 때문에 전 북부 지역의 분노를 진정시키고 조선을 엄청난 유혈 사태로부터 구해 냈다"라고 자랑스럽게 보고하고 있었다.[6] 평양을 중심으로 한 북부 장로교 세력권에서 "불의한 권력이라도 하나님이 세우셨다"라며 권력에 대해 무조건적 복종을 요구하는 길선주 식의 로마서 13장 1절 이하 해석이 별 저항 없이 받아들여진 것이다. 성서의 모든 문구는 성령의 감동으로 작성된 것으로 한 치의 오류가 없으며, 따라서 성서는 해석을 필요로 하지 않는다는 그의 축자영감설적 성서 해석의 전형적인 오류였다고 할 수 있었다.

길선주는 그때의 사건을 다음과 같이 회상했다. "나는 성경이 권세 잡은 자에게 복종하라는 말씀을 마음에 삭여 속으로는 불

---

6   *Annual Report of the Board of Foreign Missions of the Presbyterian Church in the U.S.A*,
     1908, 269.

평이 있으나 형식으로라도 복종하지 아니치 못하게 되었다. 그러나 형식으로라도 복종을 하게 되면 표리부동한 거짓 일을 할 수 없으니까 부득이 내심으로도 복종치 아니하면 안 될 것이라 하여 교도들에게 말을 한 일이 있다."[7] 일본 경찰이 과거의 일을 다시 들추어 심문한 것은, 의병 투쟁을 저지한 것이 로마서 13장 1절 이하의 권고에 근거한 신앙적 복종이었다면, 3·1운동에의 참여는 그것과 모순된다는 취지에서 그에게 향후 정치 운동 포기를 설득하기 위함이었을 것이다.

3·1운동 실패에 깊이 좌절한 길선주는 수감되어 있는 동안 옥중에서 신·구약 성서를 30회 이상 통독했다고 한다. 특히 요한계시록을 1만 번 이상 읽어 암기할 정도였다고 한다. 그는 요한계시록에 기초하여 말세를 이야기하면서 전국을 순회하며 부흥회를 열었다. 그리고 한국 개신교사에서 말세의 시간을 지정하는 최초의 '시한부 종말론자'가 되었다. 말세를 강조하며 천년왕국의 도래를 기다릴 것을 외치는 그의 부흥회 참가자는 누적 500만 명에 이르고, 그 결과 세워진 교회도 100개를 넘는다고 한다.[8] 수감 생활에서 석방된 길선주는 이렇게 자신의 로마서 13장 1절 이하의 이해에 충실하면서, 한국 개신교를 부흥회적 열광주의로 이끌어 교회의 탈역사화·탈정치화를 주도해 갔던 것이다.

7　　길진경,《靈界 吉善宙》, 종로서적, 1980, 352-353쪽.

8　　장병일,《살아 있는 갈대》, 대한기독서회, 1968, 56-59쪽.

시라토리가 불의한 압제에 대해 저항하지 말 것을 강권하기 위해 로마서 13장 이하를 성서적 근거로 제시했다면, 길선주는 불의에 대한 저항 포기를 정당화하기 위해 로마서 13장 1절 이하를 인용하고 있었다. 양자의 강조점은 달랐으나, 둘 다 로마서 13장 1절 이하를 권력에 대한 무조건적인 복종의 근거로 사용하고 있는 점에서는 일치했다. 3·1운동 수습책의 하나였던 조선총독부의 회유책에 부응하고자 한 조선 감리교 감독 웰치(Herbert Welch)는 1920년 2월 '현 정세에서 정부에 대한 선교사의 태도'에 관해 연설하면서, "선교사는 마음으로부터 현존의 정부를 승인하고 법규와 그 실행과 관련하여 정부의 요구에 순응할 것"을 조선인에게 권해 왔다고 주장했다. 결론적으로 그는 조선총독부가 "계획하는 모든 선한 일에 우리 선교사들은 협력을 아끼지 말아야 할 것이며, 또한 우리는 총독부의 단순한 비판자가 아니라 조력자임을 증명하지 않으면 안 된다"라고 주장하며 재조선 선교사들에게 조선총독부의 통치에 협력할 것을 권고했다.[9] 이러한 권고의 근저에 로마서 13장 1절 이하가 있었음은 말할 것도 없었다.

이 시기 로마서 13장 1절 이하는 일본 개신교인, 재조선 미국 선교사, 조선 개신교인들 모두에게, 현존하는 권력에 대한 무조건적 승인과 복종의 근거로 사용되고 있었다. 개신교의 이러한 로

---

9   Federal Council of Evangelical Mission in Korea, *The Korea Mission Field*, March 1920, 56-58.

마서 13장 해석과 그에 근거한 국가권력에의 무비판적 인종(忍從)이 식민지 시대 조선 사회의 지각 있는 사람들에게 비판의 대상이 된 것은 결코 이상한 일이 아니었다.

1925년 7월 '견지동인'(堅志洞人)이라는 필명으로 〈개벽開闢〉지에 실린 "에루살넴의 조선(朝鮮)을 바라보면서—조선(朝鮮) 기독교(基督敎) 현상(現狀)에 대한 소감(所感)"이라는 글에는, 당시 조선 사회가 로마서 13장 1절 이하에 근거한 개신교의 식민 지배 승인을 얼마나 개탄하고 있는지를 엿볼 수 있다.

… 기독교(基督敎)가 조선(朝鮮)에 드러온 지 40년(구교舊敎는 7, 80년) 동안에 만흔 박해와 핍박을 바더 오면서 조선(朝鮮)의 문화계발에 공헌한 공적이 실로 위대하엿다. … 기독교(基督敎)가 드러온 것은 민지계발(民智啓發)과 외국문명 수입상에 실로 큰 도움을 주엇다. … (그러나) 오늘날의 기독교회는 현상 긍정과, 참고서 복종하는 것을 미로 추장(推奬)하고 잇다. **모든 권세는 하나님에게 나온 것이라 하야 권세잇는 상등인(上等人)에게 복종하는 것을 복이 잇는 것으로써 설도(說道)한다**(이하 강조는 필자). 교회는 재물에 의지하는 자와 권력잇는 자에게 지배되어 낙타가 바눌구녕으로 드러가기보다 어려운 권력자의 천국 드러가는 길은 부지런이 개척하여 주는 기구가 되여 잇다.

… 선교사들이 조선 합방 전은 물론, 합방 후 몃 해 동안까지는 총독정치(總督政治)에 대한 불호감(不好感)이 끈이지 안엇슬 뿐 아니

라 총독부에서도 외국 선교사에게 대하야 맛당치 못한 눈을 보내고 잇섯다. 그런데 1919년 9월에 총독부 관제의 개정을 따러 학무국내에 종교과의 신설이 잇는 동시에 외국 선교사에게 대한 환심을 사는 일보로써 포교 규칙을 개정하야 전에는 인가(認可)를 요(要)하든 것을 굴출(屈出)에만 그치게 하며 벌금형을 업세는 등 개선의 조건을 보엿스며 … 그리하야 근년에 와서 선교사들의 총독 시정에 대한 태도는 호감(好感) 내지(乃至) 구가(謳歌)를 부르게까지 되엿다. 개중에 오부관언(吾不關焉)의 태도를 갓는 이도 잇지만 그래서 그의 일비말(一飛沫)로서 미(美) 감리감독(監理監督) 웰치의 총독정치구가담(總督政治謳歌談)이 잇게 되여 그 아레에 잇는 기독교 청년으로 하여금 일시 문제를 일으키지 안엇는가. **조선(朝鮮)의 외국 선교사들도 인제 와서는 라마(羅馬) 13장 1-12절의 거룩한 구절을 곳 잘 직히여간다. 그리고 그 아래에 잇는 신도에게 향하야 정치운동과 종교는 다르다는 것으로 부지런히 설도(說道)하면서 현상을 긍정케 하며 모든 권세는 한우님에게서 나온 것이니 상등인(上等人)에게 굴복하라고 일너준다.** 이와 가티 그 예루살넴의 조선(朝鮮)은 권위 추종자, 가난한 이를 짓밟는 외식적, 소경이 되여 남을 인도하는 위선자들의 준동(蠢動)하는 곳이 되엿다. 기독교회여! 회(灰)칠한 무덤과 가튼 예루살넴의 조선(朝鮮)이여! 복(福) 잇슬진저 너의 집이 터만 남으리로다.[10]

로마서 13장에 근거해 권력에 대해 무비판적인 인종을 유도

하는 미국 선교사들과 그들을 추종하며 일본의 식민 통치에 순응
하는 한국 개신교회에 대한 조선 사회의 통렬한 비판을 엿볼 수 있
다. 식민지 시대 일부 개신교 민족주의자들을 제외한 대부분의 교
회가 심령주의적 부흥회에 탐닉하며 탈역사화·탈정치화된 근저
에는, 로마서 13장 1절 이하에 대한 지배자 측의 이해관계를 대변
한 해석이 있었던 것이다.

3) 해방 이후 한국 개신교의 로마서 13장 이해

1945년 8월 15일 마침내 조선은 식민 지배에서 해방되었다.
해방과 더불어 한반도는 미·소의 분할 통치 그리고 이데올로기적
대결 상황 속에서 건국의 주도권을 어느 세력이 가지느냐를 두고
치열한 각축을 벌이는 장이 되었다. 남한에 주둔한 미 군정과 가
장 가까운 세력이었던 개신교계도 활발한 건국 운동을 전개해 갔
다. 이 과정에서 건국의 청사진이나 '정교분리'에 대한 문제는 제
기되었으나, 로마서 13장과 관련한 국가 권위의 근거에 대한 논의
는 주목받지 못했다. 건국의 주도권을 둘러싼 각축장에서 국가권
력이 갖는 권위의 근거를 씨름할 여유 등은 갖기 어려운 상황이었

10　堅志洞人, "에루살넴의 朝鮮을 바라보면서, 朝鮮 基督教 現狀에 대한 所感", 〈개벽〉 61
　　집, 1925, 55-61쪽.

을지도 모른다.

그러나 이러한 혼돈의 시대에도 국가 권위의 근거를 고민한 사람이 있었다. 1946년 8월 김재준은 선린형제단 집회에서 "한 크리스챤이 본 건국 이념"이라는 제목의 강연을 했다. 그는 이 강연에서 국가 '권위의 소재'에 대해 다음과 같이 논했다.

이제 권위의 소재를 밝힐 필요가 있다. 사람이 사람을 지배할 권위를 본연적으로 가지고 있는 것은 아니다. 우리는 다 같이 피조자이며 죄인이다. 그러나 인류의 현실에 적응하여 하나님께서 일반 은총으로 치자(治者)의 권위를 하여하신 것이니 모든 권세는 하나님께 나왔다는 말씀이 그것이며 따라서 하나님의 계명을 받들어 하나님의 교회를 밖으로 수호하며 선을 권하고 악을 징(懲)하여서 하나님의 성의(聖意)가 창달되도록 다스리는 하나님의 종임을 잊어서는 안 된다. 관헌이 관헌 자체 내에 권세를 가진 줄로 생각하는 때 그는 오만하여 하나님의 계명을 무시하고 자의로 인민을 압제하며 심하면 독신행위(瀆神行爲)를 감행하여 자타가 함께 멸망을 초래하는 것이다. 관헌에게 복종하는 것은 질서를 위하여 필요한 덕행이다. 그러나 하나님의 주권을 빼고 생각하는 때에는 상관(上官)은 더욱 교만하고 하관(下官)은 비굴하며 권세와 아첨과 굴종과 증뇌(贈賂)가 성행하여 상하 공히 인격적 존엄을 상실하며 정치를 썩게 한다. 그 대신 상하 관헌이 각각 하나님의 주권하에서 그 계명을 각심(覺心)하고 소여의 사명에 충실을 기할 때 그들은 자연히 인격의 존

엄이 더하여져서 상관은 존경받고 하관은 사랑을 받으며 인민은 관
(官)을 양심적으로 신뢰하게 되는 것이다.[11]

이 강연에서 김재준은 국가권력은 타락 후 죄성에 물든 인간
들이 질서 있는 공동체를 세워 가기 위해 하나님이 허락한 '일반
은총'이라는 것과 권력은 창조 질서에 속하는 '특수 은총'인 교회
를 보호하는 한편, 공적 영역에서 선을 장려하고 악을 징계하는 임
무를 위임받은 '하나님의 종'임을 논했다. 국가는 그 자체를 위해
긍정되는 신성한 실체가 아니라, 그것이 위임받은 구체적인 과제
때문에 긍정된다는 점을 분명히 했다. 즉 국가는 '인격의 존엄'이
라는 가치와 질서의 보장이라는 과제를 수행해야 한다는 것이다.
동시에 국가가 그러한 과제를 수행하지 않고 '인격의 존엄'을 파
괴할 때 이미 정치적 권위로서 정당성을 상실하고 필망(必亡)하게
된다고 경고하고 있다. 한편 '인격의 존엄'이라는 가치와 질서의
보장이라는 과제를 수행하는 '정당한 권위'에 대한 기독교인의 복
종은 강제나 불안에서가 아니라 신앙적 양심에서 자발적으로 수
행하는 '덕행'이라고 보았다. 그렇다면 정당하지 않은 권위에 대
해서는 어떻게 해야 하는가.

이에 대한 그의 대답은 4·19혁명을 경험한 뒤 발표한 "4·19

---

[11]　김재준, "基督教的 建國 理念", 《장공 김재준 논문 선집》 2권, 한신대출판부, 2001,
330-331쪽.

　공적 신앙의 윤리: 국가권력과 로마서 13장

이후의 한국 교회"에서 찾아볼 수 있다.[12] 그는 한국 개신교가 국가와의 관계에서 당연히 지속되어야 할 '긴장'을 유지하지 못하고 이승만 정권과 '정교유착'함으로써 대사회적 책임을 다하지 못했을 뿐만 아니라, 교회 자체의 '자가(自家) 부패'를 초래했다고 자성했다. 그리고 한국 교회는 정교분리의 내용을 다시 설정해야 한다고 보았다. 그는 교회가 대국가 관계에서 흔히 인용하는 로마서 13장의 권력에 대한 '복종'은, 현대 민주 사회에서는 '책임적 참여 또는 동참'의 의미로 대체되어야 한다고 주장했다. 즉 교회는 국가가 '인간 공동사회의 적극적인 복지 건설'이라는 임무를 수행할 수 있도록 '공동사회의 양심 조성'에 책임적으로 동참할 의무가 있다고 본 것이다.[13]

나아가 김재준은 예수의 '가이사의 것은 가이사에게 하나님의 것은 하나님에게'라는 언급이 마치 교회와 국가는 상호 불간섭적인 두 가지의 서로 다른 영역이라고 오해되고 있음을 비판했다. 그는 예수의 말은, 가이사와 하나님을 1 대 1의 지평에서 동등한 범주로 논하는 것이 아니라 하나님의 것이 궁극적인 영역이라면 국가는 '궁극 이전의 것'이라는 의미로, 만일 국가가 전체주의적으로 자신을 신격화할 경우 '사람에게 복종하기보다도 하나님에게 복종하라'는 베드로의 언급(행 5:29)에 따라 분연히 저항하

---

12 김재준, "4·19 이후의 한국 교회", 〈기독교사상〉, 1961년 4월 호, 37-38쪽.

13 앞의 논문, 40쪽.

고 '처형(處刑)을 감수'할 수 있어야 한다고 주장했다. 로마서 13장 1절 이하의 텍스트가 국가에 대한 교회의 무조건적인 승인과 복종을 요구하는 것으로 해석되어 온 것을 비판하며, 로마서 13장 1절 이하를 근거로 한 국가권력과 기독교의 관계를 신학적으로 재고한 것이었다.[14]

그런데 이러한 신학적 재고의 배경이 된 4·19와 그 결과물인 장면 정권은 단명으로 끝나고 말았다. 반공을 국시로 하여 미국 등 우방과의 유대 강화, 자립경제 건설, 부패 일소 등 6개 혁명 공약을 내걸고, 자신들이 혁명의 목적을 이루면 정치인들에게 정권을 넘기겠다며 '민정 이양'을 약속한 박정희의 군사 쿠데타가 일어났기 때문이었다. 정권을 잡은 박정희는 1969년 민정 이양 약속을 번복하고 대통령의 3선 연임을 허용하는 '3선 개헌'을 시도하여, 1971년 제7대 대통령에 취임했다. 그리고 1972년 '10월 유신'으로 전국에 비상계엄령을 선포하고 국회 해산, 정당 및 정치 활동 중지 등 헌법의 일부 기능을 정지시키는 '유신체제'에 들어갔다.

이에 1970년대는 박정희 정권의 유신 독재에 항거하는 민주화운동이 절정에 달했다. 불의한 독재의 폭압에 대해 한국 개신교인들의 반응은 두 가지로 나타났다. 한편은 독재에 항거하는 민주화운동을 전개했고, 또 다른 한편은 체제에 대한 순응을 외치며 불

---

[14] 이러한 그의 신학적 재고가 1969년 7월에 조직된 '3선개헌 반대범국민투쟁위원회' 위원장이 되면서 활발히 전개된 그의 민주화 운동의 기저에 자리함은 물론이었다. 고지수, 《김재준과 개신교 민주화 운동의 기원》, 선인, 2016, 28쪽.

의한 체제를 옹호했다. 1974년에 개최된 제7회 '대통령 조찬 기도회'에서 대한예수교장로회 총회장을 역임한 이상근 목사는 설교를 통해 "종교와 정치가 서로 돕고 협조하여 조화를 이룬 때에는 종교도 신성하고 국가는 불안 없이 번영한다"라고 말했다. 이에 박 대통령은 이상근 목사에게 "북한 공산주의자들이 통일전선 형성의 일환으로 종교계에 접근을 기도하고 있으니 종교계 지도자들은 유의하라"라고 화답했다.[15] 보수 개신교와 박정희 유신 정권이 서로 호응하며 유착한 것이다.

한편 대통령 조찬 기도회와 병행하여 1974년 11월 9일 '한국 기독교 실업인회'에서 주최한 '국무총리를 위한 기도회'가 각 부 장관과 3군 참모총장, 주한 외교사절, 기독교장로회 회장단, 기독실업인 및 언론인 등 약 450명이 참석한 가운데 반도 호텔에서 열렸다. 이곳에서 김종필 총리는 "법을 위배하고 질서를 문란케한 사람들이 법에 의해 심판을 받고 있는 것을 가리켜 정부가 그들의 인권을 침해하고 종교를 탄압하는 것이라고 비난하는 사람들이 있는 듯하나 그것은 부당하지 않을 수 없다"라며, "침략자들로부터 우리의 생존권을 확고히 하는 것이 곧 우리의 참된 인권의 보장이라는 데서 정부의 제일의적 책임을 완수하려고 전심전력을 경주하고 있다"라고 했다. 이어서 "교역자와 신자 중의 일부 사람들이 종교와 종교인으로서의 본연의 위치와 영역을 벗어나 정치

15   〈조선일보〉, 1974. 5. 2.

적인 집단행동에 가담하거나 그러한 행동에 합류하라고 딴 사람
들을 선동하고 있는 것을 매우 걱정스럽게 여기지 않을 수 없다"
라며, 로마서 13장 1절 이하를 인용하고 "교회는 정부에 순종해야
하며 정부는 하느님이 인정한 것"이라고 단언했다. 결론적으로 김
총리는, "오늘의 문제 해결은 오직 우리 다 같이 우리의 처지를 냉
정히 재인식하고 탈현실적 착각에서 조속히 각성하여 참된 기독
교 정신에 복귀하는 것"이라고 마무리했다.[16] 로마서 13장 1절 이
하에 근거하여 국가권력을 하나님이 인정한 것으로 승인하고 정
부에 복종하는 것이 '참된 기독교 정신'이라고 강변하면서 박정희
정권의 민주화운동 탄압을 성서적으로 정당화한 것이었다.

      이러한 김종필 총리의 발언은 기독교 정치 윤리 차원에서 세
가지 중요한 문제점을 내포하고 있었다. 첫째 국가권력이 제정한
법에 순응하는 한에서만 인권이 보장된다는 점이었다. 이러한 인
권 담론은 해방 이후의 권력 측 인권 담론을 대변한 것이었다. 이
승만 정권기의 인권은 곧 '반공'을 의미했고 이를 이어받은 박정
희 정권은 '한국적 인권'을 주장했다. 그 내용은 다음과 같다. 첫
째, 인권은 지배자의 자비에 의해 주어진다. 둘째, 인권은 공산주
의와의 대결을 통해 보존된다. 셋째, 인권은 가치판단을 하지 않는
준법정신에 기초해야 한다. 넷째, 인권의 주체는 국가이기 때문에
국가의 생존을 유지하기 위하여 개인의 자유가 제한되는 것은 불

---

16   "外人教役者(외인교역자)의 反政(반정)선동은 脫線(탈선)", 〈동아일보〉, 1974. 11. 9.

가피하다. 다섯째, 생존권은 자유권에 우선하며 따라서 반공과 경제 성장이 인권 확립을 위한 최우선 항목이다. 요컨대, 김종필 총리는 해방 이후부터 견지되어 온, 반공에 의한 국가 안보와 경제 성장이라는 국가의 생존권이 곧 인권이라는 왜곡된 한국적 인권 개념을 설파했던 것이다.[17]

둘째, 종교와 권력의 관계로서, 양자는 별개의 이원론적 영역으로 상호 불간섭 관계가 바람직하다는 '정교이원론'을 주장하는 동시에, 종교가 정치에 관여할 때 정치는 종교를 처벌할 수 있다는 정치 우위론을 주장하고 있었다. 결국 김 총리가 주장하는 권력과 기독교의 바람직한 관계란, 무제한의 자기 팽창과 무한 무책임의 구조를 가진 국가권력과 이에 대해 무한복종하는 종교의 관계를 의미했다.

셋째, 로마서 13장을 인용하면서 국가권력에 대한 무비판적 승인과 복종을 요구한 것이었다. 앞선 두 가지 사항인 '한국적 인권 이해'와 '한국적 정교분리' 원칙을 신적인 명령으로 최종적으로 추인하기 위해 로마서 13장 1절 이하가 인용된 것이었다.

이러한 총리의 담화에는, 국가권력 측에서 기독교를 통제하고자 할 때 등장하는 필수 사항인 '인권' 이해, '정교분리' 원칙, 로마서 13장 해석이라는 세 가지 요소가 상호 긴밀히 연결된 매트릭스로 등장하고 있다.

17　　손승호,《유신 체제와 한국 기독교 인권운동》, 한국기독교역사연구소, 2017, 44쪽.

한국교회협의회(KNCC)는 총리의 발언에 대해 즉각 성명서를 발표하여, "국가에 대한 충성과 특정한 정권에 대해서는 국민으로서의 책임과 의무를 다해야 하나, 그 권세가 하나님의 공의를 저버리어 자기 권력의 한계를 넘어서고 국민에게서 위탁받은 책임에 충실하지 않을 때, 기독교인은 하나님의 말씀의 대변자로서 이를 비판하고 시정해야 할 책임이 있다"라고 천명했다.[18] 국가권력의 임무와 정당성의 한계를 지적하며 이에 대한 교회의 비판적 견제의 책무를 분명히 밝힌 것이었다.

한편 66명의 개신교 성직자, 신학자, 평신도들도 '한국 그리스도인의 신학적 성명'을 발표했다.[19] 4쪽에 이르는 이 성명서는, '1. 성명서의 동기 2. 국가와 종교 3. 인권 4. 교회와 선교 5. 한국 교회의 시국 선언들에 대하여'라는 순서로 구성되어 있었다. 먼저 성명서는 "우리는 그리스도가 세계사의 구원자임을 믿는 세계 그리스도교의 일원이다. 그와 동시에 한국 국민으로서 이 나라에 그리스도의 복음을 전하여 정의를 세우고 하나님의 질서를 수립할 것을 사명으로 아는 그리스도인들이요 신학도들이다. 그리스도는 제도적 교회에 오신 것이 아니라 바로 이 세계, 이 역사의 한가운데에 오셨다. 이 사실은 하나님의 구원의 역사는 인간의 모든 것

---

18   김명배, "한국 개신교 사회참여에 나타난 교회와 국가의 관계에 관한 연구—1960년부터 1987년까지 민주화와 인권운동을 중심으로", 장로회신학대학교 박사학위 논문, 2007, 95쪽.

19   "한국 그리스도인의 신학적 성명", 〈기독교사상〉, 1984년 11월 호, 42-45쪽.

을 포괄한다는 말이다. 이것을 '하나님의 선교'라고 부르며 그 일에 참여하는 것을 선교적 사명으로 안다. 그러므로 우리 관심은 정권이 누구의 손에 있느냐에 있지 않고 그 제도와 정책에 있다. 우리는 신학적인 입장에서 다음 세 가지 문제를 예의 주시했다. 1. 권력이 그 한계를 알고 정의를 위해 행했느냐? 2. 하나님께 속한 인간의 기본권이 보장되고 있느냐? 3. 신앙 행위의 자유가 보장되어 있느냐? 그런데 현 정권이 수립된 이후 위수령, 비상사태선언, 헌법개정, 마침내 대통령 긴급조치령 등으로 권력을 절대화하는 방향으로 줄달음쳤다"라며, 정권의 자기 절대화가 성명서를 내게 된 동기임을 밝혔다.

그리고 "현 정권은 신앙과 선교의 자유권을 가속도적으로 침범하고 있다. 교회의 사찰, 설교 내용의 간섭, 마침내는 신앙 양심에 의한 정의의 외침, 가난하고 눌린 자를 돌보고 저들의 인권을 찾아주려는 선교 행위마저 범법행위로 처벌했다. 거기서 멈추지 않고 정부는 정교분리니, 종교의 한계니, 종교의 분수니 하는 발언을 연발함으로써 종교의 자세마저 규제하려고 한다. 이것은 종교마저 통제하려는 것이며 신앙 행위의 침범이다. 특히 최근에 국무총리가 성서를 아전인수 격으로 인용하면서 현 정부를 하나님의 권력의 대행자처럼 절대화하고 그 정책을 비판하는 선교 행위를 심판의 대상이라고 극언할 뿐 아니라 외국인 선교사 교인들의 선교 참여를 규탄하는 중대한 발언을 하였다"고 하며, 로마서 13장을 인용하여 국가권력을 하나님의 대행자로서 절대화하는 '정치적 비이성'을 비판했다.

이어지는 구체적인 내용에서 성명서는 먼저 '인권' 개념에 대해 다음과 같이 주장했다.

인권은 하나님께서 주신 것이고 오직 그에게 속했다는 것이 그리스도교의 신앙이다. 그러므로 그리스도인들은 인권을 지킬 의무를 지고 있다. 인간은 하나님의 형상대로 지음을 받았고 하나님의 창조물이기 때문이다(창 1:27). 그러므로 하나님 외의 어떤 권력이든 인권 위에 서는 것은 하나님의 영역을 침범하는 것이다. 그런 뜻에서 아무리 미미한 자라도 범죄케 하느니 차라리 연자 맷돌을 목에 메고 바다에 빠지는 것이 낫다고 했다(막 10:42). 인간은 하나님의 형상대로 지음을 받은 존엄한 존재이기 때문에 누구도 인간을 수단으로 삼을 수 없다. 또한 어떠한 제도도 사람의 동등성을 유린할 수 없다.

… 그러므로 오늘날 생존, 언론, 신앙, 결사의 자유를 주장하는 것은 바로 하나님에게서 바로 받은 권리인 것이다. 그러므로 권력의 부당한 개입으로 또 경제구조의 병폐에 의한 물질의 편중으로 가난한 사람은 더욱 가난해져서 생존권마저 침해받는 일은 하나님께 속한 인권이 유린되는 일이다. 인권을 보호할 목적으로 행한 이 권력에 유린되어 국민은 영장 없이 체포되고 구금을 받고 정당한 변호의 길이 막힌 재판을 당한 일, 인권의 구체적 방법을 알리고 알 권리(언론의 자유)를 봉쇄당한 일, 부당한 법으로 억압당하는 등은 다 인

권이 유린되는 것이다.

제도나 법은 인권을 보호하는 범위 내에서 인정되어야 한다. 제도나 법은 사람을 위해 있지, 사람이 그런 것을 위해 있는 것은 아니기 때문이다. 안식일은 사람을 위해 있고 인간은 안식일의 주인(막 27:28)이라고 했다. 이것은 억압하는 제도나 법에 대한 첫 인권 선언이다.[20]

‘한국적 인권’을 주장하는 권력자 측의 인권 이해에 반대하며 제시한 기독교적 인권 이해는 대략 다음과 같이 요약할 수 있다. 첫째, 인권은 천부적인 것으로 권력에 의한 인권 침해는 신의 권위에 대한 도전이다. 둘째, 인권은 투쟁에 의해 획득된다. 셋째, 인권은 본래적 가치를 지니며 인권의 보장이 이루어지지 않으면 반공의 명분도 없다. 넷째, 인권의 존엄성은 개개인에게 주어진다. 다섯째, 정부에게 인권적 가치의 우선순위를 결정할 권한이 없으며, 현재 한국적 상황에서 가장 시급한 인권의 문제는 정치적, 종교적, 사상적 자유의 확립이다.[21] 요컨대 인권은 국가 이전의 ‘하나님의 창조 질서’에 속하는 것이며, 국가는 이러한 ‘인권’을 보장할 의무를 가진다는 것을 규명한 것이다.

두 번째로 이 성명서는 권력자 측의 ‘정교분리’ 원칙에 대한

---

20   “한국 그리스도인의 신학적 성명”, 44쪽.
21   손승호, 앞의 책, 61쪽.

이해를 다음과 같이 시정했다.

> 정치와 종교 또는 국가와 교회의 분리는 본래 정치적 권세와 종교
> 적 권위의 야합에서 오는 권력의 절대화와 그것에 따르는 횡포와
> 부패를 막기 위한 것임과 동시에 특정한 종교에 대한 정치권력의
> 차별 대우를 막기 위한 것이지 종교와 정치의 대상과 영역을 분리
> 하기 위한 것은 아니다. 구약 예언자들은 예외 없이 경제 정치적 권
> 력의 횡포와 부패에 맞서서 싸운 인간들이다. 다윗 왕을 지탄한 나
> 단이나 왕후장상 앞에서 예배보다 사회정의를 앞세운 아모스 등이
> 그런 예들이다. 예수는 바로 이 계열에 서신 분이다. 그러므로 이
> 같은 전통에 서서 사회정의와 인권의 옹호를 위한 그리스도교 교
> 회의 활동을 탄압하는 것은 곧 종교와 자유를 억압하는 것이다.[22]

정교분리 원칙은 정치권력으로부터 종교가 분리되어, 국가
권력이 모든 종교에 대해 엄정 중립과 관용을 견지함으로써 개인
의 신앙과 양심의 자유를 보장하는 것을 의미한다. 즉 국가의 '종
교적 중립성'을 의미하는 이 원칙은, 국가권력이 인간의 삶의 방
식을 결정하는 내면의 신앙·신념의 문제에 개입해서는 안 되고 세
속적인 정치적 과제를 즉물적(卽物的)으로 처리할 뿐이라는 근대국
가의 자기 한계를 분명히 하는 원칙인 것이다.[23] 이러한 정교분리

---

22   "한국 그리스도인의 신학적 성명", 44쪽.

원칙을 정치와 종교는 상호 불간섭적이며 이를 지키기 위해 종교는 국가의 통제를 받는다는 식으로 호도함으로써, 권력의 정당성과 한계에 대한 종교의 감시적 기능을 저지하는 원리로 오용해서는 안 된다는 것이었다.

마지막으로 성명서는 로마서 13장에 근거한 국가와 종교의 관계에 대해 다음과 같은 신학적 해명을 제시했다.

인간의 기본권은 국가가 있기 이전에 하나님께 받았다. 국가는 하나님의 주권 아래서 인간의 기본권인 생명과 재산과 자유를 지킴으로써 인간으로서의 축복받은 상태를 즐길 수 있게 보장하는 정치 단위다. 정부는 이와 같은 목적으로 나라 살림을 위임받은 공복이다. 따라서 국가와 정부는 차원이 다르며 정부에 대한 충성이 아니다. "모든 권세가 하나님에게서 왔다"(롬 13장)**라는 말은 권세에 대한 복종을 말하기에 앞서 집권자의 한계를 규정하는 것이다. 집권자는 위와 같은 기능을 위임받은 자로서 그 한계 안에서만 그 권세를 행사해야 한다는 말이다. 인간의 기본권인 생존과 자유를 빼앗는 권세는 하나님의 뜻을 배반하는 것이다**(이하 강조는 필자). 절대권은 하나님께 속한 것이다. 그런데 절대권을 도용하여 상대적인 것이 절대화할 위험성을 막기 위해 땅 위에 어떠한 하나님의 형상도 만들지 말라고 했다(십계명). 그리스도교는 상대적인 것이 절대화

<hr>

23　　양현혜,《근대 한일 관계사 속의 기독교》, 이화여대출판부, 2008, 74쪽.

된 것을 우상이라고 하고 그것과는 투쟁을 지상명령으로 삼는 전통을 갖고 있다. 십자가는 절대화된 세력에 의해 이루어진 수난의 상징이며 요한 계시록은 이 같은 세력을 무서운 짐승으로 상징했다. **그러므로 절대화된 권력이 인간의 권리를 유린할 때 그리스도교 교회는 그것에 대한 투쟁을 감행할 수밖에 없다. … 교회의 십자가와 부활의 사건이 하나님의 구원의 행위라 믿고 그 신앙 위에 서 있다. 교회는 이 구원을 완성시키려고 부름을 받은 사람들의 공동체다. 그리스도인은 모든 사람이 떳떳하고 보람차게 그리고 즐겁게 공존할 수 있도록 돕고 그것을 저해하는 악의 힘을 물리치기 위하여 보냄받은 투사들이다.**

따라서 교회는 언제나 가난한 자 눌린 자의 편에 서서 그를 억압된 데서 해방시키고 그들의 기본권을 찾아주려는 것을 직접적 사명으로 삼는다. 교회는 정치권력의 쟁취를 위한 공동체는 아니다. 그러나 그 같은 사명을 실천하려면 정치 활동은 불가피하다. 따라서 정치 권력과 긴장 관계에 놓이지 않을 수 없다. 이렇게 함으로써 교회는 국가와 정부로부터 하나님께 속한 인간의 기본권을 보호하고, 복지사회를 이룩하도록 빛과 소금과 누룩의 역할을 한다.[24]

먼저 성명서는 인간의 기본권인 인권은 하나님으로부터 받은 것임으로 '창조 질서'에 속하고, 국가는 그러한 인권을 보장하

---

[24] "한국 그리스도인의 신학적 성명", 43-44쪽.

며 인간으로서의 축복을 누리게 하는 '보존 질서'에 속한 것임을 논했다.[25] 그리고 보존 질서에 속하는 국가권력은 인권의 보존과 향유를 위한 '나라 살림을 위임받은 공복'이라고 규정했다. 그러므로 로마서 13장 1절의 "모든 권세가 하나님으로부터 왔다"라는 말은 권력의 무제한적인 정당성을 말하는 것이 아니라 권력의 한계를 규정하는 말임을 논했다. 즉 권력은 '인간의 기본권인 생존과 자유를 보전하는 일'을 위임받았고 그것을 보존하는 한에서 정당성을 가진다는 것으로, 그 한계를 벗어나는 권력은 하나님의 뜻에 위반되는 '악마적인 것'이라는 것이다. 이러한 악마적인 권력에 대해 구약의 예언자들과 예수 그리스도는 저항했고, 오늘날에도 기독교는 인권의 보호와 복지사회를 향해 권력을 감시하며 정치에 비판적으로 참여하지 않을 수 없다고 선언했다. 교회의 정치 참여는 권력 획득을 목적으로 하는 정치 활동과는 '구별'되지만, 인권과 정의를 수호하고 복지 국가를 지향한다는 점에서 정치와 결코 '분리'될 수 없다는 것이었다.

요컨대 이 성명서는, 국가는 신성한 질서 또는 실체적인 가치의 구현으로서 그 자체를 위해 긍정되지 않은 점, 오히려 그것이 실제로 담당하는 구체적인 과제 때문에 긍정된다는 점을 명시했

---

[25] 인권이 타락 이전 '창조 질서'에 해당한다면, 국가는 타락 이후 법이라는 강제력을 통한 정치 공동체의 질서로서 '보존 질서'에 해당한다는 것이 아우구스티누스와 루터 모두 동일하다(양명수, 《아우구스티누스 읽기》, 세창미디어, 2023, 254쪽; 양명수, 《아무도 내게 명령할 수 없다》, 이화여대출판부, 2018, 260쪽 등 참조).

다. 국가는 인권과 자유의 보장이라는 과제를 수행해야 한다는 것이다. 다른 한편으로 국가가 그러한 과제를 수행하지 않을 뿐 아니라 시민 생활에 권력적으로 개입하려는 전체성의 요구를 강제할 때, 그것은 이미 정치적 권위로서 정당성을 상실한다. 따라서 어쩔 수 없는 경우에는 불복종에서 저항에 이르는 항의와 비판의 거리를 두어야 한다는 것이었다. 즉 국가에 대한 기독교인의 책임은 절대적인 승인과 충성이 아니라 '비판적 충성'이나 '비판적 연대성'이어야 한다는 것이다.

오늘날 성서학자들이 로마서 13장에서 국가권력에 대한 기독교인의 자세로서 권고하는 내용은 대체적으로 다음과 같다. 1. 국가권력은 신의 피조물 중 하나에 불과하다는 깨어 있는 이성으로 권력의 자기 우상화에 매몰되지 말 것 2. 국가의 고유한 임무와 과제는 '시민적 정의'의 관점에서 '선한 일'에 대한 보호와 촉진에 있다는 점 3. 따라서 기독교인들은 권력에 대한 두려움에서가 아니라, 자신의 신앙적 자유와 양심에 의거하여 정치적 일상을 신의 피조물로서 성실히 받아들이고, 그 풍요로움을 사실적으로 '관리'할 책임이 요구된다는 것이다.[26]

그렇다면 오늘날 바울이 호소하는 세속적 권위에 대한 충성은 어떠한 형태가 될 수 있을까. 이에 대해 유럽 정신사에서 나타

---

26 차정식, 《로마서 Ⅱ》, 대한기독교서회, 1999, 323-337쪽; P. Stuhlmacher, 장흥길 역, 《로마서》, 장로회신학대학교 출판부, 2002, 342-348쪽; käsemann, E, 한국신학연구소 번역실 역, 《로마서》, 한국신학연구소, 1989, 570-581쪽 등 참조.

난 로마서 13장의 해석사를 연구한 미야타[宮田光雄]는 다음과 같이 말한다. "바울이 말하는 '복종'은 사회에서 이루어지는 커뮤니케이션 규칙을 올바르게 지키고 합의에 근거한 민주적 결정을 만들기 위해 봉사할 것을 뜻한다. 또한 로마서가 말하는 '선한 일'이라는 사회적 과제에 인도되어, 잘못된 정책 결정에 반대하는 시민적 불복종이나 비폭력의 직접적 행동을 취할 수도 있겠다. 나아가 '양심'을 비판적인 행동의 근거로 세운다면 부패한 국가권력에 대한 정치적 저항조차, 로마서 13장 1절 이하는 아무런 장애가 되지 않을 것이다."[27]

히틀러 치하 독일 고백교회의 활동 전후 50년간 로마서 13장 1절 이하 해석사를 분석한 케제만도, "그리스도인의 복종은 더 이상 봉사가 될 수 없는 곳에서는 늘 그리고 거기서만 끝나는 것이다"라고 결론지었다.[28] 구체적으로 말하면, 정치권력을 가진 자가 사회관계의 결합을 근원적으로 파괴하고 상호봉사를 할 수 없게 했을 때, 거기에서 개별적인 행동이 사회관계의 해체를 재촉할 때이다. 케제만에 따르면, 히틀러 치하 독일에서도 그리고 스탈린 이후의 독재 정권 아래에서도 기독교인에게 로마서 13장 1절 이하는 체제 변혁의 행동에 참가할 권리를 인정하는 것이다. 현대의 정치 상황 안에서 도취되지 않는 사실적인 정치적-사회적 공동 책임의

27 　　미야타 미츠오, 앞의 책, 16쪽.

28 　　Eernst Käsemann, "Römer 13, 1-7 in unserer Generation", *Zeitscbrift für Theologieunt Kirche*, Vol. 56, No. 39 (1959), 316.

삶의 존재 방식에 대해 로마서 13장 1절 이하에서 도출할 수 있는 비판적 거리는 결코 적지 않은 것이다.

1974년 11월의 '66인의 신학자 성명서'에 표명된 로마서 13장 1절 이하에 근거한 기독교와 국가권력의 관계에 대한 이해는 이러한 성서학적 연구 성과와 근본적으로 일치하는 내용이었다. 66인의 신학자 성명서 발표는 한국 개신교사에서 로마서 13장 1절 이하의 의미가 분명하게 규명되어, 바울의 사도적 권고가 현실의 상황에 제대로 적용되고 실천된 뜻깊은 순간이었던 것이다. 또한 로마서 13장 1절 이하의 텍스트가 인권 및 정교분리 원칙과 상호 떼려야 뗄 수 없는 삼위일체적 매트릭스를 이루며, 기독교 정치신학의 근거를 이루는 핵심적 위상과 역할을 담당하는 것임을 명증하게 보여 준 사건이었다. 이 뜻깊은 성명서의 서명자 전원을 열거해 보면 다음과 같다. 당시 민주화운동에 참여했던 개신교 신학자와 학자들이 대거 이름을 올리고 있다.

강문규, 강원용, 고용수, 구덕환, 김관석, 김상근, 김연수, 김용옥, 김이곤, 김이태, 김정준, 김용열, 김형태, 노명식, 노정선, 마경일, 맹용일, 문동환, 문상희, 문익환, 문희석, 박광재, 박근원, 박봉랑, 박봉배, 박용익, 박창환, 서광선, 서남동, 소흥렬, 신종선, 안병무, 안희국, 오명근, 오충일, 윤병상, 윤성범, 윤순덕, 윤정옥, 은준관, 이남덕, 이문영, 이영민, 이영현, 이우정, 이해영, 이효재, 장일조, 전경연, 정웅섭, 정의숙, 조승혁, 조요한, 조용술, 조향록, 조화순,

주선애, 주재용, 지동식, 차풍로, 한영선, 한완성, 한준석, 함성국, 현영학, 황성규.[29]

그러나 지배자 측의 이해관계를 대변한 정교분리 원칙 이해와 한국적 인권 이해 그리고 로마서 13장에 대한 일면적 해석을 답습하며 권력에 순응하려는 보수적 개신교의 입장 역시 강고했다. 이 성명에 대해, 보수교단 연합체인 한국예수교협의회(KCCC)는 "국가가 신앙의 자유를 말살하려 하지 않는 한 권력에 순종해야 한다"라며 NCC와 개신교 민주화 진영의 입장을 곧바로 비난했다.[30] 또 그들은 정부를 비판하는 세력들이 사회 혼란을 야기시키고 있다고 주장했다. 대한기독교협의회(DCC)도 11월 27일에 성명을 발표하면서, 로마서 13장 1절 이하에 수록된 국가권력의 명령은 무조건적이며 예수와 바울도 로마 정부에 대항한 적이 없기 때문에, 반정부적 입장을 취하는 것은 다름 아닌 공산 침략자들에 대한 '이적행위'라고 단언했다.[31]

한편 보수적 개신교의 이러한 친정부적 활동에 대해 권력 측은 국가 차원의 혜택을 제공했다. 불안정한 정치 상황에도 불구하고, 정부는 보수적 개신교 측에 '빌리 그레이엄 한국전도 대

---

29   "한국 그리스도인 선언서", 45쪽.

30   한국예수교협의회, "기독교 반공시국 선언문", 〈기독신보〉, 1974. 12. 7.

31   김명배, "한국 개신교 사회참여에 나타난 교회와 국가의 관계에 관한 연구—1960년부터 1987년까지 민주화와 인권운동을 중심으로", 96쪽.

회'(1973), '엑스플로 74'(1974), '77 민족 복음화 대성회'(1977)와 같
은 초대형 전도 집회를 여의도 5·16 광장에서 개최하도록 허가했
다. 그뿐만 아니라 대회장 시설 및 진행을 위한 지원과 배려도 아
끼지 않았다. 군 공병대는 많은 장비와 병력을 투입했고, 수십만
명이 넘는 청중의 안전을 위해 1,800명의 경찰관이 동원되었다.
또한 해방 이후 처음으로 여의도 일대의 야간통행 금지가 해제되
었다. 이외에도 관제 행사 외에는 개방하지 않던 여의도 5·16 광장
을 특정 종교 단체에 내준 것이나, 헬리콥터와 경비정까지 동원한
경비, 수백 대의 버스가 여의도를 경유하도록 서울 시가 노선을 조
정해 준 것, 육군사관학교 군악대가 행사에 참석해 찬송가를 연주
한 것, 관영 언론사들을 통한 대대적인 행사 보도 등 그 어떤 시민
조직에서도 기대할 수 없던 특혜를 주었다.[32] 이러한 대형 전도 집
회를 통해 개신교인들의 숫자는 1970년대 초 200만에서 1978년
에는 400만으로 크게 증가했다.[33]

결국 로마서 13장 1절 이하의 텍스트를 바울의 윤리적 '권
고' 내지 '경고'로서 보지 않고 국가에 신학적 근거를 부여하는 형
이상학적 전거로서 오용하며, 민중의 무조건적 복종을 요구하는
규범적 근거로서 오용한 지배자 측의 해석이 보수 진영에서 여전
히 견지된 이유는 다음과 같다고 할 수 있다. 축자영감설적 근본주

32   강인철,《한국의 개신교와 반공주의》, 중심, 2007, 206쪽.

33   이은선, "한국 교회사의 관점에서 본 한국 교회와 정치",《한국 개혁신학회 논문집》
13호, 2003, 231쪽.

의적 성서 해석과 종교 인구 성장을 추구하는 이해관계 그리고 정치 주체로서 '시민'적 성숙이 이루어지지 못한 한국의 정치 풍토와 맞물리면서, 지배자 측의 이해를 대변하는 로마서 13장 해석이 한국 개신교 보수 진영에서 답습되며 증폭되어 왔던 것이다. 한국 개신교의 '민주화 투쟁'을 둘러싼 개신교 보수 진영과 진보 진영의 분열의 중심에는 이렇게 로마서 13장 1절 이하에 대한 해석의 문제가 가로놓여 있었다.

4) 결론을 대신하여

한국 개신교사에 나타난 로마서 13장 1절 이하의 해석사를 고찰해 본 결과 해석에 대체로 두 가지 유형이 있다고 할 수 있다. 하나는 권력에 대한 무비판적 승인과 무제한의 복종을 도출해 내는 해석이다. 또 다른 하나는 권력은 인권과 자유를 보장하는 '질서'로서 기능하는 한에서만 정당하며, 권력이 이러한 자신의 임무와 한계에 충실한지 여부를 종교는 비판적으로 감시 혹은 저항할 수 있다는 해석이다. 이 두 입장은 각자 자신의 입장을 인권 이해와 정교분리 이해와 긴밀하게 연결된 로마서 13장 1절 이하 해석을 가지고 정당화하고 있었다. 로마서 13장에 대한 해석은 인권 이해 및 정교 분리 이해와 매트릭스를 형성하면서 이를 최종적으로 추인하는 근거로서의 역할을 담당하고 있었다. 즉 각자 정치 신학의 성서적 근거로서 위상을 담당하고 있는 것이다.

한편 두 입장이 담당한 사회적 기능과 역할 역시 현저히 상이했다. 전자가 권력을 정당화하는 이데올로기적 기능을 했다면, 후자는 권력에 대한 비판적 견제 내지 비판적 참여의 기능을 담당했다고 할 수 있다. 유신 독재 시절을 거치면서 로마서 13장의 이러한 해석과 그 결과적 역할에 따라 한국 개신교는 보수적 진영과 진보적 진영으로 양분되어 왔다.

지금까지의 분석은 유신 정권기까지에 국한되었으나, 뒤를 잇는 신군부 독재 시절과 2000년대 이후 극단적으로 정치화된 개신교 출현 현상의 배후에도 로마서 13장 해석 문제가 가로놓여 있음은 확실하다.[34] 로마서 13장의 해석을 둘러싼 국가권력과 기독교의 관계에 대한 이해와 실천의 문제는 오늘날에도 여전히 한국 개신교의 진보와 보수 진영 갈등의 핵심에 자리 잡은 미해결 과제로 남아 있는 것이다.

모든 성서 해석은 특정한 상황에 제약되며, 그 자체로서 올바른 유일한 해석은 존재하지 않는다. 따라서 성서의 텍스트는 끊임없이 새롭게 해석되고 현실화되어야 한다. 로마서 13장 해석 역

---

[34] "1970-80년대 일부 진보적인 교단의 교회들을 제외한 거의 모든 한국 교회에서는 교회에서 신문을 소지하거나 보는 일이 일종의 금기였다. … 목사들의 설교는 국내의 정치 현안에 대해 침묵으로 일관했다. "위에 있는 권세들에게 굴복하라. 권세는 하나님께로 나지 않음이 없나니 모든 권세는 다 하나님의 정하신 바라"는 말씀으로 설교하는 목사들은 그나마 용감한(?) 목사들이었고, 대다수 목사들은 설교에서가 아니라 교회의 문제 청년들을 무력화시키기 위해 옥박지를 전거(典據)의 보도(寶刀)처럼 저 13장의 말씀을 '써먹었다'." 김지방, 《정치 교회》, 교양인, 2007, 44쪽.

시 그렇다. 그렇다고 해석의 기준이 될 시금석이 전혀 없다는 것은 아니다. 아우구스티누스는 '하나님 사랑과 이웃 사랑이라는 이중의 사랑'을 세우지 못하는 성서 해석은 잘못된 성서 독해라고 했다.[35] 히틀러 치하 고백교회의 로마서 13장 해석사를 분석한 케제만의 "그리스도인의 복종은 더 이상 봉사가 될 수 없는 곳에서는 늘 그리고 거기서만 끝나는 것"이라는 결론이 주는 시사점은 결코 작지 않다.

[35]　아우구스티누스, 김종흡 역, 《기독교 교양》, CH북스, 2024, 61-62쪽.

4. 로마서 13장 1-7절 석의

이하에서는 최근 성서 주석의 성과를 토대로 바울이 말하고자 하는 바를 간략히 정리해 보자.[36]

로마서 13장 1-7절, 공동 번역

누구나 자기를 지배하는 권위에 복종해야 합니다. 하느님께서 주시지 않은 권위는 하나도 없고 세상의 모든 권위는 다 하느님께서 세워주신 것이기 때문입니다. 그러므로 권위를 거역하면 하느님께서 세워주신 것을 거스르는 자가 되고 거스르는 사람들은 심판을 받게 됩니다. 통치자들은 악을 행하는 자에게나 두려운 존재이

지 선을 행하는 사람들에게는 두려울 것이 없습니다. 통치자를 두려워하지 않으려거든 선을 행하십시오. 그러면 그에게 칭찬을 받을 것입니다. 통치자는 결국 여러분의 이익을 위해서 일하는 하느님의 심부름꾼입니다. 그러나 여러분이 잘못을 저지를 때에는 두려워해야 합니다. 그는 공연히 칼을 차고 있는 것이 아닙니다. 그는 하느님의 심부름꾼으로서 악을 행하는 자들에게 하느님의 벌을 대신 주는 사람입니다. 그러므로 하느님의 벌이 무서워서뿐만 아니라 자기 양심을 따르기 위해서도 권위에 복종해야 합니다. 여러분이 여러 가지 세금을 내는 것도 이 때문입니다. 통치자들은 그와 같은 직무들을 수행하도록 하느님의 임명을 받은 일꾼들입니다. 그러므로 여러분은 그들에게 해야 할 의무를 다하십시오. 국세를 바쳐야 할 사람들에게는 국세를 바치고 관세를 바쳐야 할 사람에게는 관세를 바치고 두려워해야 할 사람은 두려워하고 존경해야 할 사람은 존경하십시오.

텍스트 서두에서 바울은 '모든 사람'에 대해, 즉 기독교인에게도 비기독교인에게도 '위에 선 권위'에 대한 복종을 요구한다. 오리엔트-헬레니즘 세계에서 지상의 지배자는 신적 기원을 갖고 종종 지배자 자신은 신의 아들이기조차 했다. 그에 반해 모든 지배자가 '하나님에 의해'(ὑπὸ θεοῦ) 설정되었다면 하나님은 모든 지배자보다 우월하고 그들에게 책임을 물을 수 있는 존재다. 이러한 사고방식이야말로 무력한 현실에도 불구하고 유대인들이 동요되지 않고 하나님의 약속을 굳게 믿은 힘이었다. 즉 바울이 계승한 유대교의 전통은 본래의 주권자가 하나님 자신이심을 확신하는 것이었다. 바울의 텍스트에는 명시적으로 언급되지 않았다 하더라도, 여기에는 잠재적인 권력 비판의 계기가 함축된 것이다. 황제 숭배 거부를 자명하게 드러낼 수 있었던 것이다.

이 점과 관련해 흥미 있는 것은 바울이 사용하는 '권위'(ἐξουσία)의 개념이 세속적 행정 용어라는 점이다. 즉 '권위'가 종교적(=도덕적) 실체를 포함한 국가의 신성화를 뜻하는 것이 아니라는 점이 분명하다. 이렇게 해서 바울은 현실적으로 존재하는 국가권력의 기원과 정당성 근거의 논의에 들어가지 않고, 현존하는 그대로의 '권위'를 단적으로 '하나님에 의해 세워진' 것이라고 한다. 국가는 신의 의지에 따른 것이라 하더라도 그 자체가 신적인 것은 아니다.

바울은 논의를 더 진행해 간다. "권위를 거역하면 하나님께서 세워주신 것을 거스르는 자가 되고"(2절). 언뜻 보면 한층 더 첨예하게 복종이 강조되는 것 같다. 그러나 하나님의 '세우심'(διαταγή)이라는 개념은 지금까지 종종 오해된 것과 같이 '질서'(ordo)를 뜻하는 것이 아니고, 하나님에 의한 '설정' 또는 '임명'(ordinatio)을 뜻하는 것임에 주목해야 한다. 즉 여기서도 '세우심'은 실체화된 신성한 질서를 지시하지 않고 그것을 배후에서 설정하는 주권적인 신의 의지를 강조한다고 보아야 한다. 국가는 고유한 종교적 존엄성을 갖지 않는 '인간적'인 생활 형태다. 하나님의 '세우심'은 오

 공적 신앙의 윤리: 국가권력과 로마서 13장

히려 지상의 '권위'를 도구로 설정하는 창조자의 의지를 나타낸
다. 하나님이 원하는 것은 단죄하는 것뿐만 아니라 구원이기도 하
다. 인간 구원은 국가권력이 줄 수 없는 것이며 국가권력의 과제는
'세속성'에 한정된다는 것이다.

이렇게 보면 여기서 '권위'에 위탁된 일정한 역할 또는 그것
이 추구하는 목표에 대해 질문하게 된다. '선을 행하는 자'는 국가
권력을 두려워할 필요가 없다(3절)고 할 때, 바울은 국가의 임무와
과제를 간접적으로 암시하고 있다. 그것은 먼저 '선한 일'의 보호
와 촉진에 있다. 물론 선한 일은 종교적-도덕적 기준에 따르기보
다 시민적 정의(*justitia civilis*)의 관점에서 인정된다. 국가권력에는
법과 정의의 수호와 더 나아가 '악한 일'을 방지할 임무가 위탁된
다(3절). 여기서 바울이 언급하는 정치적 지배자로부터 '칭찬'(3절)
은 당시 황제에게 충성스러운 일을 수행한 제국의 여러 도시에 대
해 표창장이 수여된 역사적 관행을 상기시킨다. 어쨌든 선한 일을
하는 자를 칭찬하고 악한 일을 하는 자를 제재하는 것은 이미 고대
그리스의 역사가 크세노폰 이래 일반적으로 승인되어 온 정치적
지배자의 전형적인 의무였다.

이제 '하나님의 심부름꾼'(4절)에 대해 살펴보자. '심부름
꾼'(διάκονος)이나 '일꾼'(λειτουργός)은 자립적인 권위가 아니라 좀 더
높은 질서(=하나님의 의지) 아래에 서 있음을 나타낸다. 또한 바울은
맡은 바 임무 수행에서 정치가가 "공연히 칼을 차고 있는 것이 아
니다"(4절)라고 말한다. 이 '칭찬'에 대비되는 '처벌'을 위한 칼은

분명히 사법 권력을 상징한다.

한편 국가권력에 대한 기독교인의 올바른 태도는 '누구나' 와 마찬가지로 '복종하는' 것밖에는 없다(1절). 그러나 이 '복종한 다'(ὑποτασσέσθω)는 지금까지의 논의를 통해 살펴본다면 바울이 분명하게 표현하지 않았다 해도 결코 절대적 굴종이나 무비판적인 예속을 뜻하지는 않는다. 로마서 13장에서 국가권력의 남용과 복종의 한계 등 분쟁 상황을 언급하지 않는 것은 바울이 그 가능성을 인식하지 못했기 때문이 아니다(예를 들면 사도 16:22 이하, 고후 6:5, 11:23 이하, 32절 이하 등). 실제로 바울에게 복종의 한계가 있었다는 것은 그가 로마에서 순교한 사실로써 입증된다.

이러한 의미에서 로마서 13장의 '양심을 위한 복종'(5절)의 권고에 주목해야 한다. 그것은 13장 서두의 복종의 권고를 다시 한 번 반복할 뿐 아니라 좀 더 첨예화시키는 것처럼 들린다. 즉 기독교인이 국가권력에 복종하는 것은 어떠한 기회주의의 이유, 예를 들면 권력에 의한 처벌이라는 불이익을 피하기 위한 것일 뿐 아니라, '양심을 위한' 것이기도 하다는 말이다. 그러할 경우 언뜻 보면 복종이 단순히 표면적으로 '합법적' 행동에 그치는 것이 아니라 내면의 확신에서 우러나오는 자발적인 복종일 것을 요구하는 것처럼 들리기도 한다.

그러나 여기서 '양심'(συνείδησις)은 신앙인 바울 자신에게 적용되는 기독교적 양심을 뜻한다. 그것은 인간과 국가의 궁극적인 근거인 하나님의 의지를 '함께 아는' 것에서 비롯된다. 따라서 기독교인의 복종은 강제나 불안에서 오는 것이 아니라, 신앙의 자유와 통찰에 근거한 책임 있는 행동이라는 것이다. 바울은 이러한 기독교인의 신앙적 양심과 자유에 근거해 기독교인들에게 납세와 같은 시민적 의무를 무의미한 이 세상의 일로서 경시하지 않도록 권고할 수 있었다(롬 13:6). 그는 계속 국세(직접세)와 관세(간접세)를 거론하며 다시 한번 납세의 의무를 강조한다.

마지막으로 바울은 "두려워해야 할 사람은 두려워하고 존경해야 할 사람은 존경하십시오"(롬 13:7)라는 말로 텍스트를 끝맺는다. 국가권력에 대한 '존경'은 진실로 '두려워해야 할 자'(=하나님)에 대한 두려움과 구별된다. 즉 존경해야 할 사람(=정치적 지배자)은 하나님과의 관련에서 늘 상대화되어 일정한 거리를 두고 냉정하게 관계해야 하는 존재로 간주되고 있는 것이다.

가톨릭 신약학자 루돌프 페쉬(R. Pesch)는 바울의 권고 끝 부분을 카이사르의 것과 하나님의 것에 대한 "예수의 비판적인 구별(막 12:17) 선상에서 명백히 권력을 비판적으로 보고 있다"라고 한층 적극적으로 해석한다. 바울이 말하는 모든 것에 대한 의무도 이 구별에 응해 국가에 대해서는 '국세와 관세'를, 하나님에게는 '두려움과 존경'을 드려야만 한다는 것이다. 여기에서 필요하다면, 국가에 반대해서라도 국가가 참칭(僭稱)하는 신적 경외를 거부하고서라도 '두려움'과 '경의'를 표시해야 한다는 것이다.

이렇게 보면 로마서 13장 1-7절은 바울이 특정한 장소와 상황에서, 즉 당시의 지배적인 권력 상황에 대해 로마의 기독교인들이 어떻게 행동해야만 하는가를 권고한 사도적 권고인 것이 명백하다. 결코 형이상학적인 '국가 이론'이 아닌 것이다.

한편 로마서 13장의 가르침은 로마서 12장 1절의 권고를 전제한다. "그러므로 형제 여러분, 하나님의 자비가 이토록 크시니 나는 여러분에게 권고합니다. 여러분 자신을 하느님께서 기쁘게 받아주실 거룩한 산 제물로 바치십시오. 그것이 여러분이 드릴 진정한 예배입니다." 즉 로마서 13장은 로마서 12장 서두의 명제를 주요 동기로 하며, 전개되는 이하의 장 전체 가운데 놓인 것으로 볼 수 있다. 이러한 의미에서 국가의 '권위'에 대한 복종은 에른스트 케제만이 지적한 것처럼 '이 세상'의 세속적 "일상에서 하나님에 대한 봉사, 즉 예배(롬 12:1-2)"의 일부를 이룬다. 이 앞 괄호에 대응해서 뒤 괄호의 위치를 차지하는 것이 다름 아닌 로마서 13장 11-14절의 '종말론적 관점'이다.

이렇게 살아야 하는 여러분은 지금이 어느 때인지를 알아야 합니다. 여러분이 잠에서 깨어나야 할 때가 왔습니다. 지금은 우리가 처음 믿던 때보다 우리의 구원이 더 가까이 다가왔습니다. 밤이 거의 새어 낮이 가까웠습니다. 그러니 어둠의 행실을 벗어버리고 빛의 갑옷을 입읍시다. 진탕 먹고 마시고 취하거나 음행과 방종에 빠지거나 분쟁과 시기를 일삼거나 하지 말고 언제나 대낮으로 생각하고 단정하게 살아갑시다. 주 예수 그리스도로 온몸을 무장하십시오. 그리고 육체의 정욕을 만족시키려는 생각은 아예 하지 마십시오.

로마서 13장 1-7절은 다름 아닌 로마서 12장 1절의 권고와 13장 11-14절의 괄호 안에 놓여진 기독교인의 국가에 대한 사도적 권고이다. 즉 국가는 지나가는 이 세상에 속하는 잠정적 존재이다. 그것은 결코 절대적인 것도 궁극적인 것도 아니고, 궁극 이전의 상대적 질서에 지나지 않는다. 이러한 '종말론적 유보'는 한편에서 그리스도인이 이미 국적을 하늘에 둔(빌 3:20) 자로서, 종말을 지향하면서 지상을 여행하는 존재인 것을 가르친다. 그것은 이 세상에 대해 늘 일정한 거리를 두고 "이 세상과 타협하지 않도록"(롬 12:2) 해주는 것이다. 한편으로 그것은 하나님에 의해 창조된 이 세상의 질서를 시기상조로, 즉 종말을 선취(先取)해서 경시하거나 건너뛰지 말 것을 뜻한다. 즉 이 잠정적 지상의 제도에 대해 말하자면 '궁극 이전의 진지함을 갖고 진지하게'(카를 바르트) 봉사하고 복종할 것을 요구한다. 따라서 로마서 13장 1-7절은 두 괄호로 묶인 '종말론의 일상성'을 살아가는 정치 윤리인 것이다. 즉 기존 질서의 절대화나 정치적 책임의 회피에서 벗어나 종말론적 자유로써 비판적으로 '참된 일상성'을 사는 책임 윤리의 가능성인 것이다.

이제 결론적으로 바울이 로마서 13장에서 참으로 말하고자 하는 것을 정리해 보자. 그것은 다음과 같이 요약될 수 있을 것이다. 로마서 13장을 통해 바울이 참으로 말하고자 하는 것은 1) 국가권력은 신의 피조물 중 하나에 불과하다는 깨어 있는 이성으로 권력의 자기 우상화에 매몰되지 말 것 2) 국가의 고유한 임무와 과제는 '시민적 정의'의 관점에서 '선한 일'에 대한 보호와 촉진에 있다는 점 3) 따라서 기독교인들은 권력에 대한 두려움에서가 아니라, 자신의 신앙적 자유와 양심에 의거하여 정치적 일상을 신의 피조물로서 성실히 받아들이고, 그 풍요로움을 사실적으로 '관리'할 책임이 요구된다는 점이다.

현대의 우리에게 바울이 호소하는 세속적 권위에 대한 충성은 다음과 같은 형태가 될지 모른다. 바울이 말하는 복종은 사회에서 이루어지는 커뮤니케이션이 규칙을 올바르게 지키고 합의에 근거한 민주적 결정을 만들기 위해 봉사해야 함을 뜻한다. 이때 비판적인 대화의 상대로서 공공복지나 불가침의 인권, 특히 사회의 소수자나 주변의 소외된 약자의 인권을 지키기 위해 많은 집단과 협력할 수 있다. 또한 로마서가 말하는 '선한 일'이라는 사회적 과제에 인도되어, 잘못된 정책 결정에 반대하는 시민적 불복종이나 비폭력의 직접적 행동을 취할 수도 있겠다. 나아가 '양심'을 비판적인 행동의 근거로 세운다면 부패한 국가권력에 대한 정치적 저항을 보일 때조차, 로마서 13장은 아무런 장애가 되지 않을 것이다.

이에 대해 히틀러 치하 독일 고백교회의 활동 전후 50년간의 로마서 13장 해석사를 분석한 케제만은, "그리스도인의 복종은 더 이상 봉사가 될 수 없는 곳에서는 늘, 거기서만 끝나는 것이다"라고 결론 짓는다.[37] 구체적으로 말하면, 정치권력을 가진 자가 사회관계의 결합을 근원적으로 파괴하고 상호 봉사를 할 수 없게 했을 때, 거기서 개별적인 행동이 사회관계의 해체를 재촉할 때이다. 케제만에 따르면, 히틀러 치하의 독일에서도 그리고 스탈린 이후—이것은 보는 눈을 가진 사람에게는 명백한 것이었다고 지적한다—에는 체제 변혁의 행동에 참가할 권리까지도 인정된다. 현대의 정치 상황 안에서 도취되지 않는 사실적인 정치적, 사회적 공동 책임의 삶의 존재 방식에 대해 로마서 13장에서 도출할 수 있는 비판적 거리는 결코 적지 않다.

37　E. käsemann, Römer13, 1-7 in unserer Generation, in: *Zeitschbrift für Theologie unt Kirche*, 1959, S. 316.

5. 정교분리 이해를 통해서 본 한국 개신교와 정치권력의 관계

1) 들어가는 말

정교분리는 국교 개념에 근거하여 유혈이 가득했던 근세 유럽의 종교전쟁 체험으로부터 형성되었다. 인류 역사에서 정교분리가 성문화된 최초의 텍스트는 1791년 미국 헌법 수정 조항 제1조의 "연방 의회는 국교를 정하거나 또는 자유로운 신앙 행위를 금지하는 법률을 제정할 수 없다"였다. 이는 미국 건국의 아버지 가운데 한 사람인 토머스 제퍼슨(Thomas Jefferson)이 말한 것처럼 "교회와 국가의 분리의 벽이 세워진 것"으로, 국가종교를 금지한다는 것이었다.[38] 이후 미국의 정교분리는 가속화되어 1868년 비준된 수정 제14조의 "어떠한 주도 미국 시민의 특권과 면책권을

---

38   W. マ―ネル, 野村文子 驛,《信教の自由とアメリカ》, 東京: 新教出版社, 1987, 9.

박탈할 수 없다. 어떠한 주도 적법절차에 의하지 않고 어떠한 사람
으로부터도 생명, 자유, 재산을 박탈할 수 없으며, 그 관할권 내에
있는 어떠한 사람에 대해서도 법률에 의한 평등한 보호를 거부하
지 못한다"라는 조항에 의거, 모든 주에서 공인 종교가 폐지되었
다. 정치로부터 종교의 자유가 완전히 보장되는 정교분리가 확실
히 정착되기 시작한 것이다.[39]

한편 서유럽 국가들도 고유한 역사적 변천 과정을 거치면서
정교분리 원칙을 근대 국가의 원리로 수용했다. 정교분리 원칙이
의미하는 것은 특정 종교를 국교로 정하거나(국교 금지 조항), 자유로
운 종교 활동을 방해하거나, 언론의 자유를 막거나, 출판의 자유를
침해하거나 평화로운 집회의 자유를 방해하거나, 정부에 대한 탄
원의 권리를 막는 어떠한 법 제정도 금지한다는 것이다. 즉 정교
분리의 원칙이란 정치의 탈종교화(=세속화) 혹은 '종교적 중립화'를
의미하는 것이다.[40]

이러한 정교분리의 원칙은 몇 가지 사상적 계기를 내포한
다. 첫째, 인간의 삶의 방식을 결정하는 내면의 신앙, 신념의 문제
에 국가권력이 개입해서는 안 된다는 원칙이다. 그 배후에는 국가
는 인간의 삶 전체에서 단지 일부분에 관여하는 것이 허락될 뿐이

---

39   앨런 브링클리, 조지형 외 역, 《있는 그대로의 미국사》, 휴머니스트, 2011, 586-590쪽.

40   양건, "국가와 종교에 관한 법적 고찰," 한국 기독교사회문제 연구원 역, 《국가 권력과
기독교》, 민중사, 1982, 33쪽; 김종서, "종교와 법," 《종교사회학》, 서울대출판부, 2005,
215쪽.

라는 근대 국가의 자기 이해가 있다. 즉 개인의 신앙, 신념의 자유에 대한 귀중함을 자각하는 것이 근대 국가의 전제 조건의 하나였던 것이다.

둘째, 정교분리의 원칙은 신앙을 선교하는 데 있어서 국가권력 내지 정치적 강제를 이용해서는 안 된다는 사상이기도 하다. 다시 말하면, 국가가 어떠한 종교에 대해서도 특별한 재정적, 법제적 지지를 제공하거나 또는 역으로 특별한 제한을 가하지 않는 것, 다시 말하면 국가가 모든 종교에 대해 중립적 입장을 취하는 것을 말한다. 이 부분의 정교분리가 완전히 지켜졌을 때 비로소 개인의 신앙과 양심의 자유가 지켜져 인권의 기본이 확립될 수 있는 것이다.

셋째, 정교분리의 원칙 아래에서 정치의 세계도 종교의 세계로부터 자율화하여 신비주의나 주술적 의식으로부터 해방되어 이성적 정치를 추구할 수 있게 된다. 상대적이고 세속적인 영역에 속하는 정치적 과제를 즉물적으로 처리한다는 국가의 세속성을 자각하는 것은 정치의 자율성과 책임성을 확보하는 데 있어서 중요한 조건인 것이다. 권력이 근대적 국가 이성을 잃어버리고 정치 이외의 영역에서 권력의 존재 이유를 구할 때, 지배자는 정치적 이성과 책임 의식을 은폐하고 거기에서 권력의 무제약적인 확대가 생겨나는 것이기 때문이다. 이 점에서 정교분리는 '국가와 정치의 합리화'를 보장하는 원리이기도 하다.[41]

---

41   宮田光雄, 《日本の政治宗教》, 東京: 朝日新聞社, 1981, 91.

현대에서는 정교분리의 세 번째 측면이 특히 주목받고 있다. 2차 세계대전 당시 일본의 천황제 파시즘이나 나치즘과 같이 정치 종교와 국가가 일체화되어 한편으로는 개인의 신앙과 양심의 자유를 억압하고, 다른 한편으로는 국가 이성도 착란시켜 버리는 것을 경험했기 때문이다.

한편 정교분리가 정치의 탈종교화 혹은 종교적 중립화라면 종교는 정치와 어떠한 관계를 맺어야 하는가. 정교분리가 종교의 정치 참여를 금지하는 내용이 아님은 분명하다. 단순히 간접적인 정치적 견해의 표명이든 본격적인 직접적 선거 운동이나 정당 활동이든, 어느 경우를 막론하고 종교의 정치적 개입이 헌법 위반이라고 취급된 판례는 국내외 어디에서도 찾아볼 수 없다.[42] 종교인이 선거권과 피선거권을 행사하는 것은 물론, 종교가 시민단체를 만들어 간접적으로 정치에 참여하거나 혹은 정당을 만들어 직접 정치에 참여하는 것도 가능한 것이다.

그렇다면 문제는 종교가 정치에 어떻게 관여하는 것이 이상적인가일 것이다. 이에 대해 로버트 벨라(Robert Bellah)는 종교와 정치의 관계를 용해형, 분리형, 창조적 긴장(creative tension)형, 이렇게 세 가지 유형으로 분류했다. 그는 종교적 상징이 현실 세계(=즉 국가)와 너무 밀접히 '용해'(fusion)되는 경우나 그 둘 사이가 지나치게 '분리'(disjunction)되는 경우는 종교가 사회의 진보를 저지하는 방

---

42   김종서, 《종교사회학》, 서울대출판부, 2005, 213쪽.

해물이 된다며, 종교의 초월적 이상과 경험적 현실이 '창조적 긴장' 관계를 유지하는 것이 종교가 사회 진보에 기여하는 길이라고 주장했다.[43] 이것은 종교의 초월적 이상(transcendent ideal)과 경험적 현실(empirical reality)이 긴장 관계를 유지하면서도 초월적 이상이 종교적 상징체계의 중심부를 차지하며, 경험적 현실은 적어도 종교적 행위가 수행되는, 의미 있고 가치 있는 타당한 영역으로 인정되는 것을 말한다. 종교의 초월적 유토피아적 비전에 의한 국가의 상대화와 탈신화화의 중요성을 말하고 있다. 즉 종교는 정치에 대해 '비판적 충성 혹은 연대'를 해야 한다는 것이다.

이하에서는 이러한 사상적 맥락을 가진 정교분리의 원칙이 한국 개신교사 속에서 어떠한 역사적 과정을 거치면서 수용되었고 그 의미 내용은 어떻게 이해되었는지 그리고 그것은 결과적으로 대(對)국가 관계를 어떻게 형성했는지를 고찰해 보자.

2) 구한말과 식민지 시대의 정교분리 이해

서양 세계에 문호를 개방한 이후 1880-1900년, 이렇게 약 20년에 걸쳐 '종교의 자유' 사상이 수용되기 시작했다고는 하나 조선 시대 말기는 아직 유교를 국교로 한 '정교융합'의 질서였다.

---

43   로버트 벨라, 박영신 역, 《사회변동의 상징 구조》, 삼영사, 1981, 172-174쪽.

이러한 질서 아래 불교와 무교는 관용의 대상이었고, 천주교와 동학은 억압과 배제의 대상이었다. 식민지 시대 지배국 일본은 모든 종교 위에 군림하는 초종교인 '국가 신도'를 국교로 한 정교융합의 정치 종교 국가였다. 일본 제국 헌법 28조는 신민의 의무 가운데 하나로 "일본 신민은 안녕질서를 방해하지 않고 또 신민의 의무를 저버리지 않는 한도 내에서 신교의 자유를 갖는다"라고 규정하고 있었다. 형식적으로 신교의 자유를 내걸었지만 안녕질서와 신민으로서의 의무는 제한 없는 확대 해석이 가능했다.[44] 초종교인 국가 신도와 결탁된 천황제 체제 아래에서 식민지 조선의 모든 종교는 기껏해야 관용의 대상으로 취급되었다. 그 가운데에서도 법률에 의해 '종교'로 인정받는 종교들은 '우호적 관용'의 대상, '유사종교'로 낙인찍힌 종교는 '비우호적 관용'의 대상이었다. 만주 사변을 시작으로 일본의 군국주의적 파시즘 체제가 성립되자, 국가 신도의 최고 사제이자 군통수권자이며 주권자인 천황 숭배를 중심으로 한 정교융합 질서는 더욱 공고해졌다.[45]

미국 출신 선교사들에 의해 전파된 개신교의 경우, 이러한 식민지적 정교융합의 질서에 의해 규정되면서도 또 다른 변수로 인해 교회-국가 관계는 훨씬 더 복잡했다. 당시 조선 정부는 황준헌의 《조선책략》 등의 영향으로 '식민주의와 선교'의 분리가 명확

44   양현혜, 앞의 책, 82쪽.
45   앞의 책, 84쪽.

한 교파주의적 종교라고 미국의 개신교 선교를 이해하고 환영했다. 미국 선교사들은 고종의 탄신일을 기념하며 태극기를 걸어 놓고 국가를 위해 기도하는 초창기 조선 개신교인들의 국권 회복 운동을 동정하기도 했으나, 이내 한국 개신교인들에게 특이하게 변형된 '조선형 정교분리'를 요구했다.[46]

선교사들은 1901년에 "정부와 교회 사이에 교제할 몇 조건"을 만들어 공문으로 각 교회에 회람하게 했다. 그 내용은 "1. 우리 목사들을 대한 나라 일과 정부 일과 관한 일에 대하여 모두지 그 일에 간섭 아니하기를 작정한 것이오 2. 대한국과 우리나라들과 서로 약조가 있는데 그 약조대로 정사를 다 받으되 교회 일과 나라 일은 같은 것이 아니라 또 우리가 교우를 가르치기를 교회가 나라 일 보는 데가 아니오 또한 나라 일은 간섭할 것도 아니오 (중략) 5. 교회는 성신이 붙인 교회요 나라 일 보는 교회 아닌 데 예배당이나 회당 사랑이나 교회 학당이나 교회 일을 위하여 쓸 집이요 나라 일 의논하는 집이 아니요 그 집에서 나라 일 공론하여 모일 것도 아니오 또한 누구든지 교인이 되어서 다른 데서 공론하지 못 할 나라 일을 목사의 사랑에서 더욱 못 할 것이오"라는 것이었다.[47] 이것은 아직 신학적으로 미숙한 조선 기독교인들의 신앙을 사회 정치적인 영역을 포함한 인간의 총체적인 삶의 원리로서가 아니라,

---

46   초기 한국 교회는 교회에 태극기를 달고 성탄절 저녁 예배에서는 고종의 나이와 동일하게 태극등을 37개 다는 등 애국심을 보였다(〈대한그리스도인회보〉, 1899. 1. 4.).

47   〈그리스도신문〉, 1901. 10. 3.

좁은 의미의 종교적 영역인 교회 생활에 한정시키는 것이 되지 않을 수 없었다.

그러나 선교사들의 '조선형 정교분리'는 미국과 일본이 맺은 가쓰라-태프트 밀약에 대한 선교사들의 미국민으로서의 애국적 충성과 조선 개신교의 안전이라는 선교적 이해관계를 동시에 만족시키는 것이었다. 가쓰라-태프트 밀약을 통해 일본과 미국은 필리핀과 조선의 식민지화를 상호 교차 승인했던 것이다.

이러한 조선형 정교분리는 초대 통감인 이토 히로부미[伊藤博文]와 당시 한일 감리교회의 감독이었던 해리스(C. M. Harris) 사이에 맺어진 다음과 같은 협약으로 더욱 공고화되었다. "정치상의 일체의 사건은 제가 그것을 담당하지만 금후 조선에서 정신적인 방면의 계몽·교화에 관한 것은 바라건대 당신이 그 책임을 담당해 주시오. 그리하여야만 조선 인민을 유도하는 사업은 비로소 완성될 수 있습니다."[48] 이토의 말은 종교의 영역은 개신교가, 정치·사회적인 영역은 조선통감부가 각각 분담하자는 역할 분담론처럼 보일 수 있으나 그 실질은 '교회의 정치 참여 금지'와 다르지 않았다. 이후 선교사들은 '개신교의 정치 참여 금지'를 대조선총독부 대응 방침으로 하고 조선 개신교에 정치 영역에 대한 무관심을 강요했다. 나아가 정치·사회적인 영역을 복음의 사회적 응답의 영역으로서 파악하고 신앙적 양심을 가지고 대응해 가

48 半井淸, 《朝鮮の統治と基督教》, 朝鮮總督府學務局, 1921, 9.

려는 조선 개신교인들의 시도를 비신앙적이자 정치적인 것으로 정죄하기까지 했다. 이를 위해 "가이사의 것은 가이사에게 하나님의 것은 하나님에게"라는 마가복음 12장 17절과 로마서 13장의 "모든 권세는 위에서부터 오나니 이에 복종하라"는 구절이 성서적 전거로 인용되며, 교회는 국가에 복종해야 한다는 문자주의적 해석이 통용되었다.[49]

이러한 조선형 정교분리론이 정교분리 원칙과 거리가 먼 특수한 형태임은 분명했다. 미국 선교사들과 미국 정부 그리고 미국 선교사들과 조선총독부 사이에는 두 가지의 '정교 유착'과 총독부와 조선 개신교인 사이의 '교회의 정치 불간섭주의'가 상호 교착하며 얽혀 있었다. 결국 조선 개신교에 있어서 정교분리란 국가의 '종교적 중립성'이 아니라 개신교의 정치 참여 금지(=국가권력에의 저항 금지)로 이해되었던 것이다.

1905년 약 4만 명이었던 교세를 2.6배로 성장시킨 1907년의 대각성운동은 이러한 조선형 정교분리론을 한국 교회에 더 광범위하게 뿌리내리게 했다. 대각성운동은 기독교적 죄의 회개와 성령의 움직임을 체험하게 하고 커다란 부흥을 일으켰다는 점에서

---

49   예를 들어 조선 최초의 목사의 한 사람인 길선주는 을사보호조약 체결에 반대하여 전국 각지에서 일어나는 의병 투쟁에 합류하려는 신자들을 만류하면서 로마서 13장 1-2절을 인용했다. '모든 권세는 하나님으로부터 온 것'이라고 설득하며 그들의 의병 투쟁을 저지했던 것이다. 그의 이러한 행동을 두고 어느 선교사는 "교회가 그를 도왔기 때문에 전 북부 지역의 분노를 진정시키고 조선을 엄청난 유혈 사태로부터 구해냈다"라며 자랑스럽게 보고하고 있다(*Annual Report of the Board of Foreign Missions of the Presbyterian Church in the U.S.A.*, 1908, 269).

긍정적인 역할을 했다. 그러나 1905년의 을사늑약 이후 일본의 국권 침탈로 격화된 조선인의 아픔과 분노가 성령 운동이라는 종교적 카타르시스를 통해 희석됨으로써, 민족적·정치적 비극에서 한국 개신교인들이 얼굴을 돌리게 하여 탈정치화시켰다는 부정적 역할도 했다.[50] 안창호와 같은 개신교 민족 운동가들이 교인들이 예배당에 모여 죄를 자복한다며 울부짖고 땅에 구르는 것을 보고, "저 어리석은 백성을 어떻게 깨우칠꼬"라고 한탄한 것은 이러한 이유에서였다.[51]

이 흐름은 민족의 독립과 자유를 기치로 '정치 참여 금지'라는 관행에 역행하며 일어선 1919년의 3·1 독립운동의 실패를 자양분 삼으면서 한국 개신교 내에서 돌이킬 수 없는 대세가 되었다. 민족 독립운동에의 참여가 보상 없는 고난임이 확실해지자, 33인의 한 사람인 길선주는 재판 과정에서 이후 독립운동을 하지 않고 정치상의 일에는 일절 관여하지 않겠다고 진술했다. 그는 수감 기간 중 옥중에서 신·구약 성서를 30회 이상 통독했다고 한다. 특히 요한계시록을 1만 번 이상 읽어 암기할 정도였다. 그는 요한계시록에 기초하여 말세를 이야기하면서 전국을 순회하며 부흥회를 열었다. 그리고 한국 개신교사에서 말세의 시간을 지정하는 최초의

50　류대영, "2천 년대 한국 개신교 보수주의자들의 친미 반공 이해," 〈경제와 사회〉 62호, 2004, 여름, 66쪽.

51　도산안창호선생 전집 편찬위원회 편, 《도산 안창호 전집》 제12권, 도산안창호기념사업회, 2000, 514쪽.

'시한부 종말론자'가 되었다. 말세를 강조하며 천년왕국의 도래를 기다릴 것을 외치는 그의 부흥회 참가자는 누적 500만 명에 이르고, 그 결과 세워진 교회도 100개를 넘는다고 한다.[52] 수감 생활에서 석방된 길선주는 '모든 권세는 하나님으로부터 온 것'이니 복종하지 않을 수 없다는 자신의 로마서 13장 이해에 충실하면서,[53] 한국 개신교를 부흥회적 열광주의로 이끌었다. 역시 33인의 한 사람인 정춘수도 "최초 목적을 달성하지 못했으니 종교 사업이나 하겠다"라고 향후의 입장을 밝혔고, 임시정부 연통 사건에 연루된 김인서도 '독립보다 더 큰 문제'가 있다며 이후 전도에만 집중했다.[54] 3·1운동의 좌절 속에서 한국 개신교는 탈역사화, 탈정치화되어 갔던 것이다.

결국 1920년대에 들어서면 조선 개신교는 초기의 계몽적 사회 변혁 세력으로서의 선도적 지위를 상실하고, 개인 구령만을 중시하고 현실의 역사와 사회적 공공의 영역에 대한 무관심을 올바른 신앙이라고 하는 '정치 참여 금지=조선형 정교분리' 이해가 정치 윤리로서 강고히 뿌리내렸다. 탈정치적, 탈역사적 교회중심주의가 대세가 된 것이다. 식민 기간 동안 개신교 신앙을 가진 민족주의자들의 정치 운동은 있었으나, 조직으로서의 교회는 권력에

---

52   장병일, 앞의 책, 56–59쪽.

53   *Annual Report of the Board of Foreign Missions of the Presbyterian Church in the U.S.A,* 1908, 269.

54   이병헌 엮음, 《3·1運動秘史》, 時事時報社, 1966, 114, 553쪽.

대해 저항하지 않았다. 그 결과, 신앙의 자유 그 자체를 침범한 신사참배 강요에 대해서조차 모든 교단이 신사참배를 '국가 의례'로서 수용하고 실천하던 중 해방을 맞이했다.[55]

3) 개신교 건국 운동과 이승만 정권

해방 정국은 한국 사회 전반에 커다란 변화를 초래했다. 남한에 진주한 미 군정은 '조선인의 인권 및 종교상의 권리 보호'를 선언하고, 이에 대한 구체적인 법령으로 '군정청 법령' 제6호 3조에서 '학교 교육에서의 인종 차별과 종교 간의 차별을 금지'한다고 명시했다.[56] 국가의 '종교적 중립'이라는 정교분리 원칙의 천명으로 해석되는 이러한 종교 정책은, 실제로는 공산주의 억제와 자유민주주의 체제 수립이라는 미 군정의 전략적 목표를 촉진하는 한에서만 모든 종교에 보장되었다.

그러나 이러한 포고령은 천황제 국가 일본 치하에서 종교의 자유를 제한당하고 신사참배까지 강요당한 한국 개신교인들에게는 대대적으로 환영받기에 충분한 것이었다. 그뿐만 아니라 개신

---

55 양현혜, "조선 장로교회의 신사 참배 거부운동과 그 논리 구조,"《근대 한일 관계사 속의 기독교》, 212-222쪽.

56 허명섭, "미군정의 종교 정책과 한국 교회," 〈한국 교회사학회지〉 15, 2004, 292-293쪽.

교인인 군정 사령관 하지는 개신교에 특별한 호감을 표시했고 군정에 미국 선교사와 개신교 한인 엘리트 그룹을 대거 등용했다. 1946년경 미 군정 내 50명가량의 한국인 고위 관료 중 31명 정도가 개신교계 인사일 정도로 군정은 개신교 친화적이었다.[57] 개신교로서는 전례 없이 호의적인 국가권력을 만난 것이다.

이러한 때에 개신교로 하여금 정치 참여의 필요성을 자각하게 한 것은 1945년 11월에 열린 '임시정부 영수 환영대회'였다. 이 날 대회에는 개신교인이자 대표적인 우익 인사였던 이승만, 김구, 김규식이 등장하여 '기독교 건국', '기독교 국가'라는 수사를 사용하며 국가 건설 이념을 제시했다. 이러한 이념은 개신교인들에게 새롭게 세워져야 할 국가적 이상으로 '기독교적 건국'을 상상하도록 만들기에 충분했다.[58] 개신교인들은 종래의 '정치 참여 금지＝불간섭주의'에서 신속하게 '정치 참여주의'로 선회하여 정치 운동에 투신했다. 월남 개신교인들의 중심이자 후일 한국 장로교 통합측 교단을 대표하는 목회자가 된 한경직 목사는 1946년 "기독교와 정치"라는 제목의 설교에서 "오늘의 기독교인은 잠잠합니다. 최선의 정치 이념이 우리에게 있음에도 불구하고 왜 이다지도 퇴영적입니까? 좀 더 주도성을 가집시다. 십자가를 지고서 노동 운동도 좋고, 정치 운동도 좋습니다. 전후에 있어서 각국에는 기독교

---

57 안종철, 《미국 선교사와 한미관계, 1931-1948: 교육 철수, 전시협력 그리고 미군정》, 한국 기독교역사연구소, 2010, 281-285쪽.

58 고지수, "4·19 이후 한국 교회 갱신 문제와 '참여'의 이해", 〈사림〉 제57호, 2017, 305쪽.

민주당이 일어나 주도성을 가지고 활발히 움직이는 것을 보세요. 일어나 일하세요"라며, 개신교인들이 건국의 주도권을 잡기 위해 정치에 적극 참여해야 한다고 독려했다.[59] 동시에 그 자신이 공산주의자들에게 건국의 주도권을 빼앗길 수 없다며 적극적인 반공 투쟁에 앞장서는 한편, 친미·반공의 자유민주주의 정부 수립을 주장하는 이승만의 단독정부 수립 노선을 지지했다.[60]

이렇게 활발한 정치 참여를 했음에도 한경직 목사가 상상하는 국가와 교회의 관계는 정교분리였다. 그는 교회와 국가는 '정교분리 원칙'에 의해 분리되는 것이 마땅하다고 주장했다. 그러나 그가 생각하는 정교분리의 실질은 '국가의 종교적 중립'과는 사뭇 다른 것이었다. 남한만의 단독정부 수립을 위한 총선거일이 1948년 5월 9일, 즉 일요일로 결정되자 대다수 개신교회들은 주일성수에 어려움을 느꼈으나 정교분리 원칙에 입각하여 크게 문제제기를 하지 못했다. 그러나 한경직은 단호하게 반대 입장을 표명하고 개신교를 조직하여 반대 성명을 발표했다. "유엔 총회에서 총선거를 가능한 지역에서 실시키로 함을 우리 기독교인으로서 환영하는 바이다. 그 선거일을 오는 5월 9일, 즉 주일 날로 결정함에 대해서는 반대하지 않을 수 없다. 북조선에서 재작년, 즉 1946년 11월 3일을 선거일로 정한 데 대해서 이를 반대하다가 수많은 기독

---

59   한경직, "기독교와 정치", 《한경직 목사 설교집》 1권, 대한예수교장로회 총회교육국, 1971, 27쪽.

60   양현혜, "한경직의 '퓨리턴적 신앙'과 정치의식 연구", 〈신학사상〉, 263-264쪽.

교인들이 희생당하였거늘 이번 선거일을 주일로 정함은 우리 기독교인으로서는 이 선거에 참가 못하게 하는 것이므로 단호히 이를 배격하며 일자를 고치도록 요망한다"라는 것이었다.[61] 결국 미군정과 유엔 한국 임시위원단은 이 요구를 받아들여 총선거일을 하루 늦추어 5월 10일 월요일로 변경했다. 한경직이 생각하는 정교분리는 개신교회가 "영적으로 완전히 자유일 것이며 간접적으로 국가의 정신적 기초"가 되는 것으로,[62] 1948년 5월 31일 역사적인 제헌국회 개회식에서 사회를 맡은 이승만의 요청으로 이윤영 목사가 회순에도 없는 감사 기도를 올리는 그런 모습이라고 할 수 있었다.[63]

이러한 모습이 정교분리가 아님은 명백하다. 한경직이 그린 정교분리는 종교학자 로버트 벨라가 개념화한 '미국적 시민 종교'(Civil Religion) 형태라고 할 수 있다. 벨라에 의하면 미국은 정교분리 국가이고 종교는 사적인 것이 되었지만 대다수 미국인이 공유하는 종교적 지향의 공통적인 요소도 존재한다. 이러한 종교적 지향은 미국의 건국에 결정적인 역할을 했고, 정치를 포함한 미국의 생활양식 전반에 여전히 종교적 차원을 제공한다. 일련의 믿음, 상징 그리고 의례의 조합으로 표현되는 공공의 종교적 차원을 그는 '미국적 시민 종교'라고 정의한다. 건국의 지도자들의 사상에

---

61   〈조선일보〉,〈경향신문〉, 1948. 3. 9.

62   한경직,《건국과 기독교》, 보린원, 1949, 147쪽.

63   〈국회 속기록 제1호〉, 1948, 1, 1-2쪽; 이윤영,《백사 이윤영회고록》, 사초 1984, 136쪽.

기원을 둔 미국적 시민 종교는 기독교를 원형으로 하지만 기독교와 같지는 않다. 시민 종교의 신은 초월적 신으로서의 구원과 사랑보다는 질서, 법, 권리와 관련이 있었으며, 미국에 특별한 관심을 가지고 미국 역사에 참여하는 신이다. 미국적 시민 종교에는 '미국 이스라엘'(America Israel)이라는 사상이 중요한데, 이는 유럽을 이집트로, 미국을 언약의 땅으로 상정한 일종의 미국식 선민사상이었다. 이러한 선민사상은 미국 역사에 빈번히 나타나며 공공적 관점에도 반영되었다. '미국적 시민 종교'는 정교분리라는 역사적 합의와 계몽주의, 여러 종파의 개신교가 지배하는 문화적 배경에서도 종교와는 다른 기능을 수행하며 살아남았다.[64]

요컨대 미국적 시민 종교는 종교개혁 시기에 개신교 각 교파인들이 유럽 본국 국교의 박해를 피해 종교의 자유를 찾아 이민한 미국에서 기독교적 공통분모를 중심으로 국가적 정체성을 형성해 가야 했던 특수한 역사적 경험 속에서 형성된 것이라고 할 수 있다. 한경직은 표면적으로는 정교분리를 내세웠으나, 그가 상상한

---

64 Robert N. Bellah, "Civil Religion in America," *Daedalus*, 96(1), Winter, 1967, MIT Press, 1-21. 원래 '시민 종교'라는 개념은 루소(Jean Jacques Roussau)가 그의 저서《사회계약론》 막바지에 제시한 것으로, 정치 사회의 구성원으로서 자신의 의무를 사랑하기 위한 신앙고백을 의미하는 일종의 '사회성의 감정'을 의미했다. 벨라는 이를 한 사회를 통합시키기 위해 공유되고 합의된 가치와 신념 체계 그리고 그와 관련된 의례와 실천 관행, 장소들을 가리키는 개념으로 사용했다(이 논문 이외에도 벨라의 시민 종교 개념에 대해서는 *Beyond Blief: essays on Riligion in a Post-Traditional world*, N.Y. Crossroad Books, 1970; *The Broken Covenant: American Civil Religion in Time of Trial*, N.Y. Crossroad Books, 1975; 박영신 역,《사회 변동의 상징 구조》, 삼영사, 1981 등을 참조).

정교분리의 모습은 기독교가 국교의 형태를 취하지는 않으나 시민 종교로서 공공적 기능을 행사하는 미국적 시민 종교 형태라고 할 수 있다. 그리고 실제 이승만 정권 내내 개신교는 미국식의 시민 종교적인 지위와 혜택을 누렸다. 1948년 7월 제정된 제헌헌법은 20조에서 "1) 모든 국민은 종교의 자유를 가진다 2) 국교는 인정되지 아니하며, 종교와 정치는 분리된다"라고 규정하였다. 대한민국은 명백한 정교분리 국가였다. 이렇게 국교 부인, 종교와 정치의 분리, 신앙의 자유, 종교 차별의 금지가 명시되어 있음에도 이승만은 개신교의 요청에 따라 1948년 국기 배례를 주목례로 변경하고 1949년에는 성탄절을 공휴일로 제정했으며, 1951년에는 군종 제도를, 1954년에는 경목 제도를 도입함으로써 개신교의 전도 활동 및 교세 확장에 큰 도움을 주었다.

이러한 이승만의 혜택에 개신교 역시 응답했다. 북진 통일을 외치며 전쟁을 지휘하고 한국 전쟁의 휴전을 반대하는 이승만을 다양한 조직과 프로그램을 통해 지원했을 뿐만 아니라 그의 모든 선거를 맹목적으로 지지했다.[65] 개신교의 친미·반공 이념이 반공적 자유민주주의 국가 건설이라는 이승만의 정치 이념과 깊이 공명했기 때문이었다. 이러한 이념적 공감대는 심지어 이승만이 부정선거를 자행한 1960년의 정·부통령 선거에서도 그대로 작동했

---

[65]　양현혜, "한국 개신교의 전쟁 인식 및 대응에 관한 유형론적 연구—'15년 전쟁', 한국전쟁, 베트남 전쟁을 중심으로", 〈종교연구〉 84(1), 2024 참조.

다. 이승만에 대한 지원을 아끼지 않았던 개신교는 3·15 정·부통령 선거에 앞서 다음과 같은 8개 항의 '한국 교회의 지도 노선'을 밝혀 이승만, 이기붕의 당선을 지원했다.

첫째, 교회는 교회 안에 여야의 선거조직이 생기는 것을 원치 않는다. 둘째, 그러나 교인 개개인은 국가와 교회의 운명을 좌우할 정·부통령 선거에 무관심할 수 없다. 셋째, 그러므로 지도자들은 교인들에게 선거에 있어서 기독교적 원리로써 지도 계몽해야 한다. 넷째, 정의와 진리와 자유를 사랑하고 민족백년대계를 위하여 공헌할 수 있는 인물을 표준으로 해야 한다. 다섯째, 기독교 정신을 정치에 반영시킬 수 있는 인물이라야 한다. 여섯째, 현재의 사생활이 기독교 윤리에서 이탈됨이 없이 증인의 사표가 될 수 있는 인물이라야 한다. 동시에 과거의 생활이 일제의 쇠사슬로부터 조국의 독립과 민족의 자유를 구하기 위한 의로운 싸움에 숭고한 희생과 순국적 고초를 겪은 인물이라야 한다. 일곱째, 교회는 반공정신이 철저한 인물을 택해야 한다. 여덟째, 개신교 교인은 그 본연의 신조로 가톨릭인은 지지할 수 없다.[66]

여덟 번째 주장은 상대편이자 가톨릭 교인인 장면을 염두에 두고 반가톨릭 정서에 호소하며, 개신교의 단결과 이승만 당선 기

66　한국 기독교연합회, "전국교회 150만 신도께 드리는 말씀", 〈기독공보〉 1960. 2., 29쪽.

원을 꾀한 것이었다. 한국 개신교는 이승만 정권과 일체였다. 정교분리를 둘러싸고 주관적 인식(국가의 종교적 중립=정교분리)과 객관적 현실(미국적 시민 종교화)의 구조적 불일치가 국가 측과 개신교 측 모두에게 일어나고 있었다. 이러한 주관적 인식과 객관적 현실 사이의 구조적 불일치는 이후 그 내용을 달리하면서 국가-교회 관계에서 드러나는 한국 개신교의 중요한 특징이 되었다.

한편, 이승만 정권에 대한 개신교의 '정교분리=정교 유착'은 반공주의에 종교적 선악 이원론을 결부시킨 '반공주의의 종교화'라는 거대한 유산을 남겼다.[67] 이승만 정권이 붕괴한 이후에도 개신교는 내부에 방대한 반공 인프라를 자체적으로 구축하고 한국 사회 반공의 핵심 세력이 되었다. 그리고 이 반공주의는 종교적 이해관계와 더불어 한국 개신교와 국가와의 관계를 실질적으로 규정하는 가장 중요한 요소가 되면서, 정교분리 내용도 이해관계 당사자들에 의해 자의적으로 규정되게 되었다.

67　강인철, "종교가 국가를 상상하는 법: 정교분리, 과거청산, 시민종교", 〈종교문화연구〉 21(2013. 12.), 108쪽. 강인철에 따르면, 한국 교회의 반공주의는 1) 공산주의 세력을 사탄 내지 적그리스도와 등치하는 '사탄론' 2) 전쟁은 하나님이 한민족을 선택하여 자유민주주의의 수호라는 특별한 사명을 부여하신 계기였다는 '반공주의적 선민의식' 3) 한반도 중심의 세계 구원을 내세운 '종말론적 구원론' 4) 공산주의자들에 의해 희생된 이들을 순교자로 성화하고 숭배하는 '순교담론'으로 나타났다고 한다(강인철, 《한국 개신교와 반공주의》, 중심, 2007 참조).

4) 4·19혁명과 군부 독재 시기

1960년 4월 19일의 4·19 혁명은 1950년대의 '깜깜한 밤'에 자유를 찾아준 역사적 사건이자 한국 사회의 민주화 운동의 시발점이었다.[68] 이승만 정부를 맹목적으로 지지하던 교회도 서서히 미몽에서 깨어나고자 했다. 장로교 분열에 의해 1953년 태동한 한국기독교장로교회의 중심인물이자, 종래의 축자영감설적 성서 해석과 타계 지향적 개인 구령의 보수성에 반대해 성서비평학적 에큐메니컬 신학을 지향한 한국신학대학의 중심인물인 김재준은, 1년 뒤인 1961년 4월 〈기독교사상〉에 "4·19 이후의 한국 교회"라는 글을 기고했다. 여기에서 그는 4·19로 인해 교회가 받은 충격과 그에 따른 교회개혁의 방향에 대해 논했다.

그는 "4·19혁명은 암운을 뚫고 터진 눈부신 전광이었다. 그 윤리적 높은 행위가 일반의 양심의 자화상을 쇄출(塑出)시켰다. 교회도 이 섬광에 갑자기 스스로의 모습을 보았다"라며, "국가를 절대화하려는 독재 경향이 익어 감에도 불구하고 교회가 이에 교회로서의 경고를 제대로 발언하지 못했다는 것, 교회가 멋없이 집권자와의 일치 의식에 자위소(自慰所)를 설정했다는 것, 교회가 대사회 건설 사업에 활발하지 못했다는 것" 등을 자성했다.[69]

68 　서중석,《서중석의 현대사 이야기 4》, 오월의 봄, 2016, 236쪽.

69 　김재준, "4·19 이후의 한국 교회", 〈기독교사상〉, 1961년 4월 호.

또한 기존 한국 교회의 정교분리는 교회 대 국가 관계에서 당연히 지속되어야 할 긴장이 사라져 집권자를 교회의 이익을 위해 이용하는 등 대사회적 책임을 다하지 못했을 뿐 아니라, 교회의 '자가(自家) 부패'를 초래했다고 보았다. 그는 이제 정교분리의 내용을 다시 설정해야 할 때라며, 대국가 관계에서 교회가 흔히 인용하는 로마서 13장의 권력에 대한 '복종'은, 현대 민주 사회에서는 '책임적 참여 또는 동참'의 의미로 대체되어야 한다고 주장했다. 그는 "가이사의 것은 가이사에게 하나님의 것은 하나님에게"라는 예수의 말 역시 가이사와 하나님을 1 대 1의 지평에서 논하는 것이 아니라, 하나님의 것이 궁극적인 영역이라면 국가는 '궁극 이전의 것'이라는 의미로, 만일 국가가 전체주의적으로 자신을 신격화할 경우 '사람에게 복종하기보다도 하나님에게 복종하라'는 베드로의 언급(행 5:29)에 따라 분연히 저항하고 '처형(處刑)을 감수'할 수 있어야 한다고 주장했다.[70]

나아가 김재준은 교회는 인간 공동사회의 적극적인 복지 건설이라는 국가의 임무를 존중하고, 이를 위한 국가의 모든 건설적인 사업에 협력해야 한다고 보았다. 그는 교회의 국가에 대한 협력은 기독교인의 정당 활동이 되어서는 안 된다고 단언하며, 그 이유를 현실적으로 전체 인구의 4퍼센트밖에 안 되는 개신교의 교세로는 불가능할 뿐만 아니라, "정당과 교회를 일치시키는 풍류(風流)

---

[70]   앞의 논문, 37-38쪽.

를 조성함으로 말미암아 교회에 오명을 돌리게 되며, 정적이 저절로 교회까지 적대시하게 되며 … 정당 자체는 자신의 정략(政略)에 거짓된 신적 재가를 선포하므로 말미암아 하나님을 모독하는 일을 감행"할 수 있기 때문이라고 했다.[71] 따라서 교회가 국가의 복지 건설이라는 임무에 협력하는 방식은 비정치적 사회, 문화, 도덕, 교육 등의 분야에서 '공동사회의 양심이 조성'되게 하는 것이라고 보았다. 즉 '비정치적인 제반 사회적 도덕 건설 운동'에 교회는 책임적으로 동참할 의무가 있다고 보았던 것이다.[72]

이상과 같이 김재준은 종래 한국 개신교의 '정교 유착'을 비판하며 국가는 복지사회 건설이라는 임무를 수행하는 세속적 기관이며, 국가가 그 임무를 다할 수 있도록 기독교인은 비정치적 영역에서 국민의 도의적 향상을 위한 기여라는 '간접적 공헌'을 통해 '책임적 참여'를 해야 한다고 주장했다. 그리고 국가가 자신의 한계를 벗어나 전체주의적 성격을 띠며 '궁극성'을 주장할 때는 처벌을 감수하고 저항함으로써 양자의 '긴장'을 유지하는 것이 정교분리 본래의 존재 양식이라고 했다.

이러한 그의 정교분리 이해는 국가에 대한 기독교인의 자세가 정교 유착이나 무조건적 복종이 아니라 양자의 긴장을 유지하는 '책임적 참여 혹은 동참'으로 규정하고 있다는 점에서 획기적

71   앞의 논문, 39쪽.
72   앞의 논문, 40쪽.

인 것이라고 볼 수 있었다. 그러나 그의 정교분리 이해에서 기독교인의 '책임적 참여'의 형태가 비정치적 분야에서의 도덕 향상 운동에 제한된 점은 이 시기 그의 한계였다고 하겠다. 그럼에도 그의 정교분리론에 입각한 개신교의 사회적 책임의 자각은 교회갱신 운동을 중심으로 한 진보적 개신교 진영을 형성해 가기 시작했다.

그러나 이러한 교회갱신 운동은 단명으로 끝나고 말았다. 박정희 군사 쿠데타 때문이었다. "반공을 국시로 한 미국 등 우방과의 유대 강화, 자립경제 건설, 부패 일소" 등 6개의 혁명 공약을 내걸고, 혁명의 목적을 이루면 정치인들에게 정권을 넘기겠다는 군사 쿠데타를 개신교회는 일제히 환영했다. 4·19 이후 개신교가 '소수 종교'로 몰리는 사회적 상황 속에서 각 분야에서 일어난 민주화운동과 남북 분단을 해소하려는 통일운동은 개신교인들에게 반공주의의 근간을 뒤흔드는 위험한 일로 비추어졌을 뿐만 아니라, 천주교 정권에 대한 강렬한 반감이 더해졌기 때문이다.

한경직의 영락교회 장년면려회는 "방공 민주 건설을 구호로 하여 폭발한 5·16 군국 혁명은 부패와 절망으로 빈사의 위기에 처했던 이 민족 국가 위에 새로운 소망의 운명을 가져다주었다. '민주적' 절차를 밟은 것은 아니었지만, 가능한 유일한 길로서 이 군사 혁명은 부패한 정권과 국회를 해산시키고, 이어 이 나라 방방곡곡에 민족의 새로운 혁명과 재건을 과감하게 수행하고 있다. 지나간 십 수 년간에 쌓이고 쌓인 부패의 먼지를 단지 10일 깨끗이 털어지고, 지금 이 나라의 도시와 농촌은 불사조의 기적처럼 민족의

거대한 세 운명을 향해 재건의 총진전을 모험하고 있다. 여기에서
우리는 이 나라의 젊은 애국적 혁명군에게 경의를 표하며 그 하는
혁명의 요청에 적극 참여할 것을 설명하는 바이다"라는 선언을 발
표해 군사 쿠데타를 지지했다.[73]

김재준을 중심으로 한 진보 진영 역시 장면 정부를 위기에
대처하지 못한 무능한 정부라고 인식하고 다음과 같이 5·16 쿠데
타를 환영했다.

> 민주당 정부가 정부로서의 가장 본질적인 구실인 질서 유지에까지
> 무능 무위하여 강력범이 백주에 횡행하고 활보, 관민 아울러 부패
> 로여서 무정부적 혼란이 눈앞에 박두한 순간, 애국 군인의 일부 인
> 사가 혁명에 성공, 국가를 누란의 위기에서 건진 것을 국민은 놀라
> 움과 환희의 소망으로 환영하였다. 그 후 짧은 시간 안에 눈부신 실
> 천력을 보여준 것이 사실이다. 이만하면 군사혁명으로서는 성공일
> 로를 걸었다고 말할 수 있을 것이다.[74]

김재준은 5·16을 장면 정부의 부정부패와 무능에 대한 심판
으로 이해하고, 군사 정부의 혁명공약이 4·19의 슬로건과 서로 상
통하여 4·19의 연속선상에 있다고 이해했다.[75] 군사 정권은 혁명

73　영락교회 장년면려회, 〈면려〉, 1961. 6. 1.

74　김재준, "하늘과 땅의 해후,"《성격혁명》, 동양출판사, 1962, 207쪽.

공약 제3항에서 "모든 부패와 구악을 일소하고 퇴폐한 국민 도의와 민족정기를 바로잡기 위해 청신한 기풍을 진작시킨다"를 내걸었다. 그리고 국가 재건, 인간 개조, 체질 개선, 주체주의, 민족주의, 경제 자립 등 다양한 구호를 통해 지식인 층을 포섭 내지 배제하고자 했다. 쿠데타 직후 문교부는 서울 소재 각 종교 단체에 '인간 혁명에 의한 혁명 과업 완수'라는 사명을 호소하며, "간첩 침략 분쇄, 인간 개조, 빈곤 타파, 문화 혁신"에 협조를 요청했다.[76] 김재준은 자신이 생각한 사회의 '도의적 향상'을 통한 교회의 정치에 대한 '책임적 참여'가 혁명 공약과 상호 보완적이라고 보았다. 그는 국가재건최고위원회가 주도하는 '재건국민운동'에 참여했다.[77] 인간 혁명을 통해 '비(非)자기중심적 봉사적 성격'으로 '국민성의 변화'를 기하는 것이 교회가 해야 할 사회적 책임이라고 본 것이었다.

결국 4·19 이후 태동한 진보적 교회 갱신 운동은 군사 정부의 혁명 공약에 수렴되는 한편, 보수적 교회는 군사 정부의 친미·반공이라는 안보 논리에 호응하며, 5·16 이후 한국 교회는 다시 정권 지지 입장으로 선회하는 듯 보였다.

---

75   고지수, "4·19 이후 한국 교회의 갱신 문제와 '참여'의 이해", 〈사림〉 제57호, 2017, 317쪽.

76   김성보, "1960년대 남북한 정부의 '인간 개조' 경쟁", 〈역사와 실학〉 53, 역사실학회, 2014 참조.

77   고지수, 앞의 논문, 318쪽.

그러나 개신교 측의 지지는 1965년의 한일 회담을 계기로 인해 동요하기 시작했다. 경제 개발 자금 몇 푼 때문에 식민지 지배에 대한 일본의 공식적인 사과 한마디 받지 못하고, 일본의 요구대로 청구권을 포기한 정부의 굴욕적인 외교에 교계 지도자 240명이 모여 구국위원회를 조직하고 한일 협약 비준 반대 운동을 전개했다. 교회가 해방 이후 처음으로 정권에 항의하는 비판적 정치 운동을 한 것이다.[78]

1969년 박정희가 '민정 이양 선언'을 번복하고 대통령의 3선 연임을 허용하는 '3선 개헌안'을 시도하자 한국 개신교는 정권에 대한 상반된 입장을 보이며 양분되기 시작했다. 김재준, 박형규, 함석헌 등이 '3선 개헌 반대 범국민 투쟁위원회'에 참여했다. 진보 진영에 의해 주도되는 '한국기독교교회연합회'(교회협)는 1969년 9월 8일 "우리는 하나님이 한국의 역사 속에서 인간의 지위와 정의를 구현하고 계심을 믿는다. 따라서 그리스도인은 그의 뜻에 복종할 책임을 지닌다. 한국의 그리스도인은 이 나라에 하나님의 공의를 천명하기 위해 항상 기도하며 시대가 요청하는 예언자적 사명을 다하기 위해 노력해 왔다. 그렇기 때문에 오늘 우리가 처한 정치 상황은 필연코 신앙과 무관할 수 없다. … 우리는 여론의 분열과 약화를 초래하는 삼선개헌 발의에 대해 깊은 우려와 심한 유감의 뜻을 표하는 바이다. 우리는 정권을 담당한 지도자들이 정치 정의

78　양현혜, 앞의 책, 435-436쪽.

에 입각하여 양식 있는 판단을 가져 주기를 바란다. 헌법의 존엄성
은 누구보다도 입법부가 지켜야 하며 국민을 대표한 국회의원들
은 역사의 심판 앞에 부끄럽지 않은 확고한 결단을 내려야 할 것이
다. 우리 그리스도인은 어떠한 난국에도 흔들리지 않는 신앙으로
자유·정의·평화의 실현을 위해 헌신할 것을 다짐한다”라는 성명
서를 발표하고, 정권의 3선 개헌안에 반대를 분명히 했다.[79]

한편 김윤찬, 박형룡, 조용기, 김준곤, 김장환 등 보수 진영
목회자 242명은 ‘개헌 문제와 양심 자유 선언’을 발표하여 진보
진영의 정치 참여를 정교분리 위반이라고 비난하면서 “날마다 그
나라의 수반인 대통령과 영도자를 위해 기도하여야 하는 것이 기
독교적인 태도”라고 주장했다. 급조된 대한기독교연합회(DCC)도
‘개헌에 대한 우리의 소신’을 발표하여 “우리 기독교인은 개헌 문
제에 대한 박 대통령의 용단을 환영한다”라고 삼선개헌을 공개적
으로 지지했다.[80]

이렇게 삼선개헌을 계기로 한국 개신교는 진보와 보수로 양
분된 이후 극심한 대립과 갈등을 겪게 되었다. 보수 진영은 정교분
리를 외치며 진보 진영의 민주화운동을 비판했지만, 정작 자신들
은 다양한 방식으로 군사정권을 적극적으로 지지했다. 대표적인
것이 ‘국가조찬기도회’이다. 국가조찬기도회는 김준곤 목사 주도

79　최종고, 《영락교회의 부흥》, 한국문학사, 1974, 140쪽.

80　배덕만, “정교분리의 복잡한 역사: 한국의 보수적 개신교를 중심으로, 1945-2013”,
〈한국 교회사학회지〉 43, 2016, 196쪽.

로 1966년부터 시작되었는데, 정권과 교회가 상호 호혜적 관계를 형성하는 효과적인 도구로 기능했다.[81] 이 기도회는 이후 '국무총리를 위한 기도회'를 포함한 다양한 종류의 조찬기도회로 발전하면서 개신교가 정권을 축복하고 지지하는 원색적인 찬양의 행사장이 되었다.

개신교 진영이 보수와 진보로 양분된 가운데, 국민의 거센 저항에도 아랑곳하지 않고 3선 개헌안을 날치기 통과시킨 박정희는 1971년 제7대 대통령 선거에 당선되었다. 그리고 1972년 10월 유신으로 전국에 비상계엄령을 선포하고, 국회 해산, 정당 및 정치 활동의 중지 등 헌법의 일부 기능을 정지시키는 '유신체제'에 들어갔다. 개신교 진보 진영에서는 독재에 항거하는 민주화 운동을 전개했고, 보수 진영에서는 교단적, 개인적 차원에서 수많은 반공 단체를 조직하여 정권을 지원했다.

1973년 제6차 국가조찬기도회에서 김준곤 목사는 "민족의 운명을 걸고 세계의 주시 속에서 벌어지고 있는 10월 유신은 하나님의 축복을 받아 기어이 성공시켜야 한다. … 당초 정신 혁명의 성격도 포함하고 있는 이 운동은 … 마르크스주의와 허무주의를 초극하는 새로운 정신적 차원으로 승화시켜야 될 줄 안다. 외람되지만, 각하의 치하에서 일어나고 있는 전군 신자화 운동이 종교계에서는 이미 세계적 자랑이 되고 있는데, 그것이 만일 전민족 신자

81   최형묵, "교회와 권력의 유착 고리, 국가조찬기도회", 〈복음과 상황〉, 2009. 4. 7.

화 운동으로까지 확산될 수 있다면 10월 유신은 실로 세계 정신사적 새 물결을 만들고 신명기 28장에 약속된 성서적 축복을 받을 것이다"라며, 10월 유신을 기독교적으로 정당화하고 공개적인 지지를 보냈다.[82]

이러한 친정부적 활동에 대한 국가 차원의 혜택이 주어진 것은 물론이다. 정부는 '빌리 그레이엄 한국전도 대회'(1973), '엑스플로 74'(1974), '77 민족 복음화 대성회'(1977)와 같은 보수적 개신교 측의 초대형 전도 집회를 개최하도록 허가했다. 관제 행사 이외에는 개방하지 않던 여의도 5·16 광장을 대회장으로 허락하고 수십만 명이 넘는 청중들의 안전을 위해 대회장 시설 및 진행을 위한 지원과 배려도 아끼지 않았다. 군 공병대의 많은 장비와 병력이 투입되었고, 1,800명의 경찰관도 동원되었다. 이 행사를 위해 해방 이후 처음으로 여의도 일대의 야간통행 금지가 해제된 것도 특기할 만한 일이다. 이외에 헬리콥터와 경비정까지 동원한 경비, 수백 대의 버스가 여의도를 경유하도록 서울시에서 노선을 조정해 주었고, 육군사관학교 군악대가 행사에 참석해 찬송가를 연주했다. 관영 언론사들을 통한 대대적인 행사 보도도 어떤 시민 조직에서도 기대할 수 없던 특혜였다.[83] 개신교인들의 숫자가 1970년대 초 200만에서 1978년에는 400만으로 증가한 것은 이러한 초대형 전

---

82   〈교회연합신보〉, 1973. 5. 6.

83   강인철, 앞의 책, 206쪽.

도 집회 때문이었다.[84]

한경직 목사는 1973년의 빌리 그레이엄 한국 전도대회를 박정희 정권의 유신체제와 연결되는 국가 혁신의 계기가 될 것이라 기대하며, "금년은 우리가 국가적으로 모든 것을 새롭게 하자는 유신의 해입니다. 또한 이러한 때에 세계적인 부흥사 빌리 그레이엄 박사가 금년 5월에 오셔서 서울을 비롯한 전국 7대 도시에서 대전도집회를 가지게 됨은 우연한 일이 아닙니다. 금년이야말로 우리 5천만 민족이 다 그리스도에게 돌아와 새 마음, 새 정신, 영적 혁명의 계기가 되어야 합니다"라고 주장했다.[85]

이렇게 착종하는 교회와 정치의 다양한 양상 속에서 1974년 11월 9일 한국기독교실업인회에서 '국무총리를 위한 기도회'를 주최했다. 이 기도회에서 김종필 총리는, "교역자와 신자 중의 일부 사람들이 종교와 종교인으로서의 본연의 위치와 영역을 벗어나 정치적인 집단행동에 가담하거나 그러한 행동에 합류하라고 딴 사람들을 선동하고 있는 것을 매우 걱정스럽게 여기지 않을 수 없다"라며, 교회의 민주화 운동을 정교분리에 어긋나는 것으로 비판했다.[86]

이날 김 총리는 무제한의 자기 팽창과 무한 무책임 구조를

---

84   이은선, "한국 교회사의 관점에서 본 한국 교회와 정치", 〈한국 개혁신학회 논문집〉 13, 2003, 231쪽.

85   한경직, "마음의 혁명",《한경직 전집》12, 189쪽.

86   "外人教役者(외인교역자)의 反政(반정)선동은 脫線(탈선)", 〈동아일보〉, 1974. 11. 9.

가진 국가권력과 이에 대해 무한 복종하는 기독교를 바람직한 정교분리의 형태로 요구하고, 그에 대한 성서적 근거 로마서 13장을 인용한 것이었다. 결국 그가 의미한 정교분리의 내실은 '국가의 종교 통제권'에 대한 일방적 주장이었다. 정교분리라는 주관적 의식과 국가의 종교 통제라는 객관적 현실 사이의 구조적 부조화가 여기에서도 발생하고 있는 것이다.

이러한 권력 측의 의식의 부조화는 비단 김 총리의 발언에서만 나타나는 것이 아니었다. 당시 공화당 의장 서리였던 이효상은 1974년 6월 전라남도와 경상북도 공화당 연락 사무실 등을 방문하고 훈시하면서 김 총리류의 정교분리론을 설파했다. 이효상은 "일반 신도는 정치 활동을 할 수 있지만 종교 지도자들은 안 된다"라며, "일부 기독교 인사들 가운데 성경보다는 빵을 주어야 한다는 주장을 펴는 사람들이 있는데 이것은 종교 지도자로서는 옳지 못한 태도"라고 비판했다.[87] 그의 이러한 발언들이 종교계의 반발을 일으키자 그는 재차 자신의 발언을 해명했다. "일부 기독교인들이 '그리스도의 사랑'보다는 빵을 중시하고 종교적 중립보다는 불온문서를 뿌리는 등의 정치 참여를 하려는 것은 잘못된 생각이라는 점을 지적하려는 것이 이번 광주 발언의 근본 취지였다. … 일반 신자들이 여당이나 야당을 지지하는 행위는 괜찮으나 목사나 신부 등 종교 지도자들이 정책 비판에 깊이 간여하는 것은 신자

---

87   손승호, 앞의 책, 129쪽.

    공적 신앙의 윤리: 국가권력과 로마서 13장

들을 이간시키는 결과를 초래하기 때문에 삼가야 할 것"이라고 해명했는데, 이 해명이 더욱 문제를 키웠다.[88] 권력 측은 '정교분리'를 표방했지만 내심은 종교의 정치 불간섭과 정부의 종교 통제권으로 인식하고 있었던 것이다.

진보 진영을 대표하는 한교협(KNCC)은 총리의 발언에 대해 즉각 성명서를 발표하고 "국가에 대한 충성과 특정한 정권에 대해서는 국민으로서의 책임과 의무를 다해야 하나, 그 권세가 하나님의 공의를 저버리어 자기 권력의 한계를 넘어서고 국민에게서 위탁받은 책임에 충실하지 않을 때, 기독교인은 하나님의 말씀의 대변자로서 이를 비판하고 시정해야 할 책임이 있다"라며, 총리의 종교 통제권 주장에 대해 비판했다.[89]

또한 66명의 개신교 성직자, 신학자, 평신도들도 '한국 그리스도인의 신학적 성명'을 발표하고 총리의 정교분리론을 비판했다.

정치와 종교 또는 국가와 교회의 분리는 본래 정치적 권세와 종교적 권위의 야합에서 오는 권력의 절대화와 그것에 따르는 횡포와 부패를 막기 위한 것임과 동시에 특정한 종교에 대한 정치권력의 차별 대우를 막기 위한 것이지 종교와 정치의 대상과 영역을 분리

---

88   "내용과 달리 전달돼 불의 해명", 〈경향신문〉, 1974. 6. 14.

89   김명배, "한국 개신교 사회참여에 나타난 교회와 국가의 관계에 관한 연구－1960년부터 1987년까지 민주화와 인권운동을 중심으로", 장로회신학대학교 박사학위 논문, 2007, 95쪽.

하기 위한 것은 아니다. 구약 예언자들은 예외 없이 경제 정치적 권력의 횡포와 부패에 맞서서 싸운 인간들이다. 다윗 왕을 지탄한 나단이나 왕후장상 앞에서 예배보다 사회정의를 앞세운 아모스 등이 그런 예들이다. 예수는 바로 이 계열에 서신 분이다. 그러므로 이같은 전통에 서서 사회정의와 인권의 옹호를 위한 그리스도교 교회의 활동을 탄압하는 것은 곧 종교와 자유를 억압하는 것이다.[90]

즉 정교분리는 국가의 '종교적 중립성'을 의미하는 것으로, 국가권력이 인간의 삶의 방식을 결정하는 내면의 신앙, 신념의 문제에 개입해서는 안 되고 세속적인 정치적 과제를 즉물적으로 처리할 뿐이라는 근대 국가의 자기 한계를 분명히 하는 원칙임을 분명히 했다.[91] 이러한 원칙을 정치와 종교는 상호 불간섭적이며 이를 지키기 위해 종교는 국가의 통제를 받는다는 식으로 호도함으로써, 권력의 정당성과 한계에 대한 종교의 비판적 견제 기능을 저지하는 원리로 오용해서는 안 된다는 것이었다. 요컨대 교회의 정치 참여는 권력 획득을 목적으로 하는 정치 활동과는 '구별'되지만, 인권과 정의를 수호하고 복지 국가를 지향한다는 점에서 정치와 결코 '분리'될 수 없다는 것이었다.[92]

그러나 권력에 순응하려는 보수적 개신교의 입장 역시 강고

<hr>

90   한국기독교사회문제연구원, 앞의 책, 43-44쪽.

91   양현혜, 앞의 책, 74쪽.

92   "한국 그리스도인의 신학적 성명, 44쪽.

했다. 이 성명에 대해 8개 보수교단 연합체인 한국예수교협의회 (KCCC)는 곧바로 "국가가 신앙의 자유를 말살하려 하지 않는 한 권력에 순종해야 한다"라고 하며, 한교협과 개신교 민주화 진영이 정교분리를 위반했다고 비난했다.[93] 대한기독교협의회(DCC)도 11월 27일에 성명을 발표하면서, 반정부적 입장을 취하는 것은 다름 아닌 공산 침략자들에 대한 '이적 행위'라고 단언했다.[94] 결국 한국 개신교의 민주화 투쟁을 둘러싼 개신교 보수 진영과 진보 진영의 분열의 중심에는 정교분리 원칙에 대한 이해 문제가 가로놓여 있었다.

결론적으로 이 시기의 정교분리 원칙에 대한 실질적인 내용을 정리해 보면 다음과 같다. 권력 측은 '종교 통제'를, 보수 개신교 진영에서는 '정치 참여 금지'를 내세우며 자신들의 정교 유착을 정당화하고 진보 진영의 민주화 운동을 단죄하는 용어로 정교분리를 사용하고 있었다. 이에 대해 진보 진영에서는 '국가의 세속성'을 요구하며 정치에의 '비판적 연대'를 의미하는 용어로 정교분리를 사용하고 있었다. 이 시기에도 정교분리를 둘러싼 주관적 인식과 객관적 현실 사이의 커다란 구조적 부조화가 발생하고 있었다. 그 부조화의 중심에는 반공이라는 이념과 선교적 편의를 제공받으려는 종교적 자기 확장의 욕망이 있었다고 할 수 있다.

---

93   한국예수교협의회, "기독교 반공시국 선언문", 〈기독신보〉, 1974. 12. 7.

94   김명배, "한국 개신교 사회참여에 나타난 교회와 국가의 관계에 관한 연구—1960년부터 1987년까지 민주화와 인권운동을 중심으로", 96쪽.

한편 개신교의 대국가 관계를 실질적으로 규정하는 중요한 함수인 공산주의에 대한 보수 진영과 진보 진영의 이해를 고찰해 볼 필요가 있다. 한국 개신교의 가장 큰 교파인 장로교는 1953년 대한예수교장로교와 한국기독교장로교로 분열했다. 예수교장로교를 대표하는 지도자 한경직은 월남 이전에 북한에서 '기독교 사회민주당'을 창설하여 공산주의와 충돌하고 신변의 위험을 느껴 월남한 '체험적 전투적 반공주의자'였다.[95] 이후 그는 "묵시록을 보면 거기 큰 붉은 용이 있어서 그의 사자들과 같이 천사장 미가엘과 그의 사자들과 더불어 하늘에서 싸우다가 땅에 쫓겨 내려오고 또한 계속해서 땅 위에서 성도들과 싸운다는 이야기가 있습니다. 여기 붉은 용은 사탄을 의미합니다. 이 사탄은 시대를 따라서 여러 가지 탈을 쓰고 하나님 나라를 대적합니다. 이 20세기에는 공산주의의 탈을 쓰고 나타난 것은 틀림없습니다"라고 하여, 공산주의를 '하나님에 대적하는 붉은 용=사탄'이라고 규정했다.[96] 개신교 보수 진영의 중심적 지도자로서 그가 남한 사회의 반공주의 재생산을 위해 적극적으로 활동하며 박 정권을 지지한 기저에는 이러한 공산주의 이해가 있었다.

한편 1959년 대한예수교장로회에서 분열되어 대한예수교장로회 합동 측 교단의 지도자가 된 박형룡은 우상숭배를 범한 한

95 　홍인표, "김재준의 공산주의 이해", 〈한국 교회사학회지〉 34, 2013, 343쪽.

96 　한경직, "그리스도인과 반공", 〈새가정〉 1963년 5월 호, 10-11쪽.

민족을 벌하시는 '하나님의 검'으로 공산주의를 이해하고 있었다. 그러나 한경직을 중심으로 한 대한예수교장로회 통합 측과 세계교회협의회(WCC) 가입 여부를 둘러싸고 주도권 경쟁을 벌이는 가운데, 세계교회협의회에 대해 '용공' 세력이라는 이데올로기적 색깔론을 전개하며 철저한 '냉전 이데올로기적 반공주의자'로 변모했다. 따라서 박형룡 역시 공산주의를 '붉은 용'이라고 규정하기를 주저하지 않았다. 그는 생애 말년에 마틴 루터 킹 목사를 "많은 공산주의자들과 결탁하여 공산주의 운동을 원조하는 데 많은 시간을 보낸 인물"이라고 하고, 미국의 유명한 반전(反戰) 가수인 존 바에즈(Jone C. Baez)를 '유명한 공산주의자 민속 가수'라고 소개하는 등, 미국 남부 백인우월주의적 보수 개신교의 영향을 크게 받아 철저한 이데올로기적 반공주의자가 되었다. 박형룡 역시 한국 개신교의 반공주의 재생산에 크게 기여한 인물이었다.[97]

한편 진보 진영의 대표적 지도자인 김재준은 한국전쟁기에 그의 지적 후견인이자 친우인 송창근이 납북당하는 체험을 통해 일정 기간 남한 교회의 보편적인 정서가 된 반공주의적 시각을 보이기도 했지만, 근본적으로 위의 두 사람과는 다른 이해를 전개했다.

그는 현대 사회를 공산주의와 자유주의의 대결이라기보다는 하나님 대 범죄적 인간의 대결이라고 보았다. 그는 "그리스도인은 세상에 현존하는 이데올로기에 대해 자기 일치를 할 수 없으

97　홍인표, 앞의 논문, 349쪽.

며, 따라서 이 세상에 현존하는 이데올로기는 그리스도교 사상에 의해 비판되어야 한다"라는 입장에 섰다.[98] 그는 어떤 이데올로기를 절대화하여 다른 이데올로기를 타자화하는 것은 '하나님을 반역한 범죄'로, 이는 공산주의뿐만 아니라 자본주의에도 동일하게 적용된다고 보았다. 그는 자본주의와 공산주의는 동일하게 무신론에 기초하고 있으며, 자본주의는 "이기주의를 근거로 하여 자본을 만능의 무기로 하여 인격을 기계화, 노예화하며 불의와 책모와 약탈과 전쟁으로 시장을 독점하여서 각자의 탐욕을 채우려는 특성"을 가졌다고 보았다. 반면 공산주의는 "착취당하는 대중의 생활 향상과 인간적 존귀를 위하여 정치 기구의 가장 과학적인 개혁을 행하려는" 한에서 기독교 정신과 상통할 수 있는 점도 있다고 보았다.[99] 그러나 공산주의에 있는 교조주의적 자기 절대화는 중대한 문제라고 비판했다.

맑스주의는 자신들이 역사철학, 역사과학까지도 독차지하고 있다고 믿는다. 그러나 그것은 하나의 '묵시적 환상'에 불과하다. 개인 경제 특권을 온전히 박탈하면 이기적 소유욕 없는 인간성으로 변혁된다고 생각하는 것은 낭만적 환각이다. 그들은 인간의 죄성이 얼마나 근본적인 것을 알지 못한다. 인간은 인간성 자체를 변혁시키

---

[98] 손규태, "장공 김재준과 이데올로기", 〈장공 사상 연구 논문집〉, 한신대출판부, 2001, 455쪽.

[99] 김재준, "基督教的 建國 理念", 《長空金在俊著作全集》 2권, 한신대출판부, 1971, 30쪽.

지 못한다. 그들은 집권자를 변경시킬 수 있으나 집권자의 본성을 변경시키지는 못한다. 그들은 공산주의 안에 머무를 뿐이요, 그것을 초월하는 입장을 용납하지 않는다. 그러므로 진정한 자기비판이 있을 수 없다.[100]

모든 이데올로기와 마찬가지로 공산주의 역시 자기를 초월한 상대화와 비판적 성찰에 열려 있을 때, 그 장점이 인류 사회에 생산적으로 기여할 수 있다는 것이었다. 이러한 '탈이데올로기적' 관점에서 김재준은 통일에 있어서도 공산 진영과 자유 진영의 두 진영을 조합하여 제3의 통일을 지향할 필요가 있다고 보았다.[101]

이러한 김재준에게 '반공주의'라는 국시 아래 자신의 권력을 무한 확대하는 박 정권의 유신 독재는 하나님을 대신하는 '우상'과 다름없었다. 그는 "반공을 국시로 한다 했지만, 6·25의 공산군 남침 이후 남한 국민으로서 반공 의식 없는 사람은 거의 없었다. 진짜 공산 그룹은 해방 후 곧 월북했고 6·25 때 거의 월북했다. '박'은 반공에 '국시'(이승만 때도 마찬가지였다)라는 닻을 달아 부동의 무게를 덧붙였다. 그리고 자기 정권에 반대하는 자는 '반공법'으로 처단했다. '반정권'자는 공산 분자이고, 이북 간첩이고 국가 반역자라는 자기류의 공식을 만들어 중형에 처했다. '반공'은 박정

---

100   김재준, "기독교와 정치-라인홀드 니이버의 경우", 1962, 18-19쪽; 《사상계 영인본》 제13권, 세종문화사, 1988.

101   채수일, "장공 김재준의 '제3일'의 선교 신학", 〈장공 사상 연구 논문집〉, 466쪽.

희의 '만능 호신부'이다"라고 비판했다.[102] 박 정권은 반공이라는 주술을 사용하여 신적 궁극성을 주장하는 자기 우상화에 함몰되었다는 것이었다. 그리고 국가가 자유와 인권의 수호라는 고유한 임무와 정당성의 한계를 망각한 결과는 무한 무책임이었다.

> 민심은 그를 떠난 지 오래다. 국민, 특히 학생, 교수, 기독교 지도자의 일부는 '박'에게 책임을 묻는다. 독재자는 책임을 지지 않는다. 무신 유물론자니 하나님께 책임질 맘뿐새도 안 생긴다. 자기가 '신'의 자리를 점령했기 때문이다.[103]

궁극적인 것과 궁극 이전의 것의 준별에 기초한 김재준의 '탈이데올로기적' 공산주의 이해는 정치적 현실을 분석하고 대응하는 '깨어 있는 눈'이 되어 주었다. 동시에 그의 '탈이데올로기적' 공산주의 혹은 '반공주의' 이해는 박정희 정권의 도전에 대응하면서, 5·16 초기 교회를 향해 국가에 대한 '책임적 연대'를 '사회의 도의적 향상'에 대한 기여라는 형태로 제한했던 자신의 한계에서 탈피하게 했다. 그는 정교분리론에서 제기한 비정치적 영역에서의 간접적인 도덕적 기여를 넘어, '복지사회' 건설을 향한 국가의 임무에 대한 '비판적 충성 혹은 연대'로 나아갔던 것이다.

---

102 김재준,《범용기》, 풀빛, 1983, 325쪽.
103 앞의 책, 328쪽.

5) 1987년 민주화 이후

1987년 6월 항쟁은 한국의 민주화에서 대전환점이 되었다. 그 결과 탄생한 제6공화국 노태우 정부 아래 한국 개신교에도 내·외부적으로 커다란 변화가 일어났다. 우선 교회를 둘러싼 사회적 환경이 변화했다. 민주화가 진행되는 가운데 1990년대 이후 남북 정상회담이 두 차례나 열릴 정도로 반공주의가 쇠퇴해 가는 사회적 분위기가 조성되었다. 또한 지방자치제가 실시되고 선거 제도도 투명성을 강조해 갔다. 이러한 사회적 환경의 변화와 연동하면서 개신교 내부에서도 커다란 변화가 일어났다.

먼저 이 시기 개신교 내부에서 시장 개편이 일어났다. 한국 개신교 시장은 1970년대 말까지의 경이적인 양적 팽창기, 1980년대의 성장 둔화기, 1990년대 이후의 성장 정체기를 거쳤다. 이러한 과정에서 교회 성장은 불균등하게 진행되어 1980년대 이후에는 교회 규모의 양극화 현상이 두드러졌다. 이 과정에서 새로운 대형 교회가 등장하고 기존 대형 교회들은 초대형 교회로 성장했다.[104] 대형 교회 담임 목사들은 '독점화' 기제들을 사용해 교단 전체로 그 영향력을 확장시킬 수 있었다. 그뿐만 아니라 대형 교회 목사들은 교단을 초월하는 다양한 횡적 연결망을 구축하고 막강

---

[104]　감인철, "수렴 혹은 헤게모니−1990년대 이후 개신교 지형의 변화", 〈경제와 사회〉 통권 62호, 2004년 여름 호, 13쪽.

한 재력을 기반으로 초대형 연합 프로젝트를 추진할 수 있는 동력을 가지게 되었다. 이러한 영향력은 개신교 내부를 넘어 정치권에서 무시할 수 없는 세력이 되었다. 국민들의 한 표가 중요해진 민주화 시대의 선거에 대형 교회가 무시할 수 없는 표밭이 되었기 때문이다.

한편 민주화가 어느 정도 진척되자, 국가와의 강도 높은 충돌이 예견되지 않은 상황에서 억압되었던 보수적 다수파의 목소리가 분출되고, 그에 따라 대정부 관계에서 소수의 진보파들이 주도권을 행사하는 것이 불가능해졌다. 또한 진보 진영에 속한 지도자들은 김대중, 노무현 정부에 적극적으로 참여하면서 권력에 대한 비판의 목소리가 위축되었다.[105] 오히려 한국 사회의 반공주의 약화에 대한 위기의식으로 개신교 보수 진영이 집결하여 헤게모니를 확대해 가기 시작했다.

개신교 내에서 보수 진영이 집결하는 계기가 된 사건은 1988년 한교협(KNCC)의 '민족의 통일과 평화에 대한 한국기독교회 선언'의 발표였다. 이 선언서는 "한국 그리스도인들은 평화와 통일에 관한 선언을 선포하면서 분단 체제 안에서 상대방에 대하여 깊고 오랜 증오와 적개심을 품어 왔던 일이 우리의 죄임을 하나님과 민족 앞에 고백한다. … 특히 남한의 그리스도인들은 반공 이데올

---

105   채수일, "한국 에큐메니칼 운동의 변화와 기독교 사회 운동", 한국기독교교회협의회 기독교사회 포럼 준비위원회, 〈2004 기독교 사회 포럼〉, 2004 참조.

로기를 종교적인 신념처럼 우상화하여 북한 정권을 적대시한 나머지 북한 동포들과 우리와 이념을 달리하는 동포들을 저주하기까지 하는 죄(요 13:14-15, 4:20-21)를 범했음을 고백한다. 이것은 계명을 어긴 죄이며, 분단에 의하여 고통받았고 또 아직도 고통받고 있는 이웃에 대하여 무관심한 죄이며, 그들의 아픔을 그리스도의 사랑으로 치유하지 못한 죄이다”라고 하여, 민족 분단과 반공에 대한 새로운 인식, 주한 미군 철수 그리고 민족의 평화 통일 필요성을 천명했다.[106]

이 선언서는 보수 진영의 거센 반발을 불러일으켰다. 보수 진영은 한경직 목사를 비롯한 일군의 반공적 목사들의 주도하에 1989년 12월, 36개 교단과 6개 기관이 모여 ‘한국기독교총연합회’(한기총)를 조직했다. 한기총은 창립 취지문에서 “바라기는 모든 개신교 교단과 개신교 연합 단체 및 교계 지도자들이 한국기독교총연합회에 참여하여 연합과 일치를 이루어 교회 본연의 사명을 다하는 데 일체가 될 것을 다짐한다”라며, 교회 연합, 복음화, 사회봉사를 주요 사업으로 설정했다.[107] 한기총의 등장으로 이제 한교협은 더 이상 한국 개신교를 대표하는 기관의 지위를 유지할 수 없게 되었다. 6개 교단 협의체인 한교협을 능가하며, 36개 교단과 6개 기관의 결집체로 한기총이 출범할 수 있었던 것은, 한국 개신교 보

106　이만열,《한국 기독교와 민족 통일운동》, 한국 기독교역사연구소, 2001, 403-404쪽.

107　김지방,《정치 교회》, 교양인, 2009, 158쪽.

수 진영의 뿌리 깊은 '반공·친미'라는 이념적 교집합이 존재했기 때문이었다. 이후 한기총은 개신교 보수 세력의 결집체가 되어 '교회 일치'보다는 반공과 친미를 견인하며 한국 사회의 반공주의를 재생산하는 주요 세력으로 기능했다.[108]

그뿐만 아니라 보수 진영 대형 교회 목사들의 네트워크는 진보 진영을 대표하는 한교협 내에서조차 보수 진영의 헤게모니를 강화하기 시작했다. 6개 교단 협의체인 한교협은 재정 위기와 한기총과의 대표성 경쟁 속에서 '헌장 세칙'을 제정하여 '개혁과 개방'을 도모함으로써 보수적 거대 교단의 주도권이 크게 강화되었다.[109] 결국 민주화 이후 한국 개신교의 이념 지형을 보면 한기총과 한교협에서 보수 진영의 헤게모니가 강화되고 진보 진영은 주변화되는 방향으로 재편성된 것이었다.

확고히 다져진 헤게모니를 기반으로 1990년대부터 개신교 보수 진영은 북한 우호적 정책에 반대하는 다양한 반정부 운동을 전개했다. 그들은 1998년 김대중 정부에서 2008년의 노무현 정부 퇴임까지 기간을 '잃어버린 10년'이라고 부르며, 대한민국의 정통성이 흔들리는 위기의 시대라고 규정했다. 종래 정교분리를 내세우며 정부와의 유착 관계를 형성해 오던 보수 진영은 정권의 북한과의 화해 정책을 '6·25 이후 최대의 안보 위기'로 해석하며 해방

---

108 배덕만, "정교분리의 복잡한 역사: 한국의 보수적 개신교를 중심으로, 1945-2013", 202쪽.

109 강인철, 앞의 논문, 40-41쪽.

이후 처음으로 정권에 전면적으로 대항하기 시작했다.[110]

2003년 1월 1일과 19일에 걸쳐 순복음중앙교회 조용기 목사, 성민교회 신현균 목사, 금란교회 김홍도 목사, 임마누엘교회 김국도 목사 등이 주도해 '나라와 민족을 위한 기도회'를 두 차례 개최했다. 기도회의 목적은 북핵 문제에 직면해 한국에 반미 세력만 있는 것이 아님을 미국과 세계에 알리는 것이었다. 교인 수 8만 명이 넘는, 세계 8번째 초대형 교회의 목사인 김홍도 목사는 이 대회에서 노무현 대통령과 북한을 강도 높게 비판했다.[111] 그는 "복음을 훼방하는 세력은 분명히 문제가 있습니다. 그것은 곧 하나님을 대적하는 것입니다. 하나님, 이 나라를 끝까지 버리지 않으실 줄 믿습니다. 이 땅에 공산주의가 발을 붙이지 못하도록 도와주소서. 주여, 이 나라의 반미 감정이 사라지게 하소서"라고 기도했다.[112] 개신교 보수 진영의 대형 교회가 주도하고 극동방송, 기독교 TV, 기독교 언론사가 적극적으로 후원한 이 기도회의 성공에 탄력을 받아, 이를 전국민적인 대회로 승화시키기 위해 '제2의 3·1운동'이 제안되었다. 보수 시민단체의 대사회 발언의 창구이자 구심점으로 부상한 '반핵·반김 자유통일 3·1절 국민대회'는 이렇게

<hr>

110   엄한진, "우경화와 종교의 정치화-2003 '친미 반북 집회'를 중심으로", 〈경제와 사회〉 62, 2004, 64쪽.

111   김홍도 목사의 금란교회는 감리교단 내에서 세계에서 가장 큰 교회이다. 한국 교회 중에서는 여의도순복음교회, 은혜와진리교회 다음으로 교인 수가 많다.

112   김지방, 앞의 책, 106-107쪽.

보수 개신교의 기도회를 모태로 탄생되었다. 2003년 3·1절 국민대회가 끝난 뒤 한기총이 주도하는 '3·1절 나라와 민족을 위한 기도회'에도 10만이 넘는 개신교인들이 참가했다. 이후 개신교 보수 진영은 한국 사회의 보수 세력과 결합하여 그 운동에 재정적 지원뿐만 아니라 교인들의 참여를 유도하여 집회를 성사하는 역할을 담당함으로써 보수 결집의 중심 가운데 하나가 되었다.[113]

한기총은 2004년 3월 1일에도 '구국 기도회 및 친북 좌익 척결 부패 추방을 위한 3·1절 국민대회'를, 10월 4일 '국가보안법 폐지 반대 및 사립학교법 개정 반대 그리고 대한민국을 위한 비상구국 기도회'를, 2005년 6월 25일 '북핵 반대와 북한 인권을 위한 국민 화합 대회'를, 2006년 9월 2일에는 '대한민국을 위한 비상 구국 기도회'를 열어 "좌편향적 정부를 몰아내고 보수적인 정권이 들어서야 한다"라며 반정부 운동을 전개했다.[114]

2007년의 3·1절 '친북 반미좌파 종식 국민대회'에서는 공동 대회장 9명 중 5명이 목사였다. 김진홍(뉴라이트전국연합 상임의장), 김홍도(기독교대한민국살리기운동 대표회장), 이종윤(북한구원운동 대표회장), 최성규(한기총 명예회장) 등이었다. 공동집행위원장인 김상철 국가비상대책협의회 의장은 교회 장로였다. 실제로 행사 진행부터 주요 발언자까지 대부분 개신교 목회자이거나 개신교계 인사가 맡았

---

113   "왜 보수 세력은 기독교를 중심으로 결집하나." 〈오마이뉴스〉, 2003. 3. 2.

114   허명섭, "최근 한국 복음주의의 기독교의 정치 및 사회 참여"; 박종현 편,《변화하는 한국 교회와 복음주의 운동》, 두란노아카데미, 2011, 282-284쪽.

다. 한기총 명예회장인 최성규 목사는 이날 집회에서 대표 기도를 맡았고, 한기총 산하 통일선교대학 이사장인 전광훈 목사는 '대한민국 수호와 자유통일을 위하여'라는 주제로 특별 기도를 했다. 예장통합의 여전도회전국연합회 회장인 이명원 장로가 성경 봉독을 했다. 기도회 사회를 본 이종윤 목사 역시 예장통합 소속이었다. 김홍도 목사는 집회에서 "다시는 친북 좌파 세력이 정권을 잡으면 안 된다. 목숨 걸고 막아야 한다. 남한이 공산주의가 되면 북한과 같이 비참한 나라가 될 것이다. 공산주의자들이 말하는 유토피아가 아니라 거지토피아가 될 것이다"라고 주장했다.[115]

한편 개신교 보수 진영에서는 한국 사회의 보수적 정치 운동에 이념적 기반을 제시하려는 '뉴라이트' 운동과 연계하여 '기독교 뉴라이트' 단체가 등장했다.[116] 2004년 서경석 목사의 '기독교사회책임'을 필두로 하여, 2005년 김진홍 목사의 '뉴라이트 전국연합,' 2006년 '기독교 뉴라이트,' 2007년 '뉴라이트 기독교연합'이 연속적으로 조직되었다. 이들은 자유주의와 민주주의 그리고 시장 경제를 기본 가치로 하고 대외관계에서는 한미동맹 관계에 기초한 세계화를 적극 지향하는 자신들을, '우파혁신 운동'으

---

115   김지방, 앞의 책, 71-72쪽.

116   뉴라이트 운동은 참여정부와 열린우리당의 이념에 반대하는 보수적인 성향을 가진 30-40대 학자, 법조인, 언론인 등 각 분야의 전문가들이 '합리적 보수'를 주장하며 탄생했다. 이것을 본격적인 대중 운동으로 확산시킨 것이 김진홍 목사가 대표를 맡은 '뉴라이트 전국 연합'과 서경석 목사의 '기독교 사회 책임'이었다. 개신교계의 뉴라이트 참여는 이론 중심의 뉴라이트 운동에 활동성을 부여하여 대중 운동화를 견인했다.

로 규정했다.[117]

　개신교 보수 진영이 정치에 참여하는 또 하나의 방법은 기독교 정당을 창당하여 현실 정치에 참여하는 것이었다. 2004년 3월 서울 여의도 63빌딩 국제회의장에서 '한국 기독당'이 창당되었다. 창당 대회의 구호는 "기도의 표를 모아서 세상을 '확' 바꿉시다"였다. 창당에 앞장선 인물 중 하나인 김준곤 목사는 전국 개신교 인구가 25퍼센트이고, 투표율이 약 50퍼센트 정도가 될 것이기 때문에 개신교인들이 90퍼센트 정도만 투표하면 전체 유효표 가운데 약 50퍼센트를 차지할 수 있다는 계산을 제시했다. 개신교인들이 표를 몰아주면 기독당이 국회의 절반을 차지할 수 있다는 것이다. 그러나 결과는 9명의 지역구 후보와 10명의 전국구 후보 모두가 모두 참패였고, 정당 투표에서도 1.1퍼센트인 228,798표를 얻어 한 명의 당선자도 내지 못한 참담한 것이었다.[118] 이들은 2007년 대선을 앞두고 다시 기독교 정당인 '기독민주당'을 결성했고, 2012년에는 전광훈 목사 주도하에 '친북좌파 척결과 교회 세금 인하'를 공약으로 하여 '기독자유당'을 창당했으나 모두 실패했다.[119]

　또한 개신교 보수 세력은 낙선 운동 혹은 당선 운동의 형태로도 정치에 참여했다. 낙선 운동은 2004년 열린우리당의 사학법

117　조용훈, "정교분리의 원칙에서 본 최근 한국 개신교의 정치 참여 문제", 308-309쪽.

118　배덕만, 앞의 논문, 205쪽.

119　구권효, "기독당 공약에 교계 인사들 상대할 가치도 없다", 〈뉴스앤조이〉 2012. 4. 10.

개정에 대한 반발로 시작되었다. 2005년 국회는 2004년에 실패한 사학법을 의결하고, 사립학교의 재정을 투명하게 하자는 취지로 이사회에 외부에서 추천한 개방형 이사를 4분의 1 이상 두도록 했다. 가장 많은 사학을 가지고 있는 개신교계는 이에 강하게 반발했다. 개신교계에서는 기자회견과 기도회, 가두행진은 물론 목회자들의 삭발까지 감행하면서, 사학법을 원점으로 돌려야 한다고 주장했다. 목회자들은 국회의원들을 만나고 정당과 국회를 방문하는가 하면, "사학법 재개정에 반대하는 의원은 다시 국회로 돌아오지 못하게 하겠다"라며 낙선 운동을 전개했다. 한기총은 2007년 6월 23일 시청 앞에서 사학법 재개정을 위한 특별기도회를 개최하고, 27일에는 낙선 대상자 명단을 발표했다. 한기총 산하에 조직한 '사립학교법 재개정을 위한 낙선운동본부'의 본부장을 맡은 예장통합 총회장인 이광선 목사가 발표한 낙선 운동 대상자는 이해찬(서울 관악을), 장영달(전주 완산갑), 정세균(진안, 무주, 장수, 임실군), 유기홍(서울 관악갑), 최재성(남양주갑) 5명으로 모두 열린우리당 소속이었다.[120] 결국 사학법은 낙선 대상자 명단이 발표된 지 1주일도 못 되어 7월 3일에 재개정되었다. 개신교 보수 진영이 자신들의 정치적 힘을 체감한 사건이었다.

한편 개신교 보수 진영은 당선 운동을 통해 2007년 대선에도 깊이 관여했다. '간증 정치'라는 말까지 만들어 낸 이명박 후보

---

[120]　김지방, 앞의 책, 177-178쪽.

는 한나라당 대선 후보에 선출된 뒤인 8월 21일, 국립묘지에 이어 한기총 사무실을 방문했다. 그 자리에서 이용규 한기총 대표회장은 "하나님이 이명박 후보와 함께하셔서 대선에서 승리할 것"이라며 "끝까지 건강을 잘 챙겨서 위대한 승리를 이루시고, 이 민족의 희망이 되는 지도자가 되어 주길 바란다"라고 기원했다.[121] 그뿐만 아니라 한기총 인사들은 비공개 면담 자리에서, 사학법 문제와 사회복지법인법 문제, 교회의 개발 분담금 문제 등에 대한 개신교계의 입장을 전달했다. 유력 대선 후보에게 교회의 이익을 지켜줄 것을 청탁한 것이었다.

'장로 대통령'(=이명박)에게 투표하라는 당선 운동 또한 노골적으로 전개되었다. 3월 19일 장충동 앰배서더 호텔에서 한국 교회의 주요 교단장과 단체장들이 한자리에 모인 '국가와 민족을 위한 조찬기도회'가 열렸다. 김홍도 목사는 노골적으로 '장로 대통령'이 나와야 한다고 설교했다. 그는 "다시는 좌파 정권이 잡지 못하도록 해야 합니다. … 장로 후보를 마귀의 참소, 테러의 위협에서 지켜 달라고 기도해야 합니다. … 나는 복선 깔고 못한다. 기면 기고, 아니면 아니다"라면서 이명박 후보 지지를 공개적으로 호소했다. 김홍도 목사는 자신의 교회에 '구국금식기도'를 선포하고 이명박 후보 지지를 설교하기도 했다.[122] 김진홍 목사가 대표인

121　앞의 책, 181쪽.

122　앞의 책, 111쪽.

'뉴라이트전국연합'도 2007년 11월 소속 회원 17만 명의 이름으로 '한나라당 이명박 후보 지지 성명서'를 내고 이명박 후보 적극 지지를 선언했다.[123]

　　교회의 이러한 선거 운동은 선관위의 공개적 경고를 받기에 이르렀다. 선관위는 금란교회 김홍도 목사, 사랑제일교회 전광훈 목사, 소망교회 김 모 장로에게 "누구든지 교육적·종교적 또는 직업적인 기관·단체 등의 조직 내에서의 직무상의 행위를 이용하여 그 구성원에 대하여 선거 운동을 하거나 하게 하는 행위를 할 수 없도록 공직선거법에 규정되어 있다"라며, "선거와 관련된 종교 지도자의 편향적인 행태는 우리 사회 지도층으로서의 본분을 일탈한 행위이자 깨끗하고 바른 공명선거 분위기를 심각하게 저해하는 위법 행위"라고 서면 경고했다. 선관위는 정교분리 국가인 대한민국 헌법에 의거, 교회라는 종교 조직을 이용하여 '신정국가'를 상상하며 노골적인 당선 운동을 벌인 교회의 행위를 '위법'이자 '종교인 본분으로부터의 이탈'로 규정한 것이다.

　　결과적으로 이명박 정권 내내 보수 진영은 변함없는 지지를 보냈다. 4대강 개발사업에 대해 전국적으로 반대 운동이 일어나고 대부분의 종단들이 반대 성명서를 발표했을 때조차도 유일하게 한기총은 지지 성명서를 발표했다.[124]

123　　허명섭, "최근 한국복음주의 기독교의 정치 및 사회 참여", 302쪽.

124　　"한기총 4대강 살리기 사업에 대한 입장 발표", 〈국민일보〉, 2010. 5. 25.

결국 민주화 이후 한국 개신교회는 보수 진영의 헤게모니 확대와 진보 진영의 축소 내지 침묵이라는 이념 지형 변동 가운데, 정교분리의 형해화(形解化) 속에서 스스로를 이익 집단으로 변모시키며 정치권력화되어 갔다고 할 수 있다.

그렇다면 이러한 정치권력화가 개신교의 사회적 공신력 상승으로 이어졌는가. 결론적으로 말하면, 개신교 내에서 보수 진영의 정치적 영향력은 상승했으나 사회적 공신력은 하락했다. 세습, 재정 비리, 성차별, 금권 선거 시비 등이 핵심 지도부 내에서 터져 나오고, 이를 수습하는 방식도 시민 사회의 상식과는 달랐던 것이다.[125] 또한 시민 사회의 호감을 불러일으키지 못하는 의제 설정 및 접근 방식도 사회적 공신력 하락의 원인이었다. 많은 시민적 쟁점을 '정통-이단'의 도식으로 접근하거나 '우상숭배'의 잣대로 재단함으로써, 보수 교회와 의견을 달리하는 시민 사회 대부분을 이단으로 낙인찍어 정복의 대상으로 간주했기 때문이었다. 특히 한반도의 전쟁과 평화를 둘러싼 사회적 이슈에 대한 극단적 반공주의적 접근은 극우 세력들에게는 열렬한 환영을 받았으나, 사회적으로 냉전적, 사대주의적, 반민주적이라는 비판을 불러일으켰다.

개신교의 사회적 공신력 하락은 교세 감소로 이어졌다. 2023년 개신교 교세는 2015년 대비 200만 명이 적은 771만 명으

---

[125] 예를 들어 세습 등의 문제에 대해서도 "교회문제를 세상 잣대로 보면 안 된다"라는 방식의 처리였다(〈국민일보〉, 2000. 12. 23.).

 공적 신앙의 윤리: 국가권력과 로마서 13장

로 감소했고, 이에 비해 이른바 '가나안 성도'는 대폭 증가해 전체의 29.3퍼센트를 점한 226만 명으로 추정되었다.[126] 결국 확대된 보수 진영의 정치권력화에 따른 사회적 공신력 하락이 교세 감소라는 결과로 되돌아온 것이다. 이에 대한 반작용으로 1990년대부터 개신교 내부에 '교회개혁 운동'이 일어났다. 1996년 창립된 '한국기독교 사회운동연합'은 2000년 9월 '정의·평화·창조·질서 보존을 위한 기독시민사회연대'(이하 기독연대)로 개편하여 활발한 교회개혁 운동을 추진하고 있다. 2001년 6월 기독연대 평신도 협의회가 주최한 '기독교운동과 사회 변혁을 위한 토론회'에서 박천웅 목사는 먼저 교회개혁을 중심으로 상호 연대하면서 점차 사회 개혁 문제로 확대해 나가야 한다고 하며, 이를 위해 '한국교회개혁연대'를 구성하자고 제안했다.[127]

보수 진영에서 이탈하여 신앙은 보수적이나 사회적 실천은 진보적일 것을 주장하는 〈복음과상황〉이나 〈뉴스앤조이〉 등의 '진보적 복음주의' 언론의 등장도 교회의 정치권력화와 사회적 공신력 하락에 대한 반작용의 일환이라고 볼 수 있다. '진보적 복음주의' 그룹에서는 이명박 정부와 유착하며 부패한 대형 교회를 옹호하는 한기총 해체 운동도 일어나고 있다. 이 진영을 대표하는 지도자는 1990년대 초부터 '기독교윤리실천운동'을 이끌었던 서울대

---

126 한국기독교 목회자협의회, "2023년도 '종교생활과 신앙 의식 조사'", 〈제5차 한국 기독교 분석 리포트〉 참조; 정재영 외, 《탈교회》, 느헤미야, 2020 참조.

127 강인철, "수렴 혹은 헤게모니", 49-50쪽.

손봉호 명예교수로, 잇단 금권 선거 폭로로 위기에 봉착한 한기총 개혁은 불가능하다고 진단하고 해체 운동을 공언했다.[128] 결국 정치권력과 창조적 긴장을 유지하지 못한 개신교 보수 진영의 정치권력화는 정교분리를 형해화함으로써, 정치적 이성의 비합리화와 무책임성을 조장했을 뿐만 아니라, 교회 자체의 사회적 공신력 하락과 교세 감소라는 부작용을 불러일으킨 것이다.

6) 결론을 대신하여

이상으로 한국 개신교에서 정교분리 원칙이 어떻게 수용·이해되고 역사적 상황 속에서 변화되며 결과적으로 국가권력과 어떠한 관계를 형성해 왔는가를 분석했다.

식민지 시대의 정교분리는 '정치 참여 금지=정치 불간섭=무한 복종'을 의미하는 용어로 사용되었다. 이승만 정부 시기 정교분리는 미국적 시민 종교를 상상하는 '정교 유착'을 의미했다. 박정희의 3선 개헌을 분기점으로 한국 개신교는 진보와 보수 세력으로 양분되어 정교분리의 입장에서도 첨예하게 대립했다. 이 시기 국가권력 측에서는 정교분리를 '종교 통제'라는 의미로 사용했다. 보수 진영에서는 권력과의 '은밀한 유착'을 정당화하고 진보 진영

<hr>

128　〈뉴스한국〉, 2011. 2. 25.

의 민주화운동을 단죄하는 의미로 사용했다면, 진보 진영에서는 국가권력의 절대화를 비판적으로 견제하는 '비판적 충성 혹은 연대'의 의미로 사용했다.

1987년 민주화 이후 변화된 사회 분위기 속에서 한국 개신교의 이념 지형에 변화가 일어났다. 교회의 대형화에 기반하여 보수 진영이 헤게모니를 확장하고 진보 진영이 위축되는 가운데, 교회는 반공주의를 수호하며 반정부 운동을 주도하는 정치적 모반(謀盤)이 되었다. '반공·친미'를 주장하는 각종 대규모 행사와 낙선 혹은 당선 운동을 통한 선거 개입, 개신교 정당 활동 등 다양한 정치 참여를 통해 정치적 영향력을 확대해 갔다. 결국 선관위로부터 '교회의 본분을 벗어난 위법 행위'로 경고를 받을 만큼 정교분리 원칙 자체를 형해화하며 교회의 정치권력화를 불러왔다. 또한 사회적 공신력 하락과 교세 감소라는 부작용을 동반했다.

이렇게 한국 사회의 역사적 변동과 함께 정교분리 원칙은 다양한 의미 내용으로 해석되고, 그에 따른 다양한 정교 관계를 형성해 왔으나 일관된 공통점도 있다. 그것은 주관적 인식(정교분리)과 객관적 현실(정교 관계) 사이의 구조적 불일치이다. 인식 주체의 이해관계에 따라 그 의미 내용이 자의적으로 해석되고 있는 것이다. 이러한 의미에서 한국 개신교사에서 '정교분리'라는 말은 가장 오염된 말의 하나일 것이다. 그 오염의 중심에는 교세 확장, 선교적 편의라는 '종교적 이익'과 반공주의라는 '이념'이 있었다.

오늘날 극단적으로 정치화된 개신교 집단이 대두되면서 정교분리의 형해화와 교회의 정치권력화는 더욱 심화되고 있다. 이와 더불어 사회적 공신력 하락과 교세 감소도 두드러진다. 개신교의 존립 자체를 위협하는 이러한 악순환에서 벗어나기 위해 한국 개신교는 '친미·반공'이라는 이념과 종교적 이해관계를 상대화시킬 수 있어야 한다. 그리고 정교분리(=국가의 탈종교성)의 원칙 아래, 국가가 정치적 이성과 책임의식을 가지고 합리적으로 정치적 과제를 수행할 수 있도록 정치권력과의 '창조적 긴장 관계', 즉 '비판적 충성 혹은 연대'를 도모해야 할 것이다.

나가는 말

이상으로 일상생활 속에서 혹은 사회적, 정치적 공적 영역에서 기독교 신앙을 실천할 때 맞닥트리는 주제들을 검토했다.

'전도'라는 말에는 참으로 다양한 스펙트럼이 있음을 살펴보았다. 극단적인 경우에는 상대에 대한 정신적 폭력까지 될 수 있는 것이다. 이에 김교신은 아름다운 말이나 글로써 하는 전도가 아니라, 오직 자신의 일상의 삶을 통한 '존재의 전도'만이 기독교에 대한 증언 능력이 있다고 했다. 이러한 생각은 그의 무교회주의에서 나온 필연적인 귀결이었다.

'무교회주의'는 오늘날에도 많은 오해가 있는 개념이다. '무(無)교회'가 흔히 교회를 없애자는 의미로 오해받기 때문이다. 그러나 김교신의 무교회주의는 더 적극적인 의미였다. 무교회주의는 루터의 종교개혁 정신, 즉 오직 구원은 그리스도 안에 있으며 따라서 교회는 구원을 관리하는 기관이어서는 안 된다는 것을 분명히 하는 것이었다. 또한 김교신은 종교개혁의 '만인제사장주의'에 입각하여, 한 사람 한 사람이 직접 그리스도를 만나 자기의 삶을 형성해 가는 것, 즉 단독자로서 신자 개개인이 신앙의 주체라고 보았다. 그렇다고 교회가 필요 없다는 뜻은 아니었다. 그리스도와 자신의 삶을 일치시키려고 노력하는 신자들의 자유와 사랑의 연대로서의 교회를 김교신은 환영했다. 그리고 기독교 신자가 그리스도와의 일치를 증거하는 자리는 교회 안이 아니라 나날의 평범한 삶, 즉 정치·사회라는 공공적 영역을 포함한 '일상성' 안에서라고 보았다. 즉 '일상의 삶=예배'라는 것이다.

따라서 사적 영역뿐 아니라 정치적·사회적 공적 생활에서 '하나님 사랑과 이웃 사랑'을 실천하는 것은 양보할 수 없는 신앙적 책임이었다. 김교신이 '복음과 예언의 상호 공속성'을 주장한 것은 이러한 맥락이었다. 복음은 자기 밖에서 오는 하나님의 은총에 의해 인간을 외적 억압뿐만 아니라 자기 자신의 욕망과 죽음에 대한 공포로부터 해방하여 참주체로 세우는 능력이다. 따라서 기쁜 소식, 즉 복음인 것이다. 그런데 피조물적 존재이면서 마치 창조주인 것처럼 인간을 억압하려는 의식이나 제도는 어디에나 있다. 복음은 이러한 제도와 의식에 비판·항거하며 가장 작은 자의 자존을 보장하는 신적 공의의 공동체를 대망하는 예언과 늘 어깨를 나란히 해야 한다. 복음과 예언은 동전의 양면 같은 것으로, 서로가 서로에게 속하며 상호 실현을 조건 지우는 '실존적 순환'을 구성한다.

이에 그는 당시 조선 사회에서 낯설었던 구약성서의 '예언'과 '예언자'가 재래의 무당적 길흉화복으로 혼동되는 것을 경계하며, 그 본래적 의미와 내용을 분명히 하고자 분투했다. 만일 구약성서에서 말하는 예언자들의 예언이 개인의 길흉화복을 점치는 무당들의 그것과 같다면, 예언은 개인의 이기적인 욕망을 위한 수단일 뿐이고 결국 복음도 욕망 실현을 돕는 주술적인 힘 이외에 다른 것이 아니기 때문이었다.

구약성서의 예언자들은 하나님의 진리가 계시되는 곳이 '역사'라고 주장한 자들이었다. 역사는 그분의 행동이 계시되는 장소요 인간이 하나님의 뜻에 응답하는 장소라는 것이다. 또한 그들은 인류 역사에서 최초로 '권력의 자기 우상화'를 거부한 이들이었다. 그들은 창조주이자 영원자이면서도 피조물의 운명과 역사에 관심을 기울이고 역사 속에서 '약자의 자존'이 보존되는 공동체를 형성하며 역사를 구원으로 이끌어 가는 절대자의 뜻과 정념(pathos)을 계시한 사람들이었다. 구약 성서의 예언자들은 자신의 명료한 의식과 의지를 잃지 않고 신의 사랑과 아픔이라는 파토스에 공감하고 응답했던 것이다.

구약의 예언자들이 그토록 관심을 기울였던 '권력의 자기 우상화'에 대한 신의 심판을 오늘날의 문제로 치환한다면, 그것은 일차적으로 기독교 신앙과 국가권력의 관계 문제가 될 것이다. 기독교사에서 이러한 정치 신학적 주제가 늘 문제 된 곳은 로마서 13장이었고, 근대에 들어와서는 정교분리의 문제가 더해졌다. 식민지와 군부 독재의 아픔을 겪은 한국 개신교 역시 이 문제를 피해 갈 수 없었다. 로마서 13장과 정교분리는 상호 불가분으로 연결되면서 한국 개신교의 정치 신학을 주조해 왔다.

한국 개신교에서 로마서 13장은 축자영감설적 근본주의 해석에 근거하여 오랫동안 권력에 대한 무비판적 승인과 무제한의 복종을 도출해 내는 근거로 오용되어 왔다. 이러한 오용은, 권력은 인권과 자유를 보장하는 '질서'로서 기능하는 한에서만 정당하며 권력이 자신의 임무와 한계에 충실한지 여부를 종교는 비판적으로 감시 혹은 저항할 수 있다는, 성서 주석학의 성과를 통해 시정되어야 할 우리 시대 과제 가운데 하나이다. 나치 독일을 정신적으로 극복하기 위해 히틀러 치하 독일 고백교회의 로마서 13장 해석사를 분석한 케제만은 "그리스도인의 복종은 더 이상 봉사가 될 수 없는 곳에서는 늘 그리고 거기서만 끝나는 것"이라고 결론을 내렸다. 이는 오늘 우리 시대에도 큰 울림이 있다.

한편 정교분리도 오랫동안 정치적 이해관계에 따라 다양하게 해석되어 왔다. 대체적으로 권력자들은 '종교 통제'라는 의미로, 이에 순응하는 개신교인들은 '정치 불간섭주의'로 해석해 왔다. 한편 권력의 자기 우상화에 저항하는 개신교인들은 '국가의 종교적 중립과 관용'으로 이해하고, 종교는 정치가 그 본연의 임무를 제대로 하는지 감시하고 견제하는 역할을 해야 한다고 주장했다.

국가는 인간의 삶에서 무엇이 진리인지, 무엇이 선한 것인지, 무엇이 아름다운 것인지를 규정할 권리가 없다는 근대 국가의 자기 이해에 근거한 정교분리 원칙은 '정치의 탈종교화=종교적 중립' 원칙으로 출발했다. 정교분리는 국가의 엄정한 종교적 중립과 관용을 의미하는 것이다. 그렇다면 정교분리 원칙을 종교 측에서 현실화할 때 중요한 것은, 종교는 정치에 어떻게 관여해야 하는가의 문제이다. 종교와 정치는 구별되지만 분리되지는 않는다. 두 영역 다 인간의 삶의 영역이기 때문이다.

여기에 로버트 벨라가 말하는 '창조적 긴장'의 유형이 참조될 수 있다. 종교가 스스로의 초월적 이상을 통해 국가를 상대화시키는 동시에 경험적 현실을 가치 있는 타당한 현실로 형성해 가는 것이다. 즉 정치가 정치적 이성과 책임성을 가지고 공공의 영역에서 공익을 실현해 가도록 종교는 '비판적 충성 혹은 연대'한다는 것이다. 한국 개신교가 정치에 대해 이러한 비판적 충성 혹은 연대의 자세를 견지함에 있어서 현실적인 장애 요소인 종교적 이해관계와 한국 개신교의 뿌리 깊은 이데올로기적 폐색(閉塞)을 어떻게 상대화해 갈 것인가는 우리 시대 커다란 과제 가운데 하나이다.

원문 자료

원문 자료

1. 堅志洞人, "'에루살넴의 朝鮮'을 바라보면서, 朝鮮 基督教 現狀에 對한 所感", 〈개벽〉 61 (1925).

모든 사람은 권세 잇는 上等人에게 屈服하라. 권세는 하나님게로 나지 안임이 업나니 권세잇는 것은 하나님의 정하신 바라. 그런고로 권세를 거사리면 하나님의 명령을 거사림이니 거사리면 자긔에게 罪를 정함을 바드리라 —羅馬 13장 1-2절—

一

'에루살넴의 朝鮮!'

朝鮮에 잇는 宣教師들의 선전인지 朝鮮 漫遊者의 입으로서 나온 말인지 모르겟스나 朝鮮에 대하야 흥미를 갓는 서양 사람 중에 朝鮮을 가르처 '에루살넴의 朝鮮'이란 말이 잇다. 에루살넴의 朝鮮! 올치. 그럴뜻도 한 말이다. 도시마당 여긔 저긔에 雲霄를 뚤코서 웃둑웃둑 소사잇는 붉

공적 신앙의 윤리: 국가권력과 로마서 13장

은 벽돌집들은 한날 나라의 평화를 말하는 鍾소리를 때를 맛추어 울니며, 각 골의 읍내와 장터 거리마닥 큼직한 집을 차지한 禮拜堂에서는 찬송가 소리가 우렁차게 울녀 나온다. 全鮮 各地에 허터저 잇는 4百이 넘는 교회 경영의 크고 적은 학교에서는 천국의 자녀들을 맨들어내기에 날과 밤으로 밧브다. 일요일이 오면 아츰과 저녁으로 거리와 거리에는 붉은 빗 聖經冊을 들은 청년남녀의 떼가 몰녀오고 물녀간다. 朝鮮을 가르처 에루살넴의 宗敎鄕으로 말하는 것도 그리 괴이치 안은 일로 볼만도 하다. 그러나 사람들이 자랑하는 에루살넴의 朝鮮을 다시 살펴보건대 1900년 前頃의 羅馬 대제국의 식민지 에루살넴城이 外飾하는 書記官, 奸惡한 바리새 교인, 사두개 교인, 위선자, 폭악한 羅馬병정, 권세추종자로 충만하엿섯슴과 가티, 오늘날의 일본제국의 식민지인 에루살넴의 朝鮮이 가난한 이를 짓밟는 위선자의 무리와 소경이 되어 남을 인도하는 外飾者와 권세를 추종하는 奸邪한 배암의 무리가 處處에 跋扈하는 곳이 된 것을 바라다볼계 소위 에루살넴의 朝鮮이 灰칠한 무덤과 가튼 것임을 엇지 깨닷지 안을 수 잇스랴. 일즉이 猶太의 愛國者 예수가 義人을 돌로 치는 에루살넴성을 바라보고 에루살넴아 에루살넴아 너의 집이 터만 남으리라 함과 가티 우리는 이제 문허저가는 그 에루살넴의 朝鮮을 가르처 무엇이라 말해야 조흘가. 이에 에루살넴의 朝鮮을 바라보고 늣기는 바 몇 가지를 적어보려 한다.

二

基督教가 朝鮮에 드러온지 40년(舊教는 7. 80년) 동안에 만흔 박해와 핍박을 바더 오면서 朝鮮의 문화계발에 공헌한 공적이 실로 위대하엿다. 基督教가 처음 포교되든 당시로 말하면 民智가 열니지 못하고 모든 문화가 暗昧함을 면치 못하엿스며 儒教의 모든 積年舊弊와 兩班政治의 害毒은 국내의 문화발전과 외국문명을 수입할 길이 暗暗하엿섯다. 이와 가튼 때에 基督教가 드러온 것은 民智啓發과 외국문명 수입상에 실로 큰 도음을 주엇다. 그리하야 朝鮮의 基督教가 발달하여 온 과정은 바루 우리의 문명진보와 지방의 民度人文發展의 行程으로 보아도 조흘만치 되엿다. 이제 基督教의 활동한 것을 대강 드러 말하면 먼저 교육사업과 의료사업을 하지 안을 수 업스니 朝鮮에서 최초로 학교교육을 창시하기도 기독교회의 손으로 비로소 되엿스며 官公立의 교육기관이 設施되기까지 朝鮮에 학교교육자를 만이 내이기도 또한 기독교 학교이엿다. 그리고 교회가 잇는 것에 그의 부속으로써 학교를 시설함으로 인하야 교통 불편한 벽지일지라도 그 지방 주민의 자녀 교육상에 큰 便宜와 好機會를 주엇스으로 일반 교육 보급에 큰 도음이 되엿다. 그뿐안이라 학교 교육 외에 전도상의 필요로써 성경을 못보는 사람들에게 국문을 깨치게 하야 문맹을 減退식히며 국문을 널니 알게 한 것은 실로 基督教가 世間에 향하야 자랑할 만할 일이 된다.

그 다음 의료사업으로 보면 基督教가 드러올 당시로 말하면 醫術로는 오직 神農遺業의 漢方醫가 잇슬 뿐이오. 나무 껍질이나 풀뿌리나 무당

판수로써 오직 병을 고치는 길로 알고 잇는 때에 서양 醫術을 처음으로 쓰기 시작하야 今日과 가티 西醫術이 비교적 보급케 된 것은 基督敎의 공헌이 만흔 때문이라 할 수 잇다. 그뿐 안이라 각 중요도시마다 교회경영으로 잇는 救療機關이 다수한 빈민의 질병을 救療하는 것은 基督敎 사업의 하나로써 可히 들수 잇는 것이다. 그 다음 基督敎의 전도의 效果는 價値如何는 姑捨하고 일면으로 재래의 모든 미신을 타파하는 데에 큰 도음이 되엿다. 풍수설 즉 묘지에 대한 미신이라든가 사주팔자의 숙명적 인생관이라든가 家相方位와 地理方角을 가리는 것이라든가 질병 患難에 대하야 巫卜을 밋는 폐해라든가 인생의 길흉화복을 占巫에 依信하며 呪文讀經과 푸닥거리와 굿으로써 逐災除厄을 信賴함과 如한 인습적 미신의 鐵鎖를 끈는데에는 基督敎의 힘이 확실히 만헛섯다.

이와 가티 基督敎가 조선문화에 공헌이 만흔 것은 掩避할 수 업는 사실이다. 그러하나 基督敎가 育英사업을 全鮮적으로 한다 하야 또 의료사업을 대규모로 경영한다 하야 또 재래 미신을 여지 업시 깨트려 냇다 하야 우리는 基督敎에 대하야 한갓 讚辭를 밧치기에 밧분 것이 과연 깃분 일이 될 수 잇슬가. 우리는 부질업시 기독교회의 사업목록을 뒤적어리는데에 급급함보다도, 基督敎가 外間에 向하야 발달하는 광명의 일면으로부터 한 거름 물너나와서 자선적 방편적, 긍휼적 이 모든 시설과 모든 행동으로써 둘너싼 환영과 면사를 基督敎로부터 벗겨버리고서 당연한 현실의 면전에서 그 정체에 대한 正觀을 갓는 것이 現下에 잇서서 가장 필요한 것이 되는 줄로 확신한다.

요새 보면, 종교로 다러나는 사람들이 작구 느러간다. 그 중에도 基

督敎로 몰니는 청년들이 더욱 만타. 엇지하야 朝鮮 사람들이 종교방면, 그 중에도 基督敎 방면으로 몰녀드는가. 그리고 또 基督敎는 朝鮮 사람들을 끄을기에 어떠한 요건을 가젓나. 알고 십흘 만한 일이다. 과연 朝鮮에는 종교의 수효도 만흐며 이 그것이 그 가티 만흔 그 만큼 종교로 몰니는 사람도 또한 만타. 그것은 朝鮮으로 말하면 강한 이에게 隷屬된 곳으로서 邦家를 일흔 사람들은 사면팔방으로서 驅逐과 敗走를 당하야 입으로는 悲憤慷慨한 노래를 부르되 큰 强力압에서 전진할 용기를 沮喪하고 昰日曷喪을 恨하며 생활불안의 塗炭을 버서 날려는 맘은 현실의 모든 일에서 저주와 낙심과 단념을 일으키게 된다. 그리하야 현실에 대한 낙심과 단념의 정신주의는 도라가는 결과를 내게 된다. 따러서 그 현실 저주의 인심은 종교로 귀의되는 경향을 드러낸다. 그런데 오늘날 朝鮮의 기독교로 말하면 이러한 人心들을 마처주기에 매우 適切한 경향을 가질교 잇다. 즉 현실생활에 대한 도피와 掩蔽가 그것이다. 그리하야 사람들은 사회생활의 진리와 사회적 정의와 사회적 평화를 현실의 투쟁속에서 구하지 안코서 투쟁의 현실을 떠나 基督敎에 가서 구한다. 정치적으로 경제적으로 학대를 밧는 나머지에 基督敎로 몰니여 安心生命의 길이나 구하는 이 무리들은 언제나 요단강을 건느나 하야 맘을 가공의 천국에 매여 달어두고 한갓 현실을 저주하야마지 안는다. 실로 오늘날의 기독교회는 불안정한 생활을 안정케 하며, 軋轢이 잇는 사회를 평화롭게 하며 불공평한 사회생활을 공평케 하는 힘을 현실생활 속에서 투쟁에 의하야 찾지 안코서 자기의 주위를 도는 환상의 태양에게 一任하고서 그의 攝理만을 바라고 잇다. 그것이 감상적 祈禱속에서는 비록 아름다운 희망이 될는지는 모르겟스나 사회의 軋轢과

생활의 불안정과 그것에 따라서 일어나는 여러 가지 慘酷한 사회상이 이해가 서로 다른 貧富 두 계급의 대치관계로부터 원인되는 것인 이상, 현실의 면전에서 투쟁 수단과을 依치 안코서는 사회적 평화생활안정을 바랄 수 업는 것이오. 또 사회적 정의의 승리를 기대할 수 업는 것이다. 그러나 기독교 신자들은 구름과 가튼 초현실계에 향하야 그 해결을 맷기고 잇다. 그리고서 사랑을 말하며 온유를 말하며 정의를 말하며 인류애를 말한다. 엄연히 잇는 계급 대립 우에서 인류애를 말하는 이 딱한 사람들은 불합리한 현상에 대하야 눈을 감고 현실을 도피한다. 그와 가튼 현실도피, 현실무시는 현실긍정, 현상유지의 결과를 내는 것이다. 그들은 분명코, 耶蘇가「내가 이 세상에 온 것은 평화를 위헤서 온 것이 안이라 兵器를 일으키려 온 것이며 자식이 그 애비에게, 며누리가 그 싀모에게 叛逆케 할려고 온 것이라」고 부르짓든 말을 역용하야 강자가 약자를 부리는 평화를 위해서 일하며 兵器를 누러 뉘우며 약한 사람으로 하여곰 강한 사람에게 순종케 하기 위하야 복음을 전하고 잇는 것이 틀림업다.

　　三

　　그러타! 오늘날의 기독교회는 현상긍정과, 참고서 복종하는 것을 미로 推奬하고 잇다. 모든 권세는 하나님에게 나온 것이라 하야 권세 잇는 上等人에게 복종하는 것을 복이 잇는 것으로써 說道한다. 교회는 재물에 의지하는 자와 권력잇는 자에게 지배되여 낙타가 바눌구녕으로 드러가기보다 어려운 권력자의 천국 드러가는 길은 부지런이 개척하여 주는 기구가 되여 잇다. 가튼 한우님 아버지의 자녀라고 이름에 불구하고 어느 아들은 지주와 전주가 되며 어느 아들은 소작인이나 빗쟁이가 되여서 빠러먹히는 현상을 한우님은 허락하고 그 찬송소리를 깃부게 듯는다. 참으로 한우님의 지배세계서나 허락할 수 잇는 기이한 기적이다. 그리고 자기의 생명을 위협하는 기아와 빈곤을 덜기 위하야 소작쟁의나 노동파업이 잇슬 때에는 그것을 도로혀 신앙이 업는 것으로써 취급하고 만다. 기아와 빈궁을 떠러 버리는 수단을 갓지 안은 사람은 그의 머리와 배와 맘속에 어대를 물론하고 비록 족으마한 도덕적 요소일지라도 갓지 못하엿다고 어느 누가 말한 것과 가티 오늘날 朝鮮의 기독교인들은 貧寒을 버서나기 위한 계급적 투쟁적 수단을 머리나 배나 맘속에나 어대나 비록 一毫라도 갓고 잇지 안은 것을 도로혀 도덕으로 본다. 試하야 일례로써 南 監理敎會의 재산에 대한 綱領의 일부를 보면 우리는 어느 일부의 주장과 가티 재산의 공유를 반대하며 각각 사유하야 넉넉한 자가 어려운 자를 怜恤하려는 의미가 써잇다. 怜恤을 하는 자와 怜恤을 밧는 자 그 두 사이 이는 반다시 빠러먹는 자와 빠러먹히는 자의 두 관계가 엄연히 잇는 것을 올은 것으로써 인정하는 것이다. 그러면 이른바 오늘날 기독교회의 사랑이란 것은 이러한 怜恤이 잇는 쉵상에서 베풀려는 사랑인 것만을 잘 알면 그 사랑의 성질도 능히 짐작할 수 잇는 것이다.

놉다란 예배당의 큰 건축물과 선교사 주택 또는 장로의 큰집이 잇는 그 밋헤는 개미집 가튼 신자들의 오막사리 적은 집들이 땅바닥에 업드려서 예배당 십자가를 처다보고 잇는 것은 보는 이에게 무슨 늣김을 주느

　　공적 신앙의 윤리: 국가권력과 로마서 13장

냐. 그것이야말로 오늘날의 基督教의 주체를 상징하는 것이 안인가. 이른 바 천국의 사업을 위하야 가튼 교역자가 되기는 일반이로되 金髮碧眼의 한우님 일군은 놉흔 양옥에 풍족한 생활을 질기고 白衣黃面의 한우님 일군은 醜屋室에서 惡衣惡食으로 근근히 끄니를 이어간다. 가튼 한우님의 일군으로 하나는 문명생활 상태에 잇고 또 하나는 야굴생활에서 해매인다. 그것의 핑게를 동양인과 서양인의 생활정도가 특수한데에 붓치지 말지어다. 누가 矮屋을 조화하고 양옥생활을 실혀하랴. 선교사 또 미국출신의 목사가 백몃 십원의 생활비를 바들제 3, 40원 4, 50원의 생활비를 밧는 하등 교역자들의 얼골이 상등 교역자와 가튼 영양을 갓는 것이 아니라 形容焦悴의 영양부족에 걸닌다. 선교사의 奴僕인 하등 교역자들의 선교사와 교회의 부자 신도에게는 아첨을 부리고 가난한 신자에게는 피땀의 돈을 모아 드리지 아니하면 교역자 생활은 扶持해 갈 수 업는 것이다. 가증한 선교사 가련한 寄食虫, 불상한 거짓말 잘하는 거지들이다.

이미 말한 바와 가티 기독교 포교의 效果는 재래의 미신을 깨친 것은 사실이나 그러나 모든 우매한 잡신교로부터 파생된 여러 가지 신화 전설과 미신은 基督教로부터 전멸을 당한 것이 아니라 其實은 基督教 모든 전설과 미신을 자신의 속으로는 한데 모아논 것에 지나지 못하는 것이다. 재래 미신을 깨트리어 업시 하엿다는 것보다는 재래의 幾個의 偶像을 한개의 우상으로 짓뚜들기여 맨드러 노흔 한 변형적 행동에 불과하다고 하는 것이 조켓다. 오늘날의 기독교인이 전일에 篤信하든 무당과 판수를 밋지 안는 것은 사실이나 병질과 엇더한 患難이 잇스면 무당과 판수 대신에 목사와 전도사의 기도를 대용한다. 성경의 節句節句를 마치 토정비결의 문구와 가티 따다가 자기의 一言一動을 자기의 일체생활을 제한 구속하는 것이 이른바 천국에 들어갈만한 독신자다. 그리고 黙示錄으로 정감록과 唐四桂冊으로 대용하지 안는가. 또 奇蹟專賣特許者 金益斗를 보라! 그는 일즉이 菓子에 唾液을 발너춤으로써 병을 고친다고 하는 소위 蔡同知의 제2세가 되어 교회의 열광적 歡迎을 얼마나 만히 바덧는가. 신흥의 朝鮮을 위하야는 이와 가튼 鮮洋折衷의 開明한 미신은 재래 순 조선식 미신보다도 도로혀 위험성과 해독이 만흔 것이다.

이밧게 교회 각 파의 세력 확장에 대한 暗中 軋轢과 교회내의 여러 가지 惡弊와 선교사 대 조선인의 태도와 교회 학교 교육 등 제 문제에 대하야 다소의 소감이 업지 안으나 시간의 여유가 잇지 안음으로 그만 略하고 나종으로 總督政治와 基督政治와에 대한 늣긴 바를 쓰고저 한다.

선교사들이 조선 합방 전은 물론, 합방후 몃 해 동안까지는 總督政治에 대한 不好感이 끈이지 안엇슬 뿐 아니라 총독부에서도 외국 선교사에게 대하야 맛당치 못한 눈을 보내고 잇섯다. 그런데 1919년 9월에 총독부 관제의 개정을 따러 학무국내에 종교과의 신설이 잇는 동시에 외국 선교사에게 대한 환심을 사는 일보로써 포교 규칙을 개정하야 전에는 認可를 要하든 것을 屆出에만 그치게 하며 벌금형을 업세는 등 개선의 조건을 보엿스며 사립학교 규칙도 개정하야 기독교 경영의 학교에게는 성경 교수의 자유가 전보다 만하젓다. 그뿐 아니라 종교의 선포를 목적으로 한 재단법인을 허가하야 선교사단의 재산을 安固케 하는 일면으로는 국제친화회라는 일본관민과 외국 선교사와의 융화를 목적한 단체를 일으키며 때로는 학무국의 의견과 외국 선교사의 의견을 서로 교환하야 선교사에게 대한 친근을 圖하엿슬 뿐만 아니라 총독부는 일년에 몃번식 선교사들을 청하야 寬厚한 대접이 자조잇게 된 것은 그 노력을 맛참내 수포로 도라가지 안케 하엿다. 그리하야 근년에 와서 선교사들의 총독 시정에 대한 태도는 好感 乃至 謳歌를 부르게까지 되엿다. 개중에 吾不關焉의 태도를 갓는 이도 잇지만 그래서 그의 一飛沫로서 美 監理監督 웰치의 總督政治謳歌談이 잇게 되여 그 아레에 잇는 기독교 청년으로 하여금 일시 문제를 일으키지 안엇는가. 朝鮮의 외국 선교사들도 인제 와서는 羅馬 13장 1-12절의 거룩한 구절을 곳 잘 직히여간다. 그리고 그 아래에 잇는 신도에게 향하야 정치운동과 종교는 다르다는 것으로 부지런히 說道하면서 현상을 긍정케 하며 모든 권세는 한우님에게서 나온 것이니 上等人에게 굴복하라고 일너준다.

이와 가티 그 예루살넴의 朝鮮은 권위 추종자, 가난한 이를 짓밟는 외식적, 소경이 되여 남을 인도하는 위선자들의 蠢動하는 곳이 되엿다.

기독교회여! 灰칠한 무덤과 가튼 예루살넴의 朝鮮이여! 福잇슬진저 너의 집이 터만 남으리로다.

2. 金在俊, "四 · 一九 以後의 韓國敎會", 〈기독교사상〉 1961년 4월 호.

四 · 一九의 정신적 바탕

위선 우리는 四 · 一九의 정신적 바탕을 좀 더 솔직하게 검토할 필요
가 있다. 四 · 一九가 과연 '혁명'이었는가? 나는 문교부에서 이에 대한 질
의서가 왔을 때 '의거'(義擧)라고 회답한 일이 있다. 四 · 一九의 학생운동
에는 '혁명'보다도 훨씬 더 순수하고 순정한 윤리적 고귀성이 있었기 때문
이다. 소위 '혁명'에는 역사적으로 보아 무서운 '악마적'인 요소가 내포되
어 있는 것이다.

1. 終末的 요소가 혁명의 주요 역할을 한다는 것은 사실이다. 이 사회는 개
량할 여지가 없으니 어찌되든 두들겨 부시고 보자 하는 것이 혁명의 첫 생
각이다. 그것은 현존질서에 대한 무자비한 심판이다. 그러므로 合法的인
'데모'같은 것은 '혁명' 수단에 들지 않는다. 비밀결사, 지하운동, 그리고

파괴, 복수, 통쾌한 힘의 승리 등등이 과시되는 것이다. 그런데 四·一九 학생운동에는 그런 것이 거의 없었다. 어디까지나 非暴力 합법적인 의사 표시를 원했던 것이다. 그리고 건전한 민주적인 정신을 표현하려는 성의 가 넘쳤었다. 폭력보다도 시종 윤리적 순수성을 발휘하기에 일치되어 있었다. 이것은 '혁명'이라기에는 너무나 윤리적으로 순수하고 고귀하였다.

2. '革命'은 자유의 깃발 아래서 '政權' 탈취를 목적하고 진행된다. 폭군정 치에서, 귀족계급에서, 부르죠아 계급에서 인민을 해방시킨다고 한다. 그 러나 그것이 성공되는 즉시로 그들 자신이 새 계급, 새 우상이 되어 다시 인민을 노예화한다. 러시아의 공산혁명이 그러했고, 남한에서의 자유정 권이나, 터키에서의 멘데레스 정권이나 정도의 차는 있어도 실상은 같은 궤도를 걸어간 것이었다. 그러나 우리 학생들은 다음 '정권'을 제 손에 잡 지도 않았고, 잡으려고도 하지 않았다. 따라서 새 정권이 저질을 그 아무 것에도 직접 책임질 처지에 있지 않다. 다음 정권을 노리지도 않고 또 거 기 책임을 지지도 않는 '혁명'이란 있을 수 없다.

3. 革命은 극단적 수단에 의하여 그 실현을 기대하는 것이다. 과거는 송두 리체 부정하고 미래는 무조건 긍정한다. 그러나 사실이 그렇지 못한데 역 사의 비극이 있고 '아이로니'가 있는 것이다. 革命을 종교적 도덕적으로 비판한다는 것은 너무 순진하다. 극단은 결국 폭력에 의한 가능성에 호소 한다. 그리고 과거를 敵으로 삼아 축적된 증오 감정을 도발시킴으로 복수 심에 불을 질른다. 그리하여 사람들로 하여금 '원수'라는 神話에 미쳐 날

뛰게 한다. 그러나 우리 학생들은 애당초부터 그런 극단을 원하지도 않았고 敵이나 假想敵을 목표로 날뛰지도 않았다. 시종일관 자기희생적인 높은 윤리행동을 염두에 두고, 李박사와 면담하여 눈물로 나라를 위해 호소했다. 그들은, 복수에 취하여 원수의 피로 축배를 올리는 심정을 추호도 가져본 적이 없었다.

4. 革命은 과거에서 단숨에 未來에로 비약한다. 현재는 다만 未來를 위한 방편이다. 현재가 현재로서 실재한 것은 아니라고 믿는다. 그러므로 현재에 하는 일들은 그것 자체에 책임이 돌아가지 않는다. 현재에 放火, 학살, 허위선전, 이간, 모략, 증오, 심지어 부모와 선배를 살해한다 할지라도 그것은 변천과정이요, 非實在요, 미래의 영광에 포섭될 진전인 것이다. 그러나 우리 학생들은 오히려 '現在'를 聖化했다. 그들이 그 당시 정권의 횡포에 더 견딜 수 없었던 것은 사실이다. 그러나 그들이 未來를 위한 青寫眞을 가지고 實現過程의 한 단계로서 '데모'를 감행한 것은 아니었다. 다만 그 不義를 참아 묵과할 수 없었음과 동시에 그 義를 위한 현재의 한 순수한 웨침이 광야에 사라지는 소리와 같다 할지라도 그것만으로도 義로운, 그리고 義를 위한 擧事일 것을 믿고 나선 것이었으며, 그것은 그것 자체로서 充分히 意義가 있음을 확신한 것이었다. 마치 三·一운동 때의 그것과 같은 정신적 윤리적 선언이었을 뿐이다. 다시 말하면 그들의 擧事는 그 '現在'에 모든 것을 함축시킨 것이었다. 그러므로 四·一九는 역사에서 흔히 말하는 '革命'의 系列 이상의 '義擧'였던 것이다. 四·一九 때에도 放火, 暴力抗爭이 아주 없는 것은 아니었다. 그러나 그것은 학생들의 本來의

          공적 신앙의 윤리: 국가권력과 로마서 13장

意圖도 아니었고 또 그들의 主動에서 생긴 일도 아니었다.

그럼에도 불구하고 결과로는 물론 '혁명'에 못지않는 政治的 변화를 가져왔다. 그것은 暴力의 승리에서가 아니라, 그 倫理的, 精神的 승리에서 온 것이었다. 그것은 학생들 측에서 본다면 超打算的으로 '주어진' 상급이었다.

그러므로 四·一九의 정신적 바탕은 '政治的 革命'의 계열에 속한 것이라기보다도 國民精神의 昻揚, 國民生活의 재건을 위한 倫理的, 民主的 '魂'의 폭발이었다. 그러길래 지금에 있어서도 그 主流가 國民生活再建, 국민정신의 更新, 社會生活 전체로서의 건전한 Ethos 의 造成에 지향되어야 할 것이라고 믿는다.

그것이 진실로 建國의 기초닦이가 되기 때문이다. 물론 다음에 온 정권이 그들 손에 쥐어진 것은 아니라 할지라도 그들은 이 '義擧'의 倫理的 바탕에서 날카로운 감시와 경고를 게을리하지 않을 것이다. 그것은 '義擧' 者로서의 當然한 권리요 또 의무기 때문이다.

四·一九 以後의 敎會

四·一九는 暗雲을 뚫고 터진 눈부신 電光이었다. 그 倫理的 높은 행위가 일반의 良心에 自畵像을 塑出시켰다. 교회도 이 閃光에서 갑짜기 스스로의 모습을 보았다. 그리하여 舊政權의 악행에 교회가 전적으로 책임져야 한다고 몸부림치는 敎會人들까지 생겨났다. 敎會機關으로서 스스로의 과오를 사회에 성명한 文書가 한두 種이 아니었다.

八·一五 이후 교회 자체가 급변하는 사상의 渦中에서 스스로를 정돈하지 못하고 분쟁과 아울러 윤리적 혼미에 빠졌었다는 것은 사실이며 따라서 對社會的 책임에 두들어진 기록을 남기지 못했다는 것은 自愧하기에 족한 일이었다. 거기다가 제일 높은 '감투' 자리가 名目만으로라도 기독교인에게 주어졌다는 것 때문에, 分離主義的 근거위에선 敎會 對 國家 관계에서 당연히 계속되어야 할 '긴장'이 풀렸으며 거기에 따르는 교회의 자가부패가 또한 적지 않았다. 원래 우리나라의 기독교는 전래한지 한 세기도 못 되는 짧은 歷史와, 全人口의 四퍼센트도 못 되는 小數를 갖고 있는데다가 기독교 자체의 자기 이해가 또한 從來의 迷信, 民俗的 慣習, 儒佛教的 기풍의 生理化 등등으로 自家混濁을 이루어 있다. 뿐만 아니라 우리나라는 法的으로나 氣風으로나 온전히 世俗國家다. 그런 처지에서 교회가 對國家 관계에서 '긴장'을 풀었다는 것은 무서운 실수가 아닐 수 없는 것이었다. 이런 諸要因도 작용하여 시종 불투명한 對國家 관계를 지속해 왔었기 때문에 국가의 잘못에 교회가 전적으로 책임져야 한다는 분간없는 自責感에 시달리는 사람이 있는가 하면 이런 對國家的 過誤 때문에 '敎會'의 現在價值나 위신을 根本的으로 무시하려는 浪漫的인 全的 改革을 宣言하는 사람도 있게 되었다. 그러나 그런 것이 現實을 움직이는데 별로 실현을 보지 못했을 것은 물론이다.

四·一九 이후에 교회는 여러 敎派에서 각기 總會들을 모인 일이 있었다. 그러나 아무 심각한 反省이나 새 世紀를 위한 設計도 볼 수 없었다. 舊態依然하였으며 어떤 교파에서는 분렬에 더욱 열심이었다.

   공적 신앙의 윤리: 국가권력과 로마서 13장

그러나 그런 것만이 전부인 것은 아니었다. 도대체 국가와 교회의 分離는 어느 정도에서 그어졌으며 그둘의 接線은 어떤 태도로 되어져야 할 것인가? 교회의 對 국가 책임이란 어떤 면에서 어떻게 져야 할 것인가? 교회인이 일반사회로서의 共同社會生活에 同參하는 때 그 실제면에서 어떤 生態를 가질 것인가? 등등을 침착하게 검토하여 今後의 兩者 관계가 전과같이 뒤죽박죽이 되지 않도록 해야 한다는 의미에서 구체적인 探索을 시도하는 사람들도 없지 않았다. 그리고 敎會自體로서도 自家整頓을 위한 今後 態勢를 어떻게 취해야 할 것인가에 진지한 생각을 기울이는 사람들의 수가 늘었다는 것은 다행한 일이라 아니할 수 없다.

新約에서 본다면, 로마 十三장과 베드로전서 二장에 국가를 적극적으로 긍정하였으며, 그것은 人間 生活 全般에 대한 권선징악의 역할을 하는 것이어서 하나님이 그 안에서 그것을 통하여 섭리하신다고 하였고 그렇기에 기독교인은 이 국가 권위에 복종해야 한다고 가르쳤다. 이 '服從'이란 말은 현대 민주사회에 있어서는 '책임적으로 또는 동참'한다는 용어로 대체되는 것이다. 그러나 묵시록에서는 국가가 '하나님을 모독하는 짐승'으로 저주의 대상이 되어 있다. 그렇다고 신약성서의 국가관에 근본적인 모순이 내포되었다고 볼 것은 아니다. 묵시록의 태도는 국가가 국가의 주어진 본분을 지키지 못한 경우에 취해진 태도였을 뿐이다. 결국 예수님께서 말씀하신 대로 "카이사의 것은 카이사에게, 하나님의 것은 하나님에게 돌리라"는 원칙이 되살아난다. 그것은 카이사와 하나님을 一對一로 하신 말씀이 아니었다. 하나님 아래 있는 카이사인 것은 본래부터 인정되어 있다. 다만 國家에는 국가로서의 구실이 적극적으로 인정되어 있음과 동시에 국가로서 손 못대일, 오직 하나님에게만 속한 영역이 또한 따로 있다는 것을 말씀하신 것이었다. 이 하나님의 영역이 침범당하는 때 사도들과 같이 "하나님 앞에서 너희 말 듣는 것이 하나님 말씀 듣는 것보다 옳은가 판단하라, 우리는 보고 들은 것을 말하지 아니할 수 없다" 하고 단연히 處刑을 甘受하게 된다. 그것은 국가에 대한 근본적인 否定이 아니라, 카이사의 권위를 인정하면서 하나님의 聖域을 하나님께 돌리는 비상한 행동이다. 이 線이 不可能해서는 안 된다. 거기에 政, 敎 分離의 原理가 선다. 그런데 그 線이 사실상 어디서 그어져야 되느냐가 문제다. 국가가 全體主義的으로 자기를 神化하는 때 이 線은 사실상 塗抹되는 것이므로 信者는 이것을 묵과할 수 없다. 국가가 宗敎의 내용에 간섭하는 그 敎理를 규정하고 가르치려 할 때 그것은 侵犯이 되기 때문에 이에 항거하지 않을 수 없다. 李政權 때에 비구승만이 참 佛敎徒라고 국가에서 규정한 것은 국가로서의 越境 행위였다. 기독교에 대하여 동일한 태도를 취하지 않은 것만은 不幸中 다행이었다.

교회는 국가적 집권자에게 자신을 일치시키지 못한다. 그리고 그 집권자를 교회 자신의 便益을 위하여 이용하려 해서는 안 된다. 그것은 결국 교회가 국가 노릇을 하려는 것이 되기 때문이다. 國家의 집권자가 우연히도 교회 안이었다 셈 치더라도 교회는 그 국가관계에 있어서 자신을 위하여 一般 市民이상의 權益을 想定해서는 안 된다. 敎會는 國家의 存在를 論함에 있어서 人間의 犯罪性 때문에 一時的으로 필요하다는 消極的인 許容 태도에 그쳐서는 안 된다. 그보다도 人間 共同社會의 적극적인 복지건설을 위하여 국가는 恒久的으로 存在해야 한다는 태도를 堅持하고 국가가 시도하는 모든 건설적인 사업에 솔선 협력해야 한다. 이것이 이웃을 위하는 기독교 윤리의 실천과정임과 동시에 국가를 통하여 또는 국가 안에서 인간의 현세 생활에 섭리하시는 하나님의 의도에 순응하는 것도 되기 때문이다.

대략 이상과 같은 원칙에서 교회와 국가의 分離線이 그어진다고 본다면, 우리 교회가 李政權 時節에 똑똑히 굴지 못했던 自畵像이 들어날 것이다. 국가를 절대화하려는 독재 경향이 익어감에도 不拘하고 교회가 이에 교회로서의 경고를 제대로 발언하지 못했다는 것, 교회가 멋없이 집권자와의 一致意識에 自慰所를 設定했었다는 것, 교회가 對社會 건설 사업에 활발하지 못했다는 것 등등이 原則的으로 反省될 수 있을 것이다.

敎會 對 國家의 協力線은 어떤 形態로 이루어질 것인가? 어떤 사람들은 교회를 배경으로 하고 敎人 中心의 기독교 정당을 조직하여 교인끼리 뭉쳐진 정당활동을 하는 것이 가장 뚜렷하고 또 對國家 관계에서도 有效한 接線, 發火點을 가지는 것이 되리라고 한다. 그러나 그것은 有實無益한 愚見이란 것이 世界的인 定論으로 되어 있다. 위선 기독교인이기 때문에 公式的으로 동일한 政見을 언제나 가질 수 있다는 것을 想定할 아무 근거도 없는 것이며, 政黨과 敎會를 일치시키는 風流를 造成하므로 말미암아 교회에 汚名을 돌리게 되며, 政敵이 제절로 교회까지 敵視하게 되며, 他 政黨에서 기독교인을 뽑아내므로 말미암아 그 政黨 안에서의 누룩이나 소금 구실할 요소를 제거하게 되며, 기독교정당 자체는 자신의 政略에 거짓된 神的 裁可를 선포하므로 말미암아 하나님을 모독하는 일을 감행할 수 있게 되는 것이다. 사실, 獨逸과 이태리에 카톨릭 중심의 기독교정당

이 있고 홀랜드에 新敎 중심의 기독교정당이있다. 카톨릭에서는 그런대
로 해갈 수 있는 상 싶으나 新敎는 홀랜드에서도 社會政策, 殖民地문제 등
으로 二分되어 한 부분은 세속적 사회주의자들과 합하여 버렸다. 國民의
거의 전부가 기독교인인 나라들에서도 그러한데, 기독교인이 전인구의
四퍼센트도 못 되는 우리나라에서 교인끼리가 고립한다면 그것은 自滅을
意味하는 것이 교회의 對國家 봉사의 정상적인 接線點은 亦是 非政治的
社會, 文化, 道德, 敎育等 分野에 있는 것이 이것을 간접적인 공헌이라고
한다. 교회는 교인에게 기독교적 윤리의식을 또렷하게 길러 줘야한다. 그
리하여 그것이 一般社會의 倫理的 氣風을 造成하는 데까지 이르러야 한
다. 도덕적 감수성이 마비되지 않게 하며 價値體系의 崩壞를 막아야 한다.
각개 인격을 존중하는 일과 가정을 정화하는 일과 약자를 구호하는 일과
범죄자를 선도하는 일, 적대자와의 화해를 촉진하는 일 등등은 기독교인
이 사회생활에서 날마다 원칙적으로 명심 실천할 강령들이다. 그러나 교
회의 윤리 표준이란 것도 얼마 가면 停滯되고 고정되어 한낱 '고루'의 代名
詞 구실밖에 못 하는 일이 있다. 그러므로 새로운 世代의 倫理 行爲가 成功
的으로 이를 타개하게 하기 위하여 성령의 지도에 경비해야 한다. 그리하
여 장구한 세월을 두고 꾸준히 나가는 동안에 共同社會의 良心이 造成되
는 것이다. "善을 行하다가 낙심하지 말라. 때가 이르면 거두리라" 한 바
울의 격려가 절대 필요한 것이다. 우리는 너무 조급하게 군다. 자유하면서
잘 사는 民主의 길은 껑충 뛰어 대번에 꼴인 할 수 있는 가짜길이 아니다.
조급성은 獨裁를 誘致한다.

　　　기독교인의 직장 도덕이 훈련되어야 한다. 이점은 英國이나 유렆

諸國에서는 거의 완전을 期할 정도로 傳統을 이루고 있다. 그들의 職場에서의 절대 정직이란 것은 교회에서의 훈련결과였다. 우리나라 교회인이 직장윤리에 등한하다면, 도대체 어디서 소금이니 누룩이니 빛이니 하는 상징을 정당화할 수 있겠는가?

四·一九 以後 교회의 對 社會的 관심의 적극적인 표현은, 近者에 생긴 '절량농가 구호 운동'이 아마 그 첫 표정일 것이다. 그것이 항구한 大計가 아니라 할지라도 당장 가만있을 수 없다는 純情의 발로라는 데 의미가 있다. 紅爐一點일지 몰라도 기특한 표정임에는 틀림없다. 이것이 계기가 되어 좀더 넓은 그리고 技術的인 善한 社會운동이 계속되기를 바란다. 이번에는 처음이라, 범위를 넓히는데 두려움이 있었으나, 금후에는 교회가 스스로의 Provincialism 극복하고 오히려 자기를 숨기고 전체로서의 공동사회에 호소하므로 말미암아 뜻 있는 이들과의 간격 없는 협동이 이루어져야 할 것이다.

四·一九 以後에 가장 활발히 전개되어야 했을 운동은 國民生活 再建運動이었다. 유토피아的인 第二共和國이 어떤 정당의 손에서, 마치 요술쟁이 보자기 속에서 달걀 나오듯이 우리 앞에 떠올 것으로 기대할만치 순진한 사람은 아마 없었을 것이다. 그럼에도 不拘하고 그들만 처다보고 기대어 어글어진다고 不平만 하는 경향이 늘어간다. 물론 不平 들을 점도 한두 가지가 아니겠지만, 나라의 주인인 백성이 제 일처럼 서둘지 않고서 어떻게 주인 노릇을 할 것인지 의문이다. 이런 의미에서 學生도, 一般市

民도, 교회도 밑바닥에서부터 民主建設 운동을 전개해야 할 시기는 왔다고 본다. 우리가 직접 담당하지 않은 政治와 行政의 잘못에 우리교회가 직접적인 책임을 질 필요는 없다. 그것은 국가가 교회 내면생활의 不振에 직접적인 책임을 느끼지 않는 것과 마찬가지다. 그러나 이상에서 말한, 非政治的諸般 社會的 건설사업에 있어서는 교회가 책임적으로 동참할 충분한 의무를 지고 있는 것이다.

교인으로서 국민 공동사회 안에서 삶을 함께하는 경우에 교인이라고 法的으로 例外를 만들 아무 특권도 없는 것이다. 다른 市民들이 法에 의하여 처단을 받아야 한다면 교인도 그러할 밖에 없는 것이다. 기독교 성서에는 모든 진리가 다 들어 있기 때문에 인간이 재주를 부리면 얼마든지 도피처를 마련할 수가 있다. 公義를 세우기 위하여 범법자를 처단해야 한다고 주장할 수 있음과 동시에, 죄인을 용서할 뿐 아니라, 代贖하고 罪人에게 義를 입히는 은혜가 있지 않으냐고 주장할 수도 있다. 그런 경우에 당사자는 뻐졌히 도피처를 발견하고 당당할 수가 있다. 그러나 그것이 一般 市民에게는 통하지 않는다. 그런 경우에 信者는 一般國民으로서의 共同 社會 규례에 同參해야 하며 그것을 溫情으로 바꾸기를 삼간다. 그리하여야 敎會가 스스로를 편달하는데 市民 以下가 되지 않게 됨과 동시에 共同 社會의 公義를 세울 수 있기 때문이다. 이것은 다른 기독교 국가의 교회에서 傳統으로 치켜온 遺産임을 기억해야 한다.

　　마감으로 四·一九以後에 敎會 自體內의 自家 정돈에 진지한 관심을 가지는 이들이 많아졌다고 나는 보았다. 물론 본래부터의 分裂主義

　　공적 신앙의 윤리: 국가권력과 로마서 13장

者들은 제 갈 데로 갈 밖에 없었다. 그것은 四·一九 以後에 오히려 激化하였다. 그러나 교회가 對 社會 책임을 위해서나 교회 自身의 本性 회복을 위해서나 같은 主 안에서 사랑으로 하나가 되어야 하겠다는 傾向도 四 一九 以後에 그 濃度가 짙어가고 있다. 이것은 마음의 문제요, 機構의 문제가 아니다. 마음만 있으면 機構는 이에 따를 것이다. 에큐메니캘 운동이 아직도 實質的으로 生理化되지 못한 점이 許多하다 할지라도 대체 방향을 그렇게 잡고 航行하게 된다는 것은 소망 있는 현상이 아닐 수 없다.

世界가 분명히 둘로 잘라져서 그 국경선이 우리나라 중턱을 뚫고 나갔다는 現實은 이 둘의 世界가 彼此 現存한 운명을 달리하기 전에는 우리 스스로가 단독으로 우리의 統一 難題를 打開할 수 없다는 것이 사실이다. 그러나 무슨 方法으로든지 둘의 世界가 合意되어 우리나라의 남북통일이 실현된다면, 우리 교회는 갑자기 새로운 歷史的 局面에 直面하지 않을 수 없게 된다. 國聯 감시하에 민주통일이 실현된다 셈치더라도 교회는 共産 勢力과 직면하여 本格的인 투쟁을 개시해야 한다.

그때까지도 교회가 자가 정돈을 못 한다면 그것은 스스로 심판을 招來하는 것이다. 교회는 그 동안에 共産主義를 과대히 評價한 나머지, 그 야만적인 暴力과 테로에 여유있게 對決할 정신적 준비를 갖추지 못했었다. 그리하여 '맑스냐 그리스도냐?' 등의 兩者 擇一的인 빡빡한 태도를 오히려 영웅시하였다. 그러나 맑스는 그리스도와 一對一로 대결하는 爲人이 아니다. 그는 靈的으로는 두더쥐같이 눈을 잃은 存在였으며 따라서 人間理解에도 암흑이었다. 그는 하나의 '惡意'이었고 그리스도人의 처지에서 본다면 가련한 '잃은 羊'의 하나였다. 何如든 共産主義者도 人間이요 악마는 아니다. 그러므로 그들도 그리스도人의 傳道의 對象에서 제외될 수가 없다. 우리는 무엇보다도 巨大한 靈의 사랑으로서의 여유와 함축과 용기를 길러야 한다. 그들은 물론 우리에게 온순할 정도로 겸비하지 않을 것이다. 그러나 그리스도는 용렬한 분이 아니라는 것만은 기억되어야 할 것이다.

四·一九 以後의 學生精神이 끊임없이 健實해야 함과 동시에 四·一九 以後의 교회도 巨大한 躍進을 위한 再整頓과 對社會的 再發展이 있을 것으로 믿는다.

　공적 신앙의 윤리: 국가권력과 로마서 13장

3. "한국 그리스도인의 신학적 성명", 1974년 11월

동기

우리는 그리스도가 세계사의 구원자임을 믿는 세계 그리스도교의 일원이다. 그와 동시에 한국국민으로서 이 나라에 그리스도의 복음을 전하여 정의를 세우고 하나님의 질서를 수립할 것을 사명으로 아는 그리스도인들이요 신학도들이다.

그리스도는 제도적 교회에 오신 것이 아니라 바로 이 세계, 이 역사의 한 가운데에 오셨다. 이 사실은 하나님의 구원의 역사는 인간의 모든 것을 포괄한다는 말이다. 이것을 하나님의 선교라고 부르며 그 일에 참여하는 것을 선교적 사명으로 안다. 그러므로 우리 관심은 정권이 누구의 손에 있느냐에 있지 않고 그 제도와 정책에 있다.

우리는 신학적인 입장에서 다음 세 가지 문제를 예의 주시했다.

1. 권력이 그 한계를 알고 정의를 위해 행했느냐?

2. 하나님께 속한 인간의 기본권이 보장되고 있느냐?

3. 신앙행위의 자유가 보장되어 있느냐?

그런데 현 정권이 수립된 이후 위수령, 비상사태선언, 헌법개정, 마침내 대통령 긴급조치령 등으로 권력을 절대화하는 방향으로 줄달음쳤다. 그것은 다음과 같은 사실에서 노골화됐다.

첫째, 국가와 정부를 동일시하므로 정부의 정책을 비판하는 언론이나 행위를 국가안보라는 구실로 반국가적 죄로 다스리기에 이르렀다. 오늘날 수많은 학생, 성직자, 지성인들에게 사형에서 수십 년 중형을 언도한 것은 이런 정권 절대화의 소산이다.

둘째, 현 정권은 인권을 극도로 유린하고 있다. 정권의 정책을 비판하는 것은 민주사회의 국민의 권리요 의무다. 그런데 대통령 비상조치라는 특별법 아래 국민을 소환장도 없이 체포하고 정당한 법의 옹호도 없는 재판 과정을 거쳐 처형하고 있다. 인간의 기본권이며, 민주사회 형상의 절대요소인 언론 자유를 봉쇄하고 있다. 언론통제, 학원사찰, 평화적 의사표시의 한 방법인 시위를 무력으로 억제하고 있다. 정부는 북한 공산 집단의 위협을 구실삼아 '자유의 안보'라는 이름 아래 통제적 총화를 강요한다. 그러나 그것은 공산주의와 대결할 명분을 흐리게 하는 일이다. 그뿐 아니라 안으로 생기는 부정부패를 고발할 길을 막았다. 그러다가 스스로 붕괴

될 위험선에까지 오게 했다. 노동자와 가난한 자들이 자기 권익을 위해서 투쟁할 길을 봉쇄함으로 그 생존의 자유권마저 침해당하게 했다.

셋째, 현 정권은 신앙과 선교의 자유권을 가속도적으로 침범하고 있다. 교회의 사찰, 설교내용의 간섭, 마침내는 신앙 양심에 의한 정의의 외침, 가난하고 눌린 자를 돌보고 저들의 인권을 찾아주려는 선교 행위마저 범법 행위로 처벌했다. 거기 멎지 않고 정부는 정교 분리니, 종교의 한계니, 종교의 분수니 하는 발언을 연발함으로써 종교의 자세마저 규제하려고 한다. 이것은 종교마저 통제하려는 것이며 신앙행위의 침범이다. 특히 최근에 국무총리가 성서를 아전인수격으로 인용하면서 현 정부를 하나님의 권력의 대행자처럼 절대화하고 그 정책을 비판하는 선교행위를 심판의 대상이라고 극언할 뿐 아니라 외국인 선교사 교인들의 선교 참여를 규탄하는 중대한 발언을 하였다. 이것은 그리스도교 교회의 선교활동에 전면적으로 도전하는 일이다.

이 같은 상황에 직면한 우리는 오늘과 같은 사태에 대한 그리스도교의 입장을 밝혀야 할 것을 절감하여 그 신학적 해명을 아래와 같이 내놓는 바이다.

국가와 종교

인간의 기본권은 국가가 있기 이전에 하나님께 받았다. 국가는 하나님의 주권 아래서 인간의 기본권인 생명과 재산과 자유를 지킴으로써 인간으로서의 축복받은 상태를 즐길 수 있게 보장하는 정치 단위다. 정부는 이와 같은 목적으로 나라 살림을 위임받은 공복이다. 따라서 국가와 정부는 차원이 다르며 정부에 대한 충성이 아니다. "모든 권세가 하나님에게서 왔다(로마서 13장)는 말은 권세에 대한 복종을 말하기에 앞서 집권자의 한계를 규정하는 것이다. 집권자는 위와 같은 기능을 위임받은 자로서 그 한계 안에서만 그 권세를 행사해야 한다는 말이다. 인간의 기본권인 생존과 자유를 뺏는 권세는 하나님의 뜻을 배반하는 것이다. 절대권은 하나님께 속한 것이다. 그런데 절대권을 도용하여 상대적인 것이 절대화할 위험성을 막기 위해 땅 위에 어떠한 하나님의 형상도 만들지 말라고 했다. (십계명) 그리스도교는 상대적인 것이 절대화된 것을 우상이라고 하고 그것과는 투쟁을 지상명령으로 삼는 전통을 갖고 있다. … 그러므로 절대화된 권력이 인간의 권리를 유린할 때 그리스도교 교회는 그것에 대한 투쟁을 감행할 수밖에 없다. 하나님은 이 세상을 구원하려고 그리스도를 보내셨다. 그리스도는 권력자에게 처형됐으나 하나님은 그를 살려 일으키셨다. 교회의 십자가와 부활의 사건이 하나님의 구원의 행위라 믿고 그 신앙 위에 서 있다. 교회는 이 구원을 완성시키려고 부름을 받은 사람들의 공동체다. 그리스도인은 모든 사람이 떳떳하고 보람차게 그리고 즐겁게 공존할 수 있도록 돕고 그것을 저해하는 악의 힘을 물리치기 위하여 보냄받은 투사들이다.

따라서 교회는 언제나 가난한 자 눌린 자의 편에 서서 그를 억압된 데서 해방시키고 그들의 기본권을 찾아주려는 것을 직접적 사명으로 삼는다. 교회는 정치권력의 쟁취를 위한 공동체는 아니다. 그러나 그 같은 사명을 실천하려면 정치활동은 불가피하다. 따라서 정치권력과 긴장관계에 놓이지 않을 수 없다. 이렇게 함으로써 교회는 국가와 정부로부터 하나님께 속한 인간의 기본권을 보호하고, 복지사회를 이룩하도록 빛과 소금과 누룩의 역할을 한다. 정치와 종교 또는 국가와 교회의 분리는 본래 정치적 권세와 종교적 권위의 야합에서 오는 권력의 절대화와 그것에 따르는 횡포와 부패를 막기 위한 것임과 동시에 특정한 종교에 대한 정치권력의 차별대우를 막기 위한 것이지 종교와 정치의 대상과 영역을 분리하기 위한 것은 아니다. 구약 예언자들은 예외 없이 경제 정치적 권력의 횡포와 부패에 맞서서 싸운 인간들이다. 다윗 왕을 지탄한 나단이나 왕후장상 앞에서 예배보다 사회정의를 앞세운 아모스 등이 그런 예들이다. 예수는 바로 이 계열에 서신 분이다. 그러므로 이 같은 전통에 서서 사회정의와 인권의 옹호를 위한 그리스도교 교회의 활동을 탄압하는 것은 곧 종교와 자유를 억압하는 것이다.

인권

　　인권은 하나님께서 주신 것이고 오직 그에게 속했다는 것이 그리스도교의 신앙이다. 그러므로 그리스도인들은 인권을 지킬 의무를 지고 있다. 인간은 하나님의 형상대로 지음을 받았고 하나님의 창조물이기 때문이다(창 1:27). 그러므로 하나님 외의 어떤 권력이든 인권 위에 서는 것은 하나님의 영역을 침범하는 것이다. 그런 뜻에서 아무리 미미한 자라도 범죄케 하느니 차라리 연자 맷돌을 목에 메고 바다에 빠지는 것이 낫다고 했다(막 10:42). 인간은 하나님의 형상대로 지음을 받은 존엄한 존재이기 때문에 누구도 인간을 수단으로 삼을 수 없다. 또한 어떠한 제도도 사람의 동등성을 유린할 수 없다. 하나님은 살인자 가인에게도 생명의 표를 달아 그 생명을 보호했으며 사람의 생명은 천하를 주고도 바꿀 수 없다고 하셨으며 예수님은 99마리의 양을 두고 잃어버린 한 마리 양을 찾는 목자의 심정으로 개개인 생명의 존엄성을 가르쳤다. 하나님은 인간(아담)을 창조하고 생육과 번성의 축복을 주시고 이 자연을 지배하고 다스릴 권리를 주셨다. 이 권리에서 인간은 생존, 창조, 개발의 자유권이 동등하게 주어졌다.

　　그러므로 오늘날 생존, 언론, 신앙, 결사의 자유를 주장하는 것은 바로 하나님에게서 바로 받은 권리인 것이다. 그러므로 권력의 부당한 개입으로 또 경제구조의 병폐에 의한 물질의 편중으로 가난한 사람은 더욱 가난해져서 생존권마저 침해받는 일은 하나님께 속한 인권이 유린되는 일이다. 인권을 보호할 목적으로 행한 이 권력에 유린되어 국민은 영장 없이 체포되고 구금을 받고 정당한 변호의 길이 막힌 재판을 당한 일, 인권의 구체적 방법을 알리고 알 권리(언론의 자유)를 봉쇄당한 일, 부당한 법으로 억압당하는 등은 다 인권이 유린되는 것이다.

제도나 법은 인권을 보호하는 범위 내에서 인정되어야 한다. 제도나 법은 사람을 위해 있지, 사람이 그런 것을 위해 있는 것은 아니기 때문이다. 안식일은 사람을 위해 있고 인간은 안식일의 주인(막 27:28)이라고 했다. 이것은 억압하는 제도나 법에 대한 첫 인권 선언이다.

교회와 선교

그리스도는 복음의 선교활동이다. "때가 다 되어 하나님의 나라가 가까이 왔으니 회개하고 복음을 믿으라"(막 1:15)는 말은 복음의 핵심이다. '하나님의 나라'는 역사적, 사회적, 정치적 영역을 포함하고 그것을 넘어서는 것이며 영적이라고 표현하는 어떤 부분에 국한한 개인적 타계적인 어떤 특유의 종교영역을 말하는 것은 아니다.

예수의 첫 선포는 "주의 성령이 내게 임하셨으니 이는 가난한 자에게 복음을 전하게 하시려고 내게 기름을 부으시고 나를 보내사 포로된 자에게 자유를, 눈먼 자에게 다시 보게 함을 전파하며 눌린 자를 해방하고 주의 은혜를 전파하게 하심이다"(눅 4:18-20). 이것은 현실생활과는 무관한 정신세계의 그림자를 말하는 것이 아니라 경제적으로 가난한 자, 정치적 권력

구조에서 눌린 자, 신체적 또는 지적으로 눌린 자, 실제 삶에서 포로된 자가 개인 또는 집단적으로 그러한 속박과 결핍으로부터 해방되는 것을 가리킨다. 예수의 '하나님 나라' 선포가 이러한 것이며 그의 출현 자체가 이러한 해방을 안겨주는 성년의 선포다(레 25장). 이러한 구원과 해방의 말씀이 교회의 선교이다.

그러므로 교회의 선교는 현대사회에서 정치적, 사회적 활동으로 추진될 수밖에 없는 것이다. 인간이란 영혼만이 아니라 육체이며, 개인적 실존만이 아니라 사회적 관계이며 또한 전체 환경 안에 있는 존재다. 그러므로 인간의 구원에 개인적 심령적 구원이 따로 있지 않고 그것이 선행되는 것도 아니다. 그것은 항상 영혼과 육체, 인격과 사회, 인간과 자연을 함께 포함하는 전체적이며 구조적인 것이다. 그러므로 교회의 선교는 현대 사회에서 인간의 자유화, 인류의 사회화, 제도의 인간화, 사회정의, 세계 평화, 인간과 자연과의 화해에 종사하게 된다.

하나님의 말씀을 선포하는 예수의 선교에서 박두해 오는 하나님의 나라는 현 질서에 대한 위협이었다. 그것으로 구질서를 주관하는 악의 세력은 무너지기 시작했다. 그것이 악귀추방이었다. 맘몬의 힘, 체제의 속박, 권력의 압박, 이데올로기의 절대화는 허물어지기 시작했다.

예수는 이러한 선교활동의 대가로서 로마의 법에 따라 정치범이 받는 체형인 십자가형을 받았다. 그리고 그를 따르는 제자들에게 이 십자가를 지고 따라오라고 했다. 그러므로 예수의 제자로서 선교의 길을 갈 때 정치적 결단인 십자가는 피할 도리가 없다. 오늘의 한국의 그리스도인들이 선교를 정치적 사회적 행동으로 수행하는 것은 하나님의 나라가 하나님의 선물로 보는 것이지 인간의 힘으로 이루어지는 것이 아니라는 것을 모르기 때문이거나 교회의 정치적, 사회적 행동이 단번에 결정적인 이상사회를 이룩할 수 있다고 생각하기 때문도 아니다. 다만 구약의 예언자들, 신약의 사도들, 역사상의 증인들과 순교자들 그리고 무엇보다도 예수 그리스도의 선교활동에서 그 삶과 행동의 표본을 보기 때문이다. 그러므로 우리 젊은 학생들이 정치체제의 민주화운동에 앞장서고 젊은 교역자들이 노동자 노인의 생존권을 위한 산업선교에 종사하고 그리스도인들이 선교활동에서 그 삶과 행동의 표본을 보기 때문이다. 그러므로 우리의 젊은 학생들이 정치체제의 민주화운동에 앞장서고 젊은 교역자들이 노동자 노인의 생존권을 위한 산업선교에 종사하고 그리스도인들이 민주화와 언론의 자유를 부르짖는다. 이것은 선교활동의 본연의 소임을 다하려는 것이라고 본다. 이 같은 선교활동은 공산주의 위협을 강조하면 할수록 더욱 그 정당성이 드러난다. 교회는 그 본질상으로나 실제상으로나 민족, 국경, 계급을 넘어선 신앙과 선교의 공동체이며 거룩한 보편적(가톨릭)인 한 공동체이다. 그러므로 선교행위에는 국경이 없다. 한국 안의 외국인 선교사들은 한국 교회에 입적한 한국 교회의 교우들이다. 현재의 범지구적인 세계에서 문화, 경제, 과학 그리고 산업오염 등도 지역적인 정치단위로 분리시켜 생각할 수 없듯이 그리스도 교회도 그러하다. 그래서 우리는 세계 교회의 일원이며, 세계 교회와 끊을 수 없는 하나임을 확인한다. 그래서 우리는 외국인 선교사 교인들을 우리의 선교활동의 동지로 받아들인 것이다. 우리는 어떤 상황에서도 우리의 선교활동을 중지할 수 없다. 우리는 하나님 나라의 도래와 부활의 소망에 확고히 서 있기 때문이다.

한국 교회의 시국선언들에 대하여

한국 교회는 근자에 현 유신체제하의 국제적, 국내적, 시국사저에 대해서 계속해서 여러 번 발언하였다. 우리는 이러한 교회의 발언들이 신앙 양심의 절규며 나라의 장래를 염려하는 충정의 발로로 본다. 그리고 우리는 이러한 선언문들을 신학적으로 정리하고 뒷받침하는 책무를 가지고 있다고 느낀다. 이러한 문서들은 다 양심의 소리이며 하나님의 말씀의 전달이다. 동시에 이것은 국민의 소리의 대변이기에 우리는 그중 대표적인 몇 가지만 열거하여 다시 확인하려고 한다.

1. 1974년 한국 그리스도인의 선언—한국 기독교 유지 교역자 일동(73. 5. 20.)

2. 양심선언—한국기독교교회협의회 / 인권문제협의회(73. 11. 24.)

3. 양심선언—천주교 원주교구 주교 지학순(74. 7. 23.)

4. 결의문—천주교 전국 정의구현사제단 및 전국 평신도 협의회 일동(74. 9. 11.)

5. 우리의 선언—구속자를 위한 신구교 연합기도회 주관단체 일동

(74. 9. 22.)

6. 선언서—한국기독교장로회 제59회 총회(74. 9. 27.)

7. 총회 시국 선언문—대한 예수교 장로회 제59회 총회(74. 9. 30.)

8. 시국선언문—대한 감리회 제12차 총회(74. 10. 27.)

이 선언문들은 독재정권의 절대화를 규탄한 것이며 사람이 하나님의 자리를 착취하는 행위이기에 통렬히 경고한 것이다. 또 권력의 횡포, 부유층의 사치, 외국의 경제침략을 배격한 것이며, 언론의 자유, 구속인사의 석방, 정보사찰의 중지를 요구하고 정치체제를 즉각 민주화할 것을 주장한 것이다. 이것이 바로 "가난한 자, 갇힌 자를 해방하는" 교회의 선교 활동이다. 선교하는 교회의 일선에서 발언한 이들 문서들은 예수의 선교의 현대적 상황적 수행이라고 보아 이를 전적으로 지지한다.

1974년 11월

서명자 명단

강문규, 강원용, 고용수, 구덕환, 김관석, 김상근, 김연수, 김용옥, 김이곤, 김이태, 김정준, 김용열, 김형태, 노명식, 노정선, 마경일, 맹용일, 문동환, 문상희, 문익환, 문희석, 박광재, 박근원, 박봉랑, 박봉배, 박용익, 박창환, 서광선, 서남동, 소흥렬, 신종선, 안병무, 안희국, 오명근, 오충일, 윤병상, 윤성범, 윤순덕, 윤정옥, 은준관, 이남덕, 이문영, 이영민, 이영현, 이우정, 이해영, 이효재, 장일조,

전경연, 정웅섭, 정의숙, 조승혁, 조요한, 조용술, 조향록, 조화순,

주선애, 주재용, 지동식, 차풍로, 한영선, 한완성, 한준석, 함성국,

현영학, 황성규

참고 문헌

⟨春秋⟩

⟨活泉⟩

| 1. 잡지 | 2. 국내 저서 및 논문 |

⟨開闢⟩

⟨京城日報⟩

⟨교회연합 신보⟩

⟨그리스도신문⟩

⟨基督敎世界⟩

⟨기독신보⟩

⟨대구매일신문⟩

⟨대동아⟩

⟨독립신문⟩

⟨동아일보⟩

⟨東洋之光⟩

⟨로동신문⟩

⟨每日申報⟩

⟨半島の光⟩

⟨福音新報⟩

⟨批判⟩

⟨삼천리⟩

⟨성서조선⟩

⟨新階段⟩

⟨신인문학⟩

⟨신학지남⟩

⟨우라키⟩

⟨朝光⟩

⟨조선일보⟩

⟨靑年⟩

1. 잡지

2. 국내 저서 및 논문

강동진, ⟪일제 언론계의 한국관⟫, 일지사, 1982.

강만길, ⟪고쳐 쓴 한국 현대사⟫, 창작과비평사, 2006.

———, ⟪韓國民族運動史論⟫, 한길사, 1985.

강상중, 이경덕·임성모 역, ⟪오리엔탈리즘을 넘어서⟫, 이산, 1997.

강수옥, "근대 중국인의 한국 3·1운동에 대한 인식과 5·4운동", ⟨한국근현대사연구⟩, 2016, 79쪽.

강신룡, "한국인 기독교인들의 구미아이교회 협력과 가입에 관한 일고찰", ⟨한국기독교역사연구소소식⟩ 제22호, 1996. 1. 53.

강인철, "월남 개신교·천주교의 뿌리", ⟨역사비평⟩, 1997.

———, ⟪저항과 투항: 군사 정권들과 종교⟫, 한신대출판부, 2013.

———, ⟪전쟁과 종교⟫, 한신대출판부, 2003.

———, ⟪한국 기독교회와 국가·시민사회: 1945-1960⟫, 한국기독교역사문제연구소, 2003.

———, ⟪한국의 개신교와 반공주의⟫,

중심, 2006.

고애신, "예장통합여성 안수 활동사",
〈한국 여성 신학〉, 1996.

고재길, "독일 고백교회 저항에 대한
연구", 〈신학과 사회〉, 2016.

고재식, "라인홀드 니버의 공산주의에
대한 한 연구", 〈기독교사상〉 29권 10
호(1985. 10).

고지수, 《개신교 민주화 운동의 기원》,
선인, 2016.

교육출판공사 편, 《세계 인명 대사전》,
교육출판공사, 1985.

국가보훈처, 《3·1운동 독립선언서와
격문》, 국가보훈처, 2002.

국사편찬위원회 편, 《尹致昊英文日記》,
1996.

권보드래, 《3월 1일의 밤: 폭력의 세기에
꾸는 평화의 꿈》, 돌베개, 2019.

권정기, "세계화의 현실과 민족주의의
미래: 대안의 모색", 〈동서철학연구〉
96(2020).

권진호, "국가에 대한 그리스도인의
태도에 관한 루터 사상", 〈신학과
현장〉 제25집.

기독교사상편집부, 《한국의 정치 신학》,
대한기독교서회, 1987.

길진경, 《靈界 吉善宙》, 종로서적, 1980.

김경일, "식민지 시기 신여성의 미국
체험과 문화 수용: 김마리아·박인덕·
허정숙을 중심으로",
〈한국문화연구〉 11(2006).

———, 《여성의 근대·근대의 여성》,
푸른역사, 2004.

김경재, "김재준의 정치신학",
〈신학사상〉, 2004.

———, 《김재준 평전》, 삼인출판사, 2014.

김교신기념사업회, 《김교신 일보》,
홍성사, 2016.

——————, 〈성서조선〉 영인본,
홍성사, 2019.

김교신전집 간행위원회, 《김교신전집》,
일심사, 1981.

김덕영, 《루터와 종교 개혁》, 길, 2017.

김도형 편저, 《3·1운동 일본 언론매체
사료집: 중앙공론·교육시론·
사회급국가·아등·헌정편》, 홍성사,
2019.

김두식, 《칼을 쳐서 보습을》, 뉴스앤조이,
2002.

김득황, 《한국 종교사》, 에펠출판사, 1963,
393-395쪽.

김명배, "한국 개신교 사회참여에
나타난 교회와 국가의 관계에 관한
연구—1960년부터 1987년까지
민주화와 인권운동을 중심으로",
장로회신학대학교 박사학위 논문,
2007.

김병희, 《한경직 목사》, 규장문화사, 1982.

김상근, 《세계사의 흐름을 바꾼 기독교의
역사》, 평단, 2008.

김상덕, "3·1운동의 극우기독교적
기억방식 분석 연구: 2017-2018년

'3·1절 구국기도회' 사례를 중심으로",
〈한국기독교신학논총〉 115(2020).

김상봉, "시민정치·국민·그리고 세계
시민", 〈시민과 세계〉, 2004.

———, "함석헌과 씨알 철학의 이념",
〈철학연구〉 109(2009).

김상웅 외,《친일변절자 33인》, 가람기획,
1995.

김성은, "박인덕의 사회의식과 사회 활동:
1920년대 말-1930년대를 중심으로",
〈역사와 경계〉 79(2010).

김성환, "불안한 평화: 월남전쟁과 우리",
〈기독교사상〉 105(1967).

김수태, "윌리엄 그리피스의 한국 근대사
인식", 〈진단학보〉 11(2010).

김승태, "6·25 전란기 유엔군 측 포로
정책과 기독교계의 포로 선교",
〈한국기독교와 역사〉 21(2004).

———, "일제의 기독교 정책과
기독교계의 부일 협력",
〈한국기독교와 역사〉 24(2006).

김양선,《한국기독교 해방10년사》,
대한예수교장로회총회 종교교육부,
1956.

金永義,《佐翁尹致昊先生略傳》, 基督教
朝鮮監理教總理院, 1934.

김용달, "3·1운동기 서대문 형무소 학생
수감자의 역할과 行刑", 〈한국학논총〉
30(2008).

김용덕,《일본 근대사를 보는 눈》,
지식산업사, 2000.

김욱동, "박인덕의 구월 원숭이: 자서전을
넘어서", 〈로컬리티 인문학〉 3(2010).

김윤식,《이광수와 그의 시대》, 솔, 1999.

김재용, "친일 문학의 성격 규명을 위한
시론", 〈실천문학〉 65(2002).

金在俊,《長空金在俊著作全集》(1-4권),
장공전집출판위원회, 1971.

김정인, "젠더 관점에서 본 3·1운동의
재현", 〈여성과 역사〉 31(2019).

김정현, "일제의 대동아공영권 논리와
실체", 〈역사비평〉 28(1994).

김진호, "고 탁사 최병헌 선생 약전",
〈신학세계〉 12(1927).

김지방,《정치교회》, 교양인, 2007.

김학민·정운현,《친일파 죄상기》, 학민사.
1993.

김활란, "뒷일은 우리가", 〈조광〉, 1943년
12월 호.

김흥수 편, "한국전쟁 시기 기독교
외원단체의 구호활동", 〈한국기독교와
역사〉 23(2005).

———,《한국전쟁과 기복 신앙 확산
연구》, 한국기독교역사연구소, 1999.

———,《해방 후 북한 교회사: 연구·
증언·자료》, 다산글방, 1992.

김희은, "여성신학과 민중신학",
《민중신학 입문》, 1995.

노블 부인 편,《승리의 생활》,
조선야소교서회, 1927.

동아출판사 편,《동아세계백과사전》, 제22
권, 동아출판사, 1982.

류대영, "베트남 전쟁에 대한 한국
　　개신교의 태도", 〈한국 기독교와 역사〉
　　21(2004).
──,《초기 미국 선교사 연구》,
　　한국기독교역사연구소, 2001.
──,《한국 근현대사와 기독교》,
　　푸른역사, 2009.
류황태, "그리피스를 통해 본 한일관계",
　　〈미국학 논집〉 42권 3호(2010).
림학선·서정숙·전일재·리기정,
　　《조선력사—고급중학교 제4학년용》,
　　교육도서출판사, 1981.
마포삼열박사전기편찬위원회,
　　《마포삼열박사전기》,
　　대한예수교장로회총회 교육부, 1973,
　　326쪽.
문화사학회 엮음,《기억은 역사를 어떻게
　　재현하는가》, 한울, 2017.
민영진·전무용, "한국어 번역 성경에
　　나타난 중국어 성경과 일본어 성경의
　　영향", 〈성경원문연구〉 19(2006).
박경미, "민중신학과 여성신학",
　　이우정선생 고희기념논문집
　　편찬위원회,《여성 평화 생명》, 경세원,
　　1993.
박명규, "탈식민 과정에서 '3·1운동'의
　　문화적 재구성—기억, 지식 그리고
　　권력"《1919년 3월 1일에 묻다》,
　　성균관대학교출판부, 2009.
박명림·최장집,《한국전쟁연구》, 태암,
　　1990.

박명수·안교성 엮음,《대한민국의 건국과
　　기독교》, 북코리아, 2014.
박보경, "1950년 한국전쟁 당시
　　한국교회의 역할", 〈선교와 신학〉
　　26(2010).
박성원, "부록: 군종 약사(국방부. 육·해·
　　공군)", 〈군선교신학〉, 1990.
박순경,《민족 통일과 기독교》, 한길사,
　　1986.
박승찬,《알수록 재미있는 그리스도교
　　이야기 1·2》, 가톨릭출판사, 2015.
박영신 역,《사회 변동의 상징 구조》,
　　삼영사, 1981.
박용규, "로마서 13장 1-7절과 바울의
　　가르침에 대한 교부들의 해석",
　　〈신학지남〉, 1993년 여름 호.
朴殷植,《韓國獨立運動之血史》,
　　정신문화사, 1975.
박은영 편저,《3·1운동 일본 언론매체
　　사료집: 고쿠민 신문·도요케자이
　　신보·후조신문편》, 홍성사, 2019.
박은영, "고쿠민신문에 나타난 3·1운동",
　　〈일본비평〉 21(2009).
박인덕, "태평양 삼만리 가는 길",
　　〈신인문학〉 3권 2호(1936).
──,《구월 원숭이》, 인덕대학교, 2007.
──,《세계일주기》, 조선출판사, 1941.
──,《호랑이의 시時》, 인덕대학교,
　　2007.
박충구,《종교의 두 얼굴》, 홍성사, 2013.
박태균,《버치문서와 해방 정국》,

역사비평사, 2021.

박형룡, "전쟁에 대한 기독교의 태도 1",
　〈신학지남〉 44(1929).

──, "전쟁에 대한 기독교의 태도 2",
　〈신학지남〉 45(1929).

박형신, "로스역본 논쟁에 관한 연구",
　〈장신논단〉 49권 2호(2017).

박흥식, 《미완의 개혁가 마르틴 루터》, 21
　세기북스, 2017.

반민족문제연구소, 《친일파 99인》,
　돌베개, 1993.

백낙준, "한국전쟁과 세계평화", 〈사상계〉
　3(1953).

──, 《韓國改新教史》,
　연세대학출판부, 1973.

서정민, "중일·태평양전쟁과 기독교",
　〈한국기독교와 역사〉 21(2004).

석영중, 《러시아 정교》,
　고려대학교출판부, 2005.

선병삼, "탁사 최병헌의 유교 변증 이론
　고찰─《성산명경》과 《만종일련》을
　중심으로", 〈율곡학연구〉, 2023.

성백걸, "류형기의 한국전쟁 인식과 교회
　복구·구호활동", 〈한국기독교와 역사〉
　15(2001).

손규태, 《장공 김재준의 정치 신학과 윤리
　사상》, 대한기독교서회, 2002.

손승호, 《유신 체제와 한국 기독교
　인권운동》, 한국기독교역사연구소,
　2017.

송현강, "중일전쟁 발발이후 충청도 지역

교회의 전시협력 활동",
　〈한국기독교와 역사〉 27(2007).

신광철, "탁사 최병헌의 한국신학 연구:
　만종일련 사상을 중심으로",
　〈한국종교연구〉 12(2004).

신국주, "3·1운동과 일본언론의 반향",
　《3·1운동 50주년기념논집》, 1969.

신재의, "맹의순의 삶과 포로
　수용소에서의 선교", 〈한국기독교와
　역사〉 41(2014).

신주백, "식민지기 민족운동 세력의 3·1
　운동 소환과 流動하는 기억: 1946년
　3·1절 기념집회를 둘러싼 집단기억의
　뿌리를 찾아서", 〈한국사학사학보〉
　38(2018).

신지재, "바울과 아우구스티누스의 법·
　국가 사상 비고─특히 로마서 13장 1-7
　절과 신국론을 중심으로", 〈중앙법학〉
　17-1(2015).

심광섭, "탁사 최병헌의 유교적 기독교
　신학", 〈세계의 신학〉 61(2003).

안종철, "윌리엄 그리피스의 일본과
　한국 인식(1876-1910)", 〈일본 연구〉
　15(2011).

안태윤, "식민지에 온 제국의 여성─
　재조선 일본 여성 쓰다 세츠코를
　통해서 본 식민주의와 젠더", 〈한국
　여성학〉 24-4(2006).

양명수, 《아무도 내게 명령할 수 없다》,
　이화여자대학교출판부, 2018.

──, 《아우구스티누스 읽기》,

세창미디어, 2023.

양봉철, "제주 4·3과 서북기독교", 〈4·3과 역사〉 10(2010).

양현혜 편저, 《3·1운동 일본 언론매체 사료집: 도쿄아사히신문 편》, 홍성사, 2019.

양현혜, "김마리아의 대한민국 애국부인회 사건에 대한 조선과 일본 언론의 반응", 〈한국문화연구〉 39(2020).

———, "식민지 시대 한국 개신교의 전쟁과 평화에 대한 이해", 〈한국교회사학회지〉 34(2013).

———, "역사철학적으로 본 함석헌의 통일에 관한 사유", 〈신학사상〉 188(2020).

———, "최병헌의 개종에서 본 기독교와 유교와의 대결 양상 연구", 〈신학과 사회〉 38-2(2024).

———, "한국 개신교의 성차별 구조와 여성 운동", 〈여성신학논집〉 2(1998).

———, "함석헌의 역사인식과 사유 체계", 〈신학사상〉 142(2008).

———, 《근대 한일관계사 속의 기독교》, 이대출판부, 2009.

———, 《김교신의 철학》, 이대출판부, 2013.

———, 《우치무라 간조—신 뒤에 숨지 않은 기독교인》, 이대출판부, 2017.

———, 《윤치호와 김교신》, 한울, 1996.

연규홍, "해방 후 북한사회 건설과 교회박해: 1945-1948", 〈신학사상〉 114(2001).

오만규, "로마 종교와 초기 그리스도인들의 군복무", 〈한국교회사학회지〉 3(1987).

———, "제칠일 안식일 예수 재림교회 비무장 군복무의 기원과 발전", 〈한국 교회사학회지〉 12(2003).

오윤태, 《동경교회 72년사》, 혜선문화사, 1980, 185-187쪽.

오제연, "한국의 민주화운동과 '3·1운동 기억': 4·19혁명에서 6월항쟁까지", 〈동방학지〉 185(2018).

옥성득, "한일 합병 전후 최병헌 목사의 시대 의식—계축년(1913) 설교를 중심으로", 〈한국 기독교와 역사〉 13(2000).

우미영, "서양 체험을 통한 신여성의 자기 구성 방식—나혜석·박인덕·허정숙을 중심으로", 〈여성문학연구〉 12(2004).

柳永烈, 《開化基의 尹致昊 硏究》, 한길사, 1985.

유영옥, "북한의 3·1운동과 임시정부에 대한 역사인식 고찰", 〈군사논단〉 44(2002).

유인선, 《베트남의 역사》, 이산, 2018.

유호열, "3·1운동과 대한민국의 정통성: 북한은 3·1운동을 어떻게 평가하고 있나", 〈북한〉 399(2005).

육군본부 군종감실, 《육군 군종사》, 육군본부, 1975.

육사 본당 30년사 편집위원회,《씨앗이
　　열매로》, 천주교 육군사관학교 교회,
　　1990.
윤상현, "1950년대 후반 1960년대 초
　　함석헌의 주체 형성 담론의 변화: 민중.
　　민족. 국민 담론을 중심으로",
　　〈사학연구〉 112(2013).
윤선자, "6·25 한국전쟁과 군종 활동",
　　〈한국기독교와 역사〉 14(2001).
윤성범,《기독교와 한국사상》,
　　대한기독교서회, 1963, 84-85쪽.
윤소영 편저,《일본 신문 한국 독립 운동
　　기사집》I·II, 독립기념관, 2009.
윤정란, "한국 전쟁기 염산면 기독교인
　　학살의 원인과 성격",〈한국 기독교와
　　역사〉 20(2004).
윤치호,《尹致昊 國文日記》, 탐구당, 1975.
유진 피터슨, 양혜원 역,《이 책을 먹으라》,
　　IVP, 2006.
이경남,《분단 시대의 청년운동》,
　　삼성문화개발, 1989.
이규수, "3·1운동에 대한 일본언론의
　　인식",〈역사비평〉 62(2003).
———,《제국 일본의 한국 인식 그 왜곡의
　　역사》, 논형, 2007.
이동근, "1910년대 '妓生'의 존재 양상과
　　3·1운동",〈한국민족운동사연구〉
　　74(2013).
이만열,《한국 기독교와 민족의식》,
　　지식산업사, 1991, 448-450쪽; W. E.
　　Griffis,《아펜젤러의 전기》, 이만열 편,

《아펜젤러》, 연대출판부, 1985. 6.
이만열, "한경직 목사를 만남",
　　〈한국기독교와 역사〉 1(1991).
이북 신도대표회 문집간행위원회
　　편,《이북 신도대표회 문집》,
　　이북신도대표회편집위원회, 1984.
이성덕,《이야기 교회사》, 살림출판사,
　　2007.
이상록, "탈식민 지식인의 歐
　　美여행 경험과 자아 인식 그리고
　　민족정체성의 재구축: 1960-70
　　년대 함석헌의 미국 유럽 여행기를
　　중심으로",〈역사와 문화〉 22(2011).
이선옥, "여성주의 시각에서 본
　　친일문학—평등에 대한 유혹: 여성
　　지식인과 친일의 내적 논리",
　　〈실천문학〉 67(2002).
이성덕,《이야기교회사》, 살림출판사,
　　2007.
이성배,《유교와 기독교》, 분도출판사,
　　1979, 275쪽.
이소희, "《구월 원숭이》에 나타난 자전적
　　서사 연구: 신여성의 근대 체험을
　　중심으로",〈미국학 논집〉 40(2008).
이수석, "3·1운동과 남북한의 인식:
　　북한의 왜곡된 역사인식 바로잡아
　　3·1운동정신 이어받자",〈북한〉
　　411(2006).
이숙진, "기독교 신여성과 혼인윤리:
　　박인덕을 중심으로",
　　〈기독교사회윤리〉 29(2014).

이승문, "로마교회의 납세 문제와 바울이
　　로마의 크리스천들에게 납세를 권면한
　　이유", 〈대학과 선교〉 27(2014).
이승엽, "내선일체 운동과 녹기연맹",
　　〈역사비평〉, 50(2002).
이승준, "한경직 목사와 한국 전쟁", 〈한국
　　기독교와 역사〉. 15(2001).
이양호, 《아우구스티누스의 생애와 사상》,
　　동연, 2024.
───, 《칼빈: 생애와 사상》,
　　한국신학연구소, 2010.
이영미, "일본의 한국 지배에 대한
　　그리피스의 태도", 〈한국사연구〉
　　166(2014) 등을 참조.
이옥순, 《식민지 조선의 희망과 절망,
　　인도》, 푸른역사, 1997.
이용기, "3·1운동 연구의 흐름과
　　민족주의의 향방", 〈사학연구〉
　　139(2020).
이우정, "한국 속담과 여성의 비인간화",
　　〈신학과 여성〉, 1983.
───, "한국 전통 문화와 여성신학",
　　〈한국 여성신학의 과제〉,
　　한국기독교가정생활협회, 1983.
이우정·이현숙 공저, 《한국기독교장로회
　　여신도회 60년사》, 한국
　　기독교장로회여신도회 전국연합회,
　　1989.
이정배, "마태오 릿치와 탁사 최병헌의
　　보유론(補儒論)적 기독교 이해의
　　차이와 한계", 〈신학사상〉 122(2003).

이지원, "북한정부의 3·1운동 기념과
　　표상: 〈로동신문〉(1946-2019)을
　　중심으로", 〈동방학지〉 190(2020).
이진석, "한국에서 민족주의와
　　다문화주의의 양립", 〈민족사상〉
　　14(2020).
이철, "개신교 보수교단 지도자들의
　　어제의 정교분리 오늘의 정치 참여",
　　〈대학과 선교〉 37(2018).
이치석, 《씨알 함석헌 평전》, 시대의창,
　　2015.
이태훈, "구약에 나타난 세계평화",
　　〈장로교회와 신학〉 7(2010).
이행훈, "문명론의 접합으로 본 최병헌의
　　종교 담론", 〈한국철학논집〉 45(2015).
───, "최병헌의 '종교' 개념 수용과
　　유교 인식: 《만종일련》을 중심으로",
　　〈한국철학논집〉 46(2015).
───, "최병헌의 기독교 수용과 전통
　　지식 재해석", 〈동방문화와 사상〉
　　4(2018).
이현숙, 《한국교회여성연합회》,
　　한국교회여성연합회, 1992.
이혜정, "한경직의 기독교적
　　건국론과 복음화 운동",
　　한국학중앙연구원대학원
　　박사학위논문, 2006.
이화100년사편찬위원회, 《이화 100년사》,
　　이화여자대학출판부, 1994.
임경석 편저, 《동아시아 언론매체 사전》,
　　논형, 2003.

임경석, "해방직후 3·1운동 역사상의
　　분화", 〈사림〉, 63(2018).

林鍾國,《日帝末 親日派 群像의 實體》,
　　《解放前後史의 認識》, 한길사, 1979.

———,《日帝侵略과 親日派》, 靑史,
　　1982.

———,《日帝下의 思想彈壓》, 平和出版
　　社, 1985.

임지현,《기억 전쟁: 가해자는 어떻게
　　희생자가 되었는가》. 휴머니스트,
　　2019.

임형택, "1919년 동아시아. 3·1운동과
　　5·4운동", 〈대동문화연구〉 66(2009).

장공김재준목사기념사업회 편,
　　《金在俊全集》(1-18권),
　　장공김재준목사기념사업회, 1992.

장동민,《박형룡의 신학 연구》,
　　한국기독교역사연구소, 1998.

장병일,《살아 있는 갈대》,
　　대한기독교서회, 1968.

장석정, "한국 개신교에 나타난 반공주의:
　　그 생성과 변형", 숭실대학교 기독교학
　　대학원 석사학위논문, 2008.

장하진, "친일파 군상 여류명사들의
　　친일행적", 〈역사비평〉 11(1990).

전병무,《김마리아》, 역사공간, 2021.

전진성,《역사가 기억을 말하다: 이론과
　　실천을 위한 기억의 문화사》,
　　휴머니스트, 2005.

전필순,《목회여운》,
　　대한예수교장로회총회 교육부, 1965.

정숙자, "여성교회는 왜 여성을 위한
　　찬송가를 만들어야 했나",
　　〈기독교사상〉 437(1995).

정운현,《학도여 성전에 나서라》,
　　없어지지 않는 이야기, 1997.

정재영 외,《태극기를 흔드는
　　그리스도인―개신교 극우 현상의
　　배경과 형성 그리고 극복》, IVP, 2021.

정종훈, "제2차 세계대전 종전 이후 독일
　　개신교회의 정치사회참여의 고찰",
　　〈한국기독교와 역사〉 6(1997).

정진아, "3·1운동에 대한 남북의 분단된
　　집합 기억을 통일을 위한 집합
　　기억으로", 〈통일 인문학〉 76(2018).

정창석, "녹기(綠旗)에 나타난 내선일체와
　　황국신민화", 〈일본문화학보〉
　　66(2015).

정충량,《梨花 80年史》, 이대출판부, 1967.

조선혜, "만국부인회 기도 사건",
　　연세대학교 연합신학대학원 석사학위
　　논문, 1993.

중앙일보사·연세대학교
　　현대한국학연구소,《이화장 소장
　　우남 이승만 문서 제4·5권: 3·1
　　운동 관련문서 1·2》, 중앙일보사·
　　연세대학교 현대한국학 연구소, 1988.

지명관, "평화에 대한 교회의 증언",
　　〈기독교사상〉 98(1966).

지원용,《마르틴 루터의 종교 개혁 3대
　　논문》, 컨콜디아사, 1993.

차봉준, "최병헌의 불교 인식과 기독교

변증—《성산명경》의 불교 논쟁을
중심으로", 〈문학과 종교〉, 제17권 2
호(2012).

차봉준, "濯斯 崔炳憲의 '萬宗一欉' 思
想과 基督教 辨證—《聖山明鏡》에
나타난 對儒教 論爭을 中心으로",
〈어문연구〉, 39-1(2011).

차정식,《로마서 II》, 대한기독교서회,
1999.

천사무엘,《김재준: 근본주의와 독재에
맞선 예언자적 양심》, 살림, 2003.

최명환, "근대계몽기《성산명경》을 통해
본 최병헌 목사의 역할", 〈지역문화
연구〉, 11(2012).

최병택, "해방 후 역사 교과서의 3·1
운동 관련 서술 경향", 〈역사와 현실〉
74(2009).

최병헌,《만종일련》, 삼필문화사, 2022.

———,《성산명경》, 키아츠, 2024.

최상호·홍선표 외,《이승만과 대한민국
건국》, 연대출판부, 2010.

최영실, "제국의 권력과 그리스도인—롬
13:1-7의 사회사적 편집사적 연구를
중심으로", 〈신약논단〉 16-1(2009).

최우익,《최병헌선생약전》,
정동삼문출판사, 1998.

최유리,《일제 말기 식민지 지배정책
연구》, 국학자료원. 1997.

최정만,《다시 써야 할 세계 선교 역사 1》,
쿰란출판사, 2007.

최종고,《영락교회의 부흥》, 한국문화사,
1974.

최호근,《기념의 미래: 기억의 정치
끝에서 기념문화를 이야기하다》,
고려대출판문화원, 2019.

친일인명사전편찬위원회,
《일제협력단체사전(국내 중앙편)》,
민족문제연구소, 2004.

태지호, "1919년은 어떻게 기억되는가:
3·1운동 100주년 기념사와 대한민국
임시정부 수립 100주년 기념사를
중심으로", 〈기호학 연구〉 63(2020).

한경직,《한경직 목사 설교전집 1권》,
한경직목사기념사업회, 2009.

———,《한경직 목사 설교집》, 기문사,
1959.

한경직·이영헌 엮음,《참 목자상》,
규장문화사, 1982.

한국교부학연구회,《내가 사랑한 교부들》,
분도출판사, 2005.

한국교회사문헌연구원 영인본,
《만국부인회사건 자료집》, 제35권.

한국기독교사회문제연구원,《1970
년대 민주화 운동과 기독교》, 서울:
한국기독교사회문제연구원 83(1982).

한국여성연구회 여성사분과 편,
"친일여성들의 활동과 여자정신대",
《한국여성사-근대편》, 풀빛, 1992.

한국여신학자협의회,《제17차
총회보고서》.

———————,《한국 여성 민중
목회자》, 여성신학사, 1994.

한숭홍, "3·1운동의 세계사적 의의의
　　불완전한 정립과 균열", 〈역사와 현실〉
　　108(2018).
─────,《한경직의 생애와 사상》,
　　장로회신학대학출판부, 1993.
함석헌전집 간행위원회, "한국 기독교는
　　무엇을 하고 있는가", 〈사상계〉
　　1(1956).
─────────────,《죽을 때까지 이
　　걸음으로》, 삼중당, 1964.
─────────────, 〈함석헌 전집〉,
　　한길사, 1983.
홍병선, "국민정신 총동원과 총후원",
　　〈청년〉 1938년 9월 호.
황필호 편역,《비폭력이란 무엇인가》,
　　종로서적, 1986.
가라타니 고진, 조영일 역,《문자와 국가》,
　　도서출판 b, 2011.
高橋哲哉, 현대송 역,《결코 피할 수 없는
　　야스쿠니 문제》, 역사비평사, 2005.
고야스 노부쿠니, 이승연 역,《동양·
　　대동아·동아시아》, 역사비평사, 2003.
나리타 류이치, 이규수 역,《다시쇼
　　데모크라시》, 어문학사, 2011.
더글러스 P. 래키, 최유신 역,《전쟁과
　　평화의 윤리》. 철학과현실사, 2006.
大江志乃夫, 이규태·양현혜 역,
　　《야스쿠니신사》, 소화, 2004.
라인홀드 니버, 이한우 역,《도덕적 인간과
　　비도덕적 사회》, 문예출판사, 2017.
리처드 니버, 홍병용 역,《그리스도와

문화》, IVP, 2007.
레프 톨스토이, 조윤정 역,《국가는
　　폭력이다》, 달팽이, 2008.
로즈메리 R. 류터, 안상임 역,《성차별과
　　신학》, 대한기독교출판사, 1985.
롤런드 베인턴, 이종태 역,《마르틴 루터》,
　　생명의말씀사, 2016, 171쪽.
W. 뢰베니히, 박호영 역,《마르틴 루터: 그
　　인간과 그의 업적》, 성지, 2002.
루츠 폴, 손규태 역,《그리스도인과 국가:
　　로마서 13장 연구》, 한국신학연구소,
　　1989.
릴리어스 호톤 언더우드, 김철 역,
　　《언더우드 부인의 한국생활》(*Fifteen
　　Years Among The Top-Knots*),
　　뿌리깊은나무, 1984.
몽테스키외, 이명성 역,《법의 정신》,
　　홍신문화사, 1988.
미야타 미츠오, 양현혜 역,《국가와 종교—
　　유럽정신사에 나타난 로마서 13장의
　　해석사》, 삼인, 2007.
─────────, 박은영·양현혜 역,
　　《홀로코스트 이후를 산다》, 한울, 2013.
E. M. 번즈, R. 러너, S. 미첨, 박상익 역,
　　《서양문명의 역사 II》, 소나무, 1994.
본회퍼, 정지련·손규태 역,《신도의
　　공동생활》, 대한기독교서회, 2010.
베네딕트 앤더슨, 서지원 역,《상상된
　　공동체: 민족주의의 기원과 보급에
　　대한 고찰》, 길, 2018.
─────────, 서지원 역,《세 깃발

아래에서: 아나키즘과 반식민주의적 상상력》, 길, 2009.

스즈키 노리히사, 김진만 역, 《무교회주의자 우치무라 간조》, 소화, 1995.

아브라함 J. 헤셸, 이현주 역,《예언자들》, 삼인, 2004.

아우구스티누스, 성염 역,《그리스도교 교양》, 분도출판사, 2011.

————,《신국론》, 제19권, 분도출판사, 2004.

————,《자유의지론》, 분도 출판사, 1998.

H. G. 아펜젤러, 노종해 역,《자유와 빛을 주소서》, 대한기독교서회, 1988.

앨런 브링클리, 조지형 역,《있는 그대로의 미국사》, 휴머니스트, 2011.

野田正彰, 서혜영 역,《전쟁과 인간》, 길, 2000.

에른스트 케제만, 한국신학연구소 번역실 역,《로마서》, 한국신학연구소, 1989.

우치무라 간조, 김유곤 역,《우치무라 간조 전집》, 크리스찬서적, 2002.

————, 양현혜 역,《구안록》, 포이에마, 2016.

————, 양현혜 역,《전도의 정신》, 홍성사, 2024.

월터 브루그만, 김기철 역,《예언자적 상상력》, 복있는사람, 2024.

————, 박규태 역,《안식일은 저항이다》, 복있는사람, 2015.

유진 피터슨, 양혜원 역,《이 책을 먹으라》, IVP, 2006.

조너선 색스, 김준우 역,《매주 오경 읽기 영성 강론》, 한국기독교연구소, 2022.

————, 임재서 역,《차이의 존중》, 말글빛냄, 2007.

————, 김대옥 역,《랍비가 풀어내는 창세기》, 한국 기독교연구소, 2023.

칼 야스퍼스, 한충수 역,《철학적인 생각을 배우는 작은 수업》, 이학사, 2020.

코야스 노부쿠니, 이승연 역,《동아 · 대동아 · 동아시아》, 역사비평사, 2005.

土肥昭夫, 김수진 역,《일본기독교사》, 교문사, 1991.

톰 라이트, 박문재 역,《하나님의 아들의 부활》, 크리스천다이제스트, 2005.

페터 슈툴마허, 장흥길 역,《페터 슈툴마허의 로마서 주석》, 장로회신학대학교 출판부, 2002.

하비 콕스, 김동혁 역,《성서를 어떻게 읽을 것인가》, RHK, 2017.

한나 아렌트, 이진우 역,《인간의 조건》, 한길사, 2019.

W. 후버, H. R. 로이터, 김윤옥 · 손규태 역, 《평화 윤리》, 대한기독교서회, 1997.

후지이 다케시,《파시즘과 제3세계주의 사이에서: 족청계의 형성과 몰락을 통해 본 해방 8년사》, 역사비평사, 2012.

3. 국외 저서 및 논문

"昭和 13年 鮮內思想運動狀況", 〈思想彙報〉 第18號, 高等法院檢事委局思想部, 1939年 3月.

《聖書考古學大事典》, 講談社, 1984.

Bainton, Roland H. 中村妙子 譯, 《戰爭 · 平和 · キリスト敎》, 新敎出版社, 1963.

Beard, Charles A. & Beard, Mary R. *The American Spirit.* The Macmillan Co., New York, 1942.

Bellah, Robert N. "Civil Religion in America." *Daedalus.* 96(1) Winter, MIT Press, 1967.

──────. *Beyond Belief: essays on Riligion in a Post-Traditional world.* N.Y.: Crossroad Books, 1970.

──────. *The Broken Covenant: American Civil Religion in Time of Trial.* N.Y.: Crossroad Books, 1975.

Betz, Hans Dieter. *The sermon on the Mount.* Minneapolis, Fortress, 1955.

Bower, Perter J. *Evolution.* 鈴木善次 譯, 《進化思想の歷史》 下, 東京: 朝日新聞社, 1987.

Danker, Frederick William. *A Greek-English Lexicon of the New Testament and Other Early Christian Literature.* third English ed., University of Chicago Press, 2001.

E.u.R., Bethge. 宮田光雄 譯, 《ディートリヒ · ボンヘツフアー》. 新敎出版社, 1992.

Federal Council of Evangelical Mission in Korea. *The Korea Mission Field.* March 1920.

Frey, Lulu E. "Higher Education for Korean Girls", *The Korea Mission Field: A Monthly Journal of Christian Progress.* vol. 10 no. 10, 1914.

Heer, Friedrich. *The Intellectual History of Europe.* Ohio: The World Publishing Company, 1966.

Hofstadter, Richard. *Social Darwinism in American Thought.* 後藤後次 譯, 《アメリカの社會進化思想》, 東京: 硏究社, 1973.

käsemann, E. *Römer 13. 1-7 in unserer Generation.* in: Zeitscbrift für Theologieunt Kirche, 1959.

Mitchel, Richard H. 娛平康弘 譯, 《前後日本の思想統制》, 東京: 日本評論社, 1980.

Oscar Cullmann, *Der Staat im Neuen Testament,* 2. durchgesehene und erganzte Auflarge. Tubingen: J. C. B. Mohr(Pul Siebeck), 1961, S. 41.

Said, Edward W. *Orientalism.* Georges Borchardt Inc., New York, 1978.

Schluchter, Wolfgang. 米澤和彦 · 嘉目克彦 譯, 《世界支配の合理主義: マツ

クス・ウエーバー研究》, 東京: 未來
　社, 1984.

Sills, David(ed). *International
　Encyclopedia of the Social Sciences.* vol.
　13, The Macmillian Company & The
　Free Press, New York, 1972.

*The Annual Report of the Board of Foreign
　Missions of the Presbyterian Church in
　the U.S.A.,* 1908.

Marnell, W. 野村文子 驛,《信教の自由と
　アメリカ》, 東京: 新敎出版社, 1987.

Weber, M. 大塚久雄·生松敬三 譯,《マ
　ツクス·ウエーバー宗教社會學論選》,
　東京: みすず書房, 1983.

監野和夫,《日本組合敎會史研究序說》,
　東京: 新敎出版社, 1995.

姜德相,《現代史資料》26券, 東京: みす
　ず書房, 1967.

姜尙中, "'日本的オリエンタリズム'の現
　在", 〈世界〉, 東京: 岩波書店, 1988.

姜在彦,《朝鮮の開化思想》, 東京: 岩波書
　店, 1974.

高崎宗司,《妄言の元型》, 東京: 未來社,
　1990.

高島善哉,《マルクスとウエーバー》, 東
　京: 紀伊國屋書店, 1982.

高木八尺 譯,《アメリカ精神の歴史》, 東
　京: 岩波書店, 1954.

橋川文三, 松本三之介 編,《近代日本政治
　思想史》, 東京: 有斐閣, 1974.

宮田光雄,《キリスト敎思想史研究》, 東

京: 創文社, 2008.

―――――,《ボンヘツフアー反ナチ抵抗
　者の生涯と思想》, 岩波書店, 2019.

―――――,《權威と服從》, 東京: 新敎出
　版社, 2003.

―――――,《日本の政治宗敎》, 東京: 朝日
　新聞社, 1981.

宮田節子,《朝鮮民衆 '皇民化' 政策》, 東
　京: 未來社, 1985.

金田隆一,《戰時下キリスト敎の抵抗と挫
　折》, 東京: 新敎出版社, 1985.

吉馴明子, "內村鑑三と非戰論", 〈內村鑑
　三研究〉43號, 2010. 4月號.

金石範,《轉向と親日派》, 東京: 岩波書
　店, 1993.

金田隆一,《昭和日本基督敎會史》, 新敎
　出版社, 1996, 235-236.

內村鑑三著作集刊行委員會, 〈內村鑑三
　全集〉, 東京: 岩波書店, 1982.

內村祐之 編,《內村鑑三追憶文集》, 聖書
　研究社, 1931.

藤田省三,《天皇制國家の支配原理》, 東
　京: 未來社, 1966.

―――――,《轉向の思想史的 研究》, 東京:
　岩波書店, 1975.

藤村道生,《淸日戰爭》, 東京: 岩波新書,
　1982.

栗原彬,《歷史とアイデンテイテイ: 近代
　日本の心理＝歷史研究》, 東京: 新曜
　社, 1982.

木田獻一,《古代イスラエルの豫言者た

ち》, 清水書院, 2023.

――――,《舊約聖書の豫言と默示》, 新
　　教出版社, 1996.

武內義雄,《武內義雄全集》第2卷, 東京:
　　角川書店, 1978.

武田淸子,《正統と異端のあいだ》, 東京:
　　東京大學出版部, 1977.

米本昌平, "社會ダウィニズムの實像", 村
　　上陽一郎 編,〈時間と進化〉, 東京: 東
　　京大學出版社, 1983.

飯沼二郎·韓哲曦,《日本帝國主義の朝
　　鮮傳導》, 東京: 日本基督教出版局,
　　1985.

半井淸,《朝鮮の統治と基督教》, 朝鮮總
　　督府學務局, 1921.

小松裕,《いのちと諸國日本》, 東京: 小學
　　館, 2009.

小熊英二,《單一民族神話の起源》, 東京:
　　新曜社, 1995.

小原克博, "戰爭論の神學的考察",〈基
　　督教研究〉第70卷 第2號, 同大志大
　　學, 2008.

松尾尊兌, "日本組合教會の朝鮮傳道",
　　〈思想〉1968. 7., 東京: 岩波書店.

守本順一,《東洋政治思想史研究》, 東京:
　　未來社, 1986.

辻宣道,《嵐の中の牧師たち―ホーリネス
　　彈壓と私たち》, 新教出版社, 1992.

阿部知二,《良心的兵役拒否の思想》, 東
　　京: 岩波書店, 1969.

若桑みどり,《戰爭がつくる女性像》, 東

京: 築摩書房, 2007.

熊野義孝,《日本キリスト教神學思想史》,
　　東京: 新教出版社, 1968.

月本昭男,《古代メソポタニアの神話と儀
　　禮》, 岩派書店, 2010, 278.

――――,《舊約聖書におけるユ―モアと
　　アイロニ―》, 教文館, 2014.

――――,《物語としての舊約聖書》, 東
　　京: NHKbooks. 2024.

――――,《悲哀を越えて》, 東京: 教文
　　館, 2005.

月本昭男外,《歷史を問う. 第2卷: 歷史と
　　時間》, 岩波書店, 2002.

柳父國近, "戰後日本と靖國神社", 中村
　　規外 編,《戰後日本: 占領と戰後改革》
　　第5卷, 東京: 岩波書店, 1995.

由井正臣, "總動員體制の形成と崩壞", 鹿
　　野政直·由井正臣 編,《近代日本の統
　　合と抵抗》, 東京: 日本評論社, 1982.

日本聖書學研究所 編,《聖書外典僞典:
　　別卷補遺Ⅰ》, 教文館, 1990, 1, 979.

長谷部弘, "內鑑村三の國家論",〈內村鑑
　　三研究〉24號, 1984. 3.

佐佐木宏幹,《シャ―マニズムの世界》, 講
　　談社學術文庫, 1990.

朱熹,《朱子語類》卷 4. 1.

中濃教篤,《天皇制國家と植民地傳道》,
　　東京: 國書刊行會, 1976.

曾根撓彦,《アメリカ教會史》, 東京: 日本
　　基督教團出版局, 1978.

池明觀, "申采浩史學と崔南善史學",《東

京女子大學附屬比較文化研究所紀要》第49卷, 東京, 1982.

――――, "日本基督教會朝鮮", 《東京女子大學附屬比較文化研究所紀要》第39卷, 東京, 1977.

池明觀·小川圭治, 《日韓基督教關係資料集》, 東京: 新教出版社, 1984.

芝原拓自, 《世界史のなかの明治維新》, 東京: 岩書波店, 1977.

織田猶次, 《チェックン: 朝鮮·韓國人傳道の記錄》, 東京: 日本基督敎團出版局, 1977.

川崎勝, "福澤諭吉と內村鑑三", 《福澤諭吉年鑑》32號, 2005.

淸水幾太郎, 《コントとスヘンサ》, 東京: 中央公論社, 1987.

塚本虎二, 《內村先生と私》, 伊藤節書房, 1961.

澤正彦, "植村正久の朝鮮觀", 〈三千里〉34號. 1983. 5., 東京: 靑丘文化社.

土肥昭夫, 《日本プロテスタント·キリスト敎史論》, 東京: 敎文館, 1987.

片野眞佐子, 《孤憤の人: 柏木義円》, 東京: 新敎出版社, 1993.

鶴見俊輔, 《戰時期日本の精神史》, 東京: 岩波書店, 1982.

韓晳羲, 《日本の朝鮮支配と宗敎政策》, 東京: 未來社, 1988.

戶村政博 編, 《神社問題とキリス敎》, 東京: 新敎出版社, 1976.

丸山眞男 外, 《思想史の方法と對象》, 東京: 創文社, 1969.

丸山眞男, 《日本近代思想史研究》, 東京: 東京大學出版會, 1989.

會捉繞彦, 《アメリカ敎會史》, 東京: 日本基督敎出版局, 1978.

한국 개신교 사상사 2

공적 신앙의 윤리: 국가권력과 로마서 13장
The Ethics of Public Faith: State Power and Romans 13

지은이 양현혜
펴낸곳 주식회사 홍성사
펴낸이 정애주
국효숙 김의연 박혜란 송민규 오민택 임영주 차길환

2025. 12. 5. 초판 1쇄 인쇄 2025. 12. 19. 초판 1쇄 발행

등록번호 제1-499호 1977. 8. 1.
주소 (04084) 서울시 마포구 양화진4길 3
전화 02) 333-5161 팩스 02) 333-5165
홈페이지 hongsungsa.com 이메일 hsbooks@hongsungsa.com
페이스북 facebook.com/hongsungsa
양화진책방 02) 333-5161

ⓒ 양현혜, 2025

•잘못된 책은 바꿔 드립니다. •책값은 뒤표지에 있습니다.

ISBN 978-89-365-1604-8 (03230)